L'INDIVIDU RECONSTITUÉ

DANS LA MÊME COLLECTION

ÉTUDES

*Autour de l'*Esprit et le monde *de John McDowell*, sous la direction de A. LE GOFF et Ch. AL-SALEH, 2013, 302 pages

BONICCO-DONATO (C.), *Une archéologie de l'interaction. De David Hume à Erving Goffman*, 2016, 250 pages

CHAPUIS-SCHMITZ (D.), *Le sens à l'épreuve de l'expérience*, 2010, 246 pages

CHAUVIER (S.), *Dire "Je". Essai sur la subjectivité*, 2001, 256 pages

– *Le sens du possible*, 2010, 272 pages

Conscience et représentation. Introduction aux théories représentationnelles de l'esprit, sous la direction de A. DEWALQUE et Ch. GAUVRY, 2016, 320 pages

Croit-on comme on veut ? Histoire d'une controverse, sous la direction de L. JAFFRO, 2014, 248 pages

DEBAISE (D.), *Un empirisme spéculatif. Lecture de* Procès et réalité *de Whitehead*, 2006, 192 pages

Herbert Feigl. De la physique au mental, sous la direction de B. ANDRIEU, 2006, 224 pages

La philosophie en Pologne (1918-1939), sous la direction de R. POUIVET et M. REBUSCHI, 2006, 256 pages

La philosophie naturelle de Robert Boyle, sous la direction de M. DENNEHY et Ch. RAMOND, avant-propos de M. Malherbe, 2009, 416 pages

LE JALLÉ (É.), *Hume et la philosophie contemporaine*, 2014, 320 pages

LEMAIRE (S.), *Les désirs et les raisons. De la délibération à l'action*, 2008, 256 pages

LOTH (F.), *Le corps et l'esprit. Essai sur la causalité mentale*, 2013, 248 pages

HALIMI (B.), *Le Nécessaire et l'universel. Analyse et critique de leur corrélation*, 2013, 256 pages

PERRIN (D.), *Le flux et l'instant. Wittgenstein aux prises avec le mythe du présent*, 2007, 256 pages

Philosophie française et philosophie écossaise (1750-1850), sous la direction de E. AROSIO et M. MALHERBE, 2007, 224 pages

SAINT-SERNIN (B.), *Whitehead. Un univers en essai*, 2000, 208 pages

SCHMITZ (F.), *Le Cercle de Vienne*, 2009, 432 pages

SÉGUY-DUCLOT (A.), *Recherches sur le langage*, 2011, 304 pages

SOUTIF (L.), *Wittgenstein et le problème de l'espace visuel*, 2011, 256 pages

THOMAS-FOGIEL (I.), *Référence et autoréférence. Étude sur le thème de la mort en philosophie dans la pensée contemporaine*, 2005, 336 pages

VERNANT (D.), *Discours et vérité. Analyses pragmatique, dialogique et praxéologique de la véridicité*, 2009, 272 pages

ANALYSE ET PHILOSOPHIE

Fondateur : Michel MALHERBE Directeur : Laurent JAFFRO

L'INDIVIDU RECONSTITUÉ

par

Julien RABACHOU

PARIS
LIBRAIRIE PHILOSOPHIQUE J. VRIN
6 place de la Sorbonne, V[e]

2017

À mes parents

Imprimé en France

ISSN 1624-2459
ISBN 978-2-7116-2757-8

www.vrin.fr

CHAPITRE PREMIER

PROBLÈME ET PROGRAMME

LE PROBLÈME ACTUEL DE L'INDIVIDU

Tout le monde a pu voir le *Golconde* de Magritte, si répandu sur l'internet ou dans les publicités, des hommes uniformes qui pleuvent sur les immeubles d'une ville froide et minérale. La grande popularité de l'œuvre ne tient peut-être pas seulement au succès du peintre surréaliste, mais aussi au fait que s'exprime sur la toile, avec grande netteté, tous les aspects de ce qui apparaît comme *le problème actuel de l'individu*[1]. Que montre en effet le tableau ? Des dizaines de messieurs vêtus de noir ou de gris, tous portant un chapeau melon, cravate et serviette sous le bras, indiscernables sauf par leur situation dans le cadre. Or ces figures indiscernables exhibent précisément ce que nous craignons de l'individualité. Elles apparaissent identiques, victimes de leur uniforme de travail, identité qualitative pour nous effrayante car elle tend à la déshumanisation, renvoie à l'anonymat des vies urbaines, comme si nous étions de simples occurrences d'un unique modèle industriel, des produits machinaux à la louche d'une seule chaîne sociale de fabrication. L'originalité de ces hommes, qu'ils seraient pourtant en droit, à notre avis, de revendiquer, semble annihilée, et le spectateur ressent dès lors combien le monde actuel menace

1. Le présent travail sur l'individu est issu d'une thèse de doctorat. Le problème de l'individu m'est apparu durant les cours de Martin de Courcel, puis de Bruno Karsenti ; ma recherche a été par la suite guidée et éclairée par les conseils et observations de Cyrille Michon, ainsi que par les analyses de Stéphane Chauvier, Vincent Descombes, Denis Moreau et Frédéric Worms ; je témoigne à tous ma profonde gratitude.

sa singularité. Magritte nous montre ces individus gouttes de pluie soumis à un processus de réification[1], et on comprend qu'il s'agit de travailleurs aliénés, particulièrement inexpressifs par ailleurs, privés de leur subjectivité. Enfin, l'indifférence de ces hommes atomisés, tombant droit et dru, saute aux yeux, aucun *clinamen* ne permet qu'ils se jettent dans les bras l'un de l'autre et viennent constituer une société solidaire, fraternelle ou affective. L'individualité rompt toute communication, chacun demeure « sans porte ni fenêtre », les fenêtres fermées des immeubles du fond du tableau se trouvent d'ailleurs obscurcies par de lourds rideaux.

« L'individu » est un important objet de l'idéologie contemporaine ou, pour le dire autrement, une catégorie fondamentale, qu'elle s'exprime ou demeure implicite, pour notre pensée à tous. Or cette catégorie, lorsqu'on la prend dans sa réalité idéologique, se montre traversée de contradictions logiques : l'individu apparaît premièrement insaisissable, parce que son originalité fondamentale le fait échapper à toute tentative de le cerner par la pensée, on songe à la posture romantique de l'artiste ou du génie qui font montre de leur belle singularité; il se révèle deuxièmement, lorsqu'il est pris dans la masse et uniformisé par le joug social, nié dans sa particularité; il se montre troisièmement, par ses revendications abusives, envahissant : l'individu moderne valorise outrancièrement sa subjectivité et n'attache plus à la communauté, ou à l'espèce humaine prise dans son ensemble, le prix qu'il faudrait. Par ailleurs, cette conception apparemment plurivoque, contradictoire et confuse de l'individu, qui constitue le fond de nos discours les plus ordinaires, engendre un courant de pensée qui n'en est pas un ou plutôt s'assume rarement comme tel, et qui pourtant nous fait peur, *l'individualisme*.

À première vue, « l'individualisme » est le nom d'un reproche récurrent que les hommes des sociétés actuelles se font les uns aux autres. Il traduit le regret de tous ceux qui jugent que les individus se préoccupent trop d'eux-mêmes, négligeant la société dans laquelle ils se trouvent et la solidarité qui devrait lier les éléments de cette société. Ainsi, selon le résumé qu'en fait par exemple Alain Renaut, l'individualisme est « une valorisation de l'indépendance » qui s'oppose frontalement à l'humanisme, « valorisation de l'autonomie ». La logique de l'individualisme viendrait « saper » les acquis de l'humanisme « en faisant disparaître toute autre valeur que celle

1. G. Lukács, « La réification et la conscience du prolétariat », dans *Histoire et conscience de classe*, Paris, Éditions de Minuit, 1960, p. 109-256, tout particulièrement le premier chapitre, « Le phénomène de la réification », p. 110-141.

de l'affirmation du Moi »[1]; or ce qui n'était à l'origine qu'un comportement de plus en plus répandu a fini par produire dans les sociétés actuelles *une valeur prégnante et partagée*. En ce sens, « l'individualisme » est le nom du problème actuel de l'individu dont nous parlons. Et pourtant le discours sur l'individualisme semble davantage relever du débat public que de la réflexion philosophique, la gauche accusant la droite d'instaurer une société du profit dans laquelle l'individu se replie sur lui-même et rechigne à accomplir ses devoirs sociaux, la droite reprenant le même terme pour dénoncer la valorisation à tout crin de la liberté individuelle, au détriment des institutions et des valeurs morales traditionnelles. Tout cela pour constater que le terme « individualisme » cache une forme de syncrétisme idéologique confus, masque un conflit de valeurs; tout cela pour déplorer que ce terme, qui dissimule pourtant un authentique problème social et politique, soit apparemment illisible, indéfinissable, inclarifiable.

Tentons ici de mettre à l'épreuve une hypothèse de méthode pour permettre un traitement philosophique de ce problème contemporain de l'individu: l'hypothèse est qu'une définition rigoureuse de l'individualisme peut être proposée, qui en fasse une catégorie de pensée claire, à la seule condition de déduire cette définition d'une autre définition, elle-même claire et rigoureuse, de *l'individualité*; or une telle définition de l'individualité, conçue comme propriété qui fait que certaines entités sont des individus, doit être cherchée non pas en sociologie ou dans une histoire des mentalités, mais dans le domaine de l'ontologie, par un travail métaphysique; autrement dit, une compréhension adéquate de ce qu'est l'individualisme ne peut être proposée qu'à condition de comprendre adéquatement ce qu'est l'individu, et de lier ainsi sociologie et théorie politique à la métaphysique. Ce qui soutient l'hypothèse qui vient d'être formulée, c'est la conviction qu'une élucidation métaphysique peut apporter de la clarté à un débat idéologique, en précisant l'être des choses dont il est question; ce qui au contraire affaiblit l'hypothèse, la rend audacieuse voire téméraire, c'est d'une part le soupçon que l'usage classique du concept d'« individu » en métaphysique n'a pas forcément grand rapport avec l'usage courant que nous en faisons actuellement, des mots peuvent tellement varier en signification qu'ils en viennent à désigner des choses qui entre elles n'ont même plus « d'air de famille », c'est d'autre part l'intuition traditionnelle que l'individuel est par nature inconnaissable,

1. A. Renaut, *L'ère de l'individu. Contribution à une histoire de la subjectivité*, Paris, Gallimard, 1989, p. 56-59.

contrairement à l'universel; Aristote considère ainsi que les individus ne peuvent être définis car « la définition se compose nécessairement de mots, et les mots, sous peine de demeurer incompris, ne doivent pas être l'invention de celui qui définit, mais les mots en usage sont communs à tous les membres d'une classe »[1], ce qui veut dire que la tendance généralisante de notre pensée et de notre langage nous interdit de rendre compte des individus dans leur singularité et nous force à toujours les approcher ou les connaître par ce qu'ils ont de commun ou partageable. Dès lors, le problème posé se dédouble : non seulement l'individualité est aujourd'hui perçue tout à fait confusément par l'opinion commune, à la fois comme une menace contre la solidarité sociale et comme l'origine d'un accomplissement personnel, mais encore l'individuel pris en son sens rigoureux et philosophique apparaît tout autant obscur, car insaisissable par la pensée théorique humaine et inapte au concept. Il y a d'ailleurs un point commun entre l'usage idéologique du terme « individu » et son usage métaphysique : métaphysiquement, l'individuel s'oppose au général, au commun, de la même manière qu'idéologiquement, l'individuel s'oppose au collectif, à la société prise dans son unité; mais bien sûr l'analogie entre les deux usages ne suffit pas pour penser que le second puisse éclairer le premier, dans la mesure où les deux sont frappés de la même obscurité.

Cependant, y a-t-il vraiment si peu de liens entre l'appréhension métaphysique passée de l'individuel et son approche idéologique actuelle? Il convient ici de poser la question historique la plus simple qui soit : comment se fait-il que le terme « individu », désignant à l'origine, dans le vocabulaire philosophique, tout ce qui est indivisible ou insécable, soit tombé dans l'usage courant tout en se spécialisant, de telle sorte qu'il réfère aujourd'hui aux personnes humaines dans leur subjectivité? Cette question historique, Norbert Elias se propose d'y répondre dans son article « Les transformations de l'équilibre "Nous-Je" »[2]. Elias montre ainsi que le concept médiéval d'« *individuum* », qui désigne à l'origine n'importe quelle unité insécable, prise au sens le plus vague qui soit, a subi deux évolutions, premièrement lorsqu'on s'est intéressé davantage au caractère singulier de chaque chose, au fait qu'on ne trouve jamais rien de semblable dans ce monde, deuxièmement lorsque les hommes se sont vus offrir par la société de plus grandes possibilités de développement personnel hors de leur groupe social d'origine. Cette double évolution explique donc que le

1. Aristote, *Métaphysique*, Paris, Vrin, 1991, vol. 1, Z, 15, 1040a 9-12, p. 300.

2. N. Elias, « Les transformations de l'équilibre "Nous-Je" », dans *La société des individus*, Paris, Fayard, 1991, p. 205-301.

concept logique d'individu, qui réfère de manière équivalente aux êtres vivants, aux êtres humains et même à certaines réalités minérales, mathématiques, artificielles, bref, à tout ce qui possède une unité quelconque, à tout ce qui est prioritairement le sujet d'une prédication[1], concept doté d'une valeur ontologique assez faible, ait produit un concept sociologique, politique et moral, qui spécifie la personne humaine en la dotant idéologiquement d'une grande valeur. Il est notable que l'explication proposée par Elias n'analyse rien du concept d'« individu » lui-même, ne souligne aucune nécessité dans son évolution et ne fait que pointer des changements dans les mentalités qui en influencent la définition, un peu de la même manière que l'adaptation des espèces est imposée par les évolutions extérieures contingentes du milieu : ainsi, aux yeux des hommes médiévaux et plus précisément des philosophes scolastiques, l'individuel a sans doute une moindre valeur d'être que l'universel, l'identité du « je » bénéficie « d'un investissement affectif » moins intense que celle du « nous »[2], et puis, en gros à partir de l'époque moderne, le concept d'« individu » se trouve mis au centre des systèmes d'interprétation du monde, et un certain basculement idéologique s'effectue du « nous » vers le « je ». Rien n'est pour autant dévoilé encore d'une logique propre qui conférerait une unité philosophique au concept d'« individu » et permettrait d'articuler ses définitions.

Michel Villey produit sans doute une description plus satisfaisante du lien entre métaphysique et pensée commune lorsqu'il soutient que la philosophie nominaliste de Guillaume d'Occam est directement à la source du courant positiviste qui a valorisé l'individu en droit. Pour Villey, « toute philosophie rayonne dans les secteurs les plus divers de l'activité intellectuelle », ce qui n'empêche d'ailleurs pas à ses yeux la contingence de ses options théoriques ;

> le nominalisme (…) habitue à penser toutes choses à partir de l'*individu* : l'individu (non plus le rapport entre plusieurs individus) devient le centre d'intérêt de la science du droit ; l'effort de la science juridique va désormais tendre à décrire les qualités juridiques de l'individu, l'étendue de ses facultés, de ses *droits individuels*,

1. Voir la définition de P. F. Strawson : « n'importe quoi peut se présenter comme un sujet logique, comme un individu [; si] nous proposons de définir "être un individu" comme "être en mesure de se présenter comme un individu", il s'ensuit qu'un individu, c'est n'importe quoi » (*Les individus*, Paris, Seuil, 1973, p. 254-255).

2. N. Elias, *La société des individus*, *op. cit.*, p. 272.

et à conférer une valeur à la notion nouvelle de « droit subjectif »[1]. Un lien se trouve établi entre une pensée qui valorise l'individu, en droit, en politique, en psychologie, dans l'opinion, et une ontologie fondatrice qui, faisant des individus la catégorie fondamentale et complète de ce qu'il y a, mène à une telle valorisation.

Toutefois, il n'est pas sûr qu'en demeurant sur le terrain de l'histoire des idées l'on parvienne à comprendre quoi que ce soit des enjeux dissimulés sous le terme d'« individu ». Premièrement, de telles explications historiques se proposent en vérité d'articuler deux dimensions, l'une descriptive sur ce qu'il y a, l'autre prescriptive sur ce qu'il faut que les individus soient ou ne soient pas, travail vain qui ne peut faire comprendre la logique philosophique du resserrement de sens du terme « individu » sur la personne humaine, simplement parce que les deux dimensions sont désarticulées, l'idée que l'individu se définit comme une unité insécable ne permet en rien de conclure que le sujet humain devrait se préoccuper davantage des autres plutôt que de s'isoler hors de la société avec les siens. Deuxièmement, ce recours à une généalogie du concept ne peut que brouiller toute entreprise d'éclaircissement métaphysique ; le soupçon est en effet jeté sur n'importe quelle catégorie conceptuelle, puisqu'elle est toujours employée dans un contexte historique et social particulier. Tenter de donner un soubassement métaphysique à l'éclaircissement d'un problème idéologique n'a aucun sens si la réflexion métaphysique est elle-même dépendante d'un certain nombre de contingences idéologiques, et déterminée par une histoire des concepts et des représentations. Or en accordant une place de choix aux individus dans l'ontologie, voire en considérant, comme les nominalistes, que le réel est complètement individué, ne valorise-t-on pas l'individu par pur individualisme, alors que la pensée d'une autre époque inviterait au contraire à développer une métaphysique du divin, de l'esprit universel, des formes intelligibles séparées ? Troisièmement, cependant, on pourrait rétorquer que l'historien des idées tombe sous le coup des mêmes accusations, et que son approche est également biaisée, parce qu'il est à son tour prisonnier de son individualisme, ce qui mène à une infinie mise en abyme méthodologique.

Louis Dumont, dans ses travaux sur l'évolution moderne de l'Inde, montre combien le biais individualiste est inévitable. Son analyse se fonde sur l'opposition globale des sociétés occidentales, qui sont orientées vers l'individu, et de la société indienne traditionnelle, ou système des castes,

1. M. Villey, *La formation de la pensée juridique moderne*, Paris, P.U.F., 2003, p. 227 *sq.*

orientée vers la société dans son ensemble[1]. Dumont remarque en conclusion que l'étude du système des castes amène toujours à une comparaison méthodologique avec le type occidental moderne de société. Il y a à cela deux raisons. La première est que la confrontation de deux sociétés différentes produit une interaction entre elles, puis une modification des valeurs des deux sociétés en fonction de la prégnance du modèle idéologique de chacune; ainsi, la colonisation anglaise de l'Inde a engendré un effort d'occidentalisation, qui a débouché à la fois sur une imitation des valeurs politiques européennes dans les milieux dirigeants indiens, sur une intériorisation limitée des valeurs occidentales modernes et sur une adaptation du système des castes face à l'émergence d'une bourgeoisie individualiste, se traduisant particulièrement par une première remise en cause, timide, de l'intouchabilité[2]; bref, la compréhension individualiste du système hiérarchique des castes a modelé le système en le tirant progressivement vers les valeurs occidentales. La deuxième raison est qu'un anthropologue est lui-même marqué par le système de valeurs de la société dont il vient et qu'il ne peut envisager un système différent qu'à travers ses propres grilles d'analyse. Or il ne suffit pas de mentionner par bonne méthode qu'un anthropologue examine toujours les sociétés aux valeurs étrangères à la sienne en référence à ses valeurs d'origine, car le problème est bien plus profond lorsqu'il s'agit d'un homme issu d'une société individualiste moderne. La seule manière d'étudier les valeurs d'une société est en effet, selon Dumont, d'étudier globalement la hiérarchie des valeurs de cette société et de la rapporter à la sienne. Mais justement l'individualisme n'est pas un système de valeurs comme les autres, parce qu'il refuse toute pensée de système. « La civilisation moderne diffère radicalement des autres civilisations et cultures. Mais précisément le nominalisme, qui accorde réalité aux individus et non aux relations, aux éléments et non aux ensembles, est très fort chez nous », témoigne Dumont; et il ajoute : « on se propose en somme de l'analyser, et il refuse d'être analysé : en ce sens l'opposition est sans issue ».

La conclusion est sans appel : on ne peut saisir « des configurations d'idées et de valeurs » différentes des nôtres, « qu'en contraste, et sous certains aspects seulement ». Cette limitation méthodologique a d'abord la conséquence d'universaliser la pensée normative de l'individu à toutes les sociétés, même celles qui n'ont jamais connu l'individualisme, mais elle

1. L. Dumont, *Homo hierarchicus. Essai sur le système des castes*, Paris, Gallimard, 1966, § 118, p. 294.

2. *Ibid.*, § 117, p. 290-291.

restreint surtout fortement les ambitions d'une élucidation de la place des individus dans la société. Il semble qu'il y ait là un problème originaire lié à la valeur: lorsqu'il est question de valeur, les anthropologues ou les historiens des idées peuvent décrire ou juger un système différent du leur, mais ne peuvent pas le connaître, parce qu'ils abordent ce système au prisme du leur, sans pouvoir faire abstraction de leurs propres valeurs qui viennent toujours s'ajouter ou se retrancher à leur regard. On retrouve, étendue ici, l'idée quinienne de « relativité de l'ontologie » selon laquelle « en comprenant ou en traduisant les phrases d'autrui, nous sommes obligés d'adapter au nôtre le patron d'objectification d'autrui, quel qu'il soit »[1]. Le résultat est, à suivre Dumont, que les anthropologues ou les linguistes sont forcés de regarder « l'autre du système » de l'intérieur du système, sans pouvoir en constituer l'ontologie particulière. Ils doivent donc, s'ils veulent être rigoureux, se contenter plus modestement de constituer une généalogie de l'affirmation de l'individu dans l'idéologie, plutôt que de céder à la tentation d'établir une ontologie de l'individu social.

Cette généalogie, que Dumont mène pour son compte[2], part de la société holiste reconstituée pour comprendre la transition entre les deux idéologies « inconciliables ». On peut relever ici quelques-uns de ses résultats: l'affirmation de l'individu dans les sociétés occidentales s'est faite en deux temps forts; le type indien du « renonçant », qui décide de vivre en dehors de la société pour chercher la vérité ultime, sert de modèle pour la figure conceptuelle de « l'individu-hors-du-monde » qui se développe en Occident à travers l'érémitisme des premiers chrétiens; ce premier temps explique l'émergence de deux logiques contradictoires qui se développent en juxtaposition, l'une mondaine, et l'autre extra-mondaine dévaluant le monde; le deuxième temps est constitué par un processus qui s'étale de la conversion de Constantin ou de la doctrine de Gélase jusqu'au calvinisme: l'individu-hors-du-monde se mondanise et devient un individu-dans-le-monde, moment problématique où l'individu religieux devient un individu politique, tandis que l'État devient religieux. Par une sorte de chimérisme, la dichotomie entre les deux logiques inconciliables finit par se résorber, et le champ des valeurs s'unifie, sans toutefois qu'on puisse expliquer comment se dénoue le conflit désormais intériorisé dans

1. W. V. O. Quine, *Relativité de l'ontologie et autres essais*, Paris, Aubier-Montaigne, 2008, « Parler d'objets », p. 13.

2. L. Dumont, *Essais sur l'individualisme. Une perspective anthropologique sur l'idéologie moderne*, Paris, Seuil, 1983.

la société entre holisme et individualisme. Les remarques de Louis Dumont nous montrent surtout que c'est une nécessité méthodologique qui oblige le chercheur rigoureux à se détourner d'une ontologie des individus sociaux pour une génétique de l'individu moderne en société : dans cette perspective, ni l'histoire des idées ni l'anthropologie ne peuvent conduire, dans leur approche de l'individu, à une quelconque métaphysique à portée universelle.

L'histoire des idées n'a pourtant pas dit son dernier mot, si l'on accepte de considérer l'essor de l'individualisme dans sa force d'événement, c'est-à-dire comme une authentique rupture historique : après tout, les hommes de nos sociétés, en devenant individualistes, ont réellement développé des caractéristiques que les hommes des sociétés passées ne possédaient pas ; en valorisant leur subjectivité, les modernes ont modifié la subjectivité en tant que telle ; un penseur moderne comme Hegel ne peut raisonner de la même manière qu'un penseur ancien comme Aristote, sa pensée, son rapport à soi sont concrètement transformés par l'évolution des valeurs. Or une telle approche historique de l'individualisme n'est pas forcément sans lien avec une détermination métaphysique, elle peut même se faire sur fond d'une métaphysique de l'individuel. En effet, en prenant au sérieux l'avènement de l'individualisme comme valeur dans des sociétés données, à un degré social du réel où les valeurs présentes dans les idées ont des conséquences sur l'institution d'entités collectives, la description historique suggère les possibilités ontologiques offertes par la présence de l'individuel dans le réel ; autrement dit, le réel étant fait de telle sorte que les individus ne peuvent pas devenir n'importe quoi, le statut, privilégié ou non, que les sociétés humaines accordent aux individus est un indice de la manière dont s'individue le réel, que ce soit dans le domaine social ou plus généralement dans la nature, et plus largement encore dans l'être tout entier. Bref, la détermination historique des progrès de l'individualisme ouvre une piste pour enrichir et préciser la définition de l'individuel, en fonction des caractéristiques que les individus sont susceptibles d'acquérir en société.

Comment comprendre adéquatement l'individualisme en le considérant sous l'angle de l'émergence historique d'une valeur? Dans le célèbre deuxième chapitre de la deuxième partie de la seconde *Démocratie en Amérique*[1], Tocqueville, pour définir l'individualisme,

1. A. de Tocqueville, *De la démocratie en Amérique, II*, livre II, chap. II, Paris, Vrin, 1990, p. 96-98.

cette « expression récente qu'une idée nouvelle a fait naître », l'oppose à l'égoïsme, concept éthique. « L'égoïsme est un amour passionné et exagéré de soi-même, qui porte l'homme à ne rien rapporter qu'à lui seul et à se préférer à tout », c'est donc un vice qu'il faut corriger ou du moins critiquer, puisqu'il s'oppose à une vertu, l'altruisme, qui correspond à un tempérament dévoué et généreux. Faut-il produire de même un discours moral sur l'individualisme ? Il semble que non, à lire le début du texte de Tocqueville, car « l'individualisme est un sentiment réfléchi et paisible ». Rien donc qui trouble les mœurs avec l'individualisme. Surtout, l'individualisme n'est pas un vice, car il ne tire pas son origine des individus, mais de la société. « L'individualisme est d'origine démocratique, et il menace de se développer à mesure que les conditions s'égalisent ». Bref l'individualisme est un fait social, une *valeur*, une pensée normative que tendent à partager les hommes qui vivent dans les sociétés modernes ; il relève de l'esprit public et se rapporte au citoyen, là où l'égoïsme relève de la conscience individuelle et se rapporte à l'homme [1]. Tocqueville précise que l'individualisme « dispose chaque citoyen à s'isoler de la masse de ses semblables et à se retirer à l'écart avec sa famille et ses amis ; de telle sorte que, après s'être ainsi créé une petite société à son usage, il abandonne volontiers la grande société à elle-même ». En tant que sentiment, l'individualisme est une valeur de pensée, mais qui a aussi des conséquences pratiques, puisqu'il induit le comportement des citoyens ; on pourrait dire qu'il est doté d'une certaine *performativité* : inscrit dans la pensée des sujets, il donne des règles à leurs actions concrètes, il dicte des conduites, il contribue à instituer des individualités plus revendicatrices, plus indépendantes. Bref, l'individualisme est d'abord un jugement d'habitude, mais on en rend compte par un *concept normatif*.

Qu'est-ce qu'un « concept normatif » ? On pourrait citer d'autres exemples de tels concepts qui décrivent des formes de pensée ou des convictions entraînant un certain type d'actions, comme la générosité, l'altermondialisme ou l'ultramontanisme ; la notion de « concept normatif » reste cependant vague, parce qu'elle s'applique à la fois à des valeurs morales, comme la fidélité, à des convictions politiques, comme le fait d'être de gauche, voire à des tendances historiques, comme l'altermondialisme. Plus précisément maintenant, de quel type de concept normatif relève l'individualisme ? Tout d'abord, il ne s'agit pas de l'aborder à travers un jugement moral, et il faut ici se démarquer de l'analyse de Tocqueville, qui, après avoir distingué de manière pourtant

1. J.-C. Lamberti, *La notion d'individualisme chez Tocqueville*, Paris, P.U.F., 1970, p. 12.

nette l'individualisme de l'égoïsme, finit par rapprocher les deux; pour Tocqueville, même si l'individualisme n'est pas originellement un vice, il attaque « à la longue » les vertus publiques « et va enfin s'absorber dans l'égoïsme » ; une conception morale de l'individualisme est donc envisageable, mais ce serait perdre la particularité du concept que de la mettre en exergue. Trois cas de normativité sont en effet différenciables : ou bien une valeur s'affirme à travers l'application d'un concept, si on dit par exemple qu'« un homme est heureusement fidèle », ou qu'« une société est malheureusement individualiste »; ou bien une valeur s'affirme à travers la prescription d'un concept, si on dit qu'« il faut être fidèle » ou qu'« il ne faut pas être individualiste » ; ou bien un concept ne fait que traduire l'identification d'une valeur, incluse dans la réalité et qui la structure, comme si l'on dit que « l'homme moderne est individualiste et infidèle ». Les concepts moraux couvrent les deux premiers cas; le concept d'« individualisme » auquel nous nous référons relève du troisième cas.

Autre distinction pertinente, le concept que nous étudions est-il réellement « normatif » ou bien seulement « descriptif d'une norme » ? Un concept historique descriptif permet d'établir l'importance d'une norme dans une société et une époque donnée; il y a ainsi des époques individualistes et des époques qui ne le sont pas. Tocqueville assimile l'individualisme à un phénomène historique, né avec la fin de l'Ancien Régime; c'est le renforcement de la démocratie dans une société, ou plus exactement le passage d'une société aristocratique à une société démocratique, qui aurait causé l'émergence du sentiment individualiste : « l'aristocratie avait fait de tous les citoyens une longue chaîne qui remontait du paysan au roi; la démocratie brise la chaîne et met chaque anneau à part ». Comme le souligne Kelsen, si on qualifie une science de « science normative », on entend « par cette épithète, non pas qu'elle pose des normes pour la conduite humaine et qu'ainsi elle permet positivement ou habilite certains comportements, mais – ce qui est tout autre chose – qu'elle décrit certaines normes posées par des actes humains et les relations entre êtres humains fondées par ces normes »[1]. « L'individualisme » apparaît donc, à l'aune de cette caractérisation, comme un concept qui permet de décrire une valeur universelle et qui pourrait en théorie s'appliquer à toutes les périodes et à toutes les civilisations, mais qui ne prend tout son sens que lorsque cette valeur devient fondamentale pour les idéologies, c'est-à-dire avec l'émergence des sociétés modernes.

1. H. Kelsen, *Théorie pure du droit*, Paris, Dalloz, 1962, p. 119, citation légèrement modifiée.

La nécessité d'une métaphysique de l'individuel

Les résultats auxquels on parvient à propos d'une conceptualisation de l'individu actuel semblent donc ambigus. D'un côté, les réserves méthodologiques qui ont été formulées dans la lignée des remarques de Louis Dumont invitent, pour comprendre l'individualisme contemporain et les problèmes politiques et sociaux qu'il pose, à s'abstenir de toute détermination prescriptive et de tout jugement de valeur, même s'il semble en dernier lieu impossible de s'abstraire de ses propres catégories idéologiques; en ce sens, toute caractérisation rigoureuse relevant de l'anthropologie est nécessairement relativiste dans l'esprit, au sens où elle s'efforce de neutraliser la normativité et de substituer à n'importe quelle prescription une description, mais elle semble de toute façon impossible en pratique. La pensée ne peut guère aller plus loin dans cette voie pour élucider la nature de l'individualisme et doit, si elle veut demeurer rigoureuse, se limiter à la généalogie de cette valeur telle que la mène Dumont, en laissant le contenu de la valeur fondamentalement incompris, et l'entité à laquelle elle renvoie inconnue; comment en effet savoir qui est l'individu social valorisé par l'individualisme, puisque nous l'appréhendons toujours comme un « moi » d'emblée entendu à la mode individualiste; si l'on en reste là, la compréhension de l'individuel demeure le point aveugle de notre idéologie et aucune investigation métaphysique n'est susceptible d'y braquer une quelconque lumière, sauf, à l'extrême limite, à déduire de l'évolution historique de l'individu social quelques caractéristiques nouvelles en vue d'une définition universelle, mais nécessairement très abstraite, de l'individu.

D'un autre côté pourtant, il semble qu'une détermination métaphysique de l'individuel puisse donner du sens à l'individualisme, mais *à condition d'assigner à la métaphysique une tâche prescriptive*; en effet, on peut comprendre qu'avant de proposer une définition de ce qu'est l'individualisme, il faille dire ce qu'on entend par cet « individu » que l'individualisme cherche à valoriser : s'il s'agit d'une monade opposée aux autres individus, alors évidemment l'individualisme qui en découle s'oppose à la solidarité et n'est qu'une forme d'égoïsme social; s'il s'agit au contraire d'une entité reliée à d'autres, voire déterminée par ses liens sociaux, alors un autre individualisme s'avère compatible avec des formes de solidarité. Dès lors la métaphysique est-elle en mesure, en proposant une compréhension inédite et précise de ce que sont les individus, de nous suggérer une idée à la fois meilleure et plus authentique de l'individualisme? Un travail métaphysique peut-il donner raison à un projet individualiste dépourvu des reproches qui lui sont ordinairement faits, respectueux tout à la fois de la réalité individuelle et de la réalité sociale des êtres humains ? Mais n'est-ce pas s'illusionner que de croire que la métaphysique va précisément légitimer la conception de l'individualisme qui nous arrange d'un point de vue moral et politique, n'est-ce pas de toute façon lui accorder un pouvoir bien trop grand que de la doter d'une mission politique, celle de suggérer une nouvelle manière pour les individus de vivre et s'épanouir en commun, alors que son travail consiste en l'élucidation la plus générale possible de la nature du réel ? Un des objectifs premiers de ce livre est précisément de montrer qu'il n'y a pas là de prétention abusive en faveur de la métaphysique et que cette activité de pensée a un rôle concret à jouer pour le progrès de nos vies.

On trouve chez Jean Jaurès, dans son article « Socialisme et liberté », une étrange mais intéressante formule, selon laquelle « le socialisme est l'individualisme logique et complet »[1]. La formule est paradoxale, car l'idée de « socialisme » semble impliquer une valorisation de la relation sociale, un primat donné à la solidarité au sein du tout, qui invite les individus à renoncer à leur isolement ; or Jaurès se permet d'identifier « socialisme » et « individualisme », et même d'affirmer que le socialisme le plus élaboré se trouve être l'individualisme au sens premier. La formule s'explique dans la mesure où le socialisme est pour Jaurès une doctrine qui a comme programme de libérer les individus de la religion et de son poids moral, donc d'un ordre cosmique fictif ayant pour résultat de terroriser les hommes, de les asservir et de limiter leur autonomie de penser ; le socialisme permet également d'émanciper les individus prolétarisés de la domination de ceux qui ne cherchent qu'à exploiter leur force de travail ; le socialisme, ainsi conçu par Jaurès comme un projet de libération à la fois idéologique et économique, est bien en ce sens un « individualisme », puisqu'il s'agit d'une doctrine qui cherche à accroître le plus possible la sphère d'action des individus, leur liberté, contre les contraintes tyranniques qui les répriment. À cela s'ajoute l'idée, positive cette fois, que par « l'éducation universelle, le suffrage universel, la propriété universelle », les individus vont s'accomplir ; c'est donc la tâche de la politique socialiste que de dépasser le travail de la Révolution française et de rendre communes

1. J. Jaurès, « Socialisme et liberté », dans *Textes choisis*, Paris, Bruno Leprince, 2003, p. 56. La formule est reprise et développée par V. Peillon dans *La Révolution française n'est pas terminée*, Paris, Seuil, 2008.

les institutions sociales en les ouvrant à tous, mais dans le respect de l'individualité de chacun.

Sur ce dernier point, Jaurès se sent toutefois obligé de mettre en scène une objection, qu'il attribue à son maître Émile Boutroux, et selon laquelle le but socialiste très noble « d'universaliser la culture humaine » court le risque moral, s'il réussit, de mettre l'individu au centre, de l'affranchir de toute subordination, et par là-même de « l'isoler et l'appauvrir », de détruire en réalité le lien social. L'objection supposément soulevée par Boutroux d'un risque individualiste paraît conforme à la lecture de Tocqueville : une valorisation plus grande de l'individu aboutirait à une destruction des relations interindividuelles, et donc finalement à une remise en cause de la société elle-même. Jaurès y répond alors par l'affirmation, présentée sous la forme d'un idéal quelque peu lyrique, de l'universalité de l'espèce humaine et de sa réalité retrouvée au sein même de l'individu : « proclamer la valeur suprême de l'individu humain, c'est réfréner l'égoïsme envahissant des forts ; ce n'est pas décréter l'égoïsme universel ; au contraire, quand l'individu humain saura que sa valeur ne lui vient ni de la fortune, ni de la naissance, ni d'une investiture religieuse, mais de son titre d'homme, c'est l'humanité qu'en lui-même il respectera »[1]. Jaurès soutient ainsi l'étrange idée selon laquelle la valorisation de l'individu, dans sa liberté et sa singularité, conduit finalement chaque homme à retrouver au fond de lui l'universalité humaine ; or cette conviction est doublement problématique, d'une part parce qu'elle suppose que l'individu le plus individualisé trouve en lui un idéal universel sous la forme d'un sentiment, comme si l'approfondissement du mouvement d'individualisation pouvait *in fine* produire un universel, d'autre part parce qu'elle identifie l'universel de la communauté politique à l'humanité, comme si l'individu en son for intérieur ne se sentait pas appartenir à un groupe défini, une communauté ou une nation particulières, mais à l'espèce entière conçue comme une communauté concrète.

L'acception de l'individualisme développée par Jaurès n'est pas tant révélatrice d'une torsion que le tribun socialiste infligerait à un concept rigidement défini que de la variabilité intrinsèque de ce concept et de la nécessité d'hypothèses métaphysiques sous-jacentes pour lui conférer une valeur politique. L'individualisme tel que défini ici implique en effet deux postulats métaphysiques, l'un selon lequel l'individu le plus individualisé accède par conséquent à l'universel, l'autre selon lequel l'individu, même socialisé, est ontologiquement d'abord de son espèce avant d'être de sa

1. J. Jaurès, « Socialisme et liberté », *op. cit.*, p. 72.

communauté. La première thèse semble également avoir une visée pratique et signifier que l'individu humain peut agir de manière universelle en vue du bien de la communauté tout en agissant individuellement; il n'est toutefois pas sûr que le paradoxe soit moins radical dans le domaine de la pratique que dans celui de la métaphysique; être totalement individualisé, en effet, signifie être par soi seul, selon ses intentions singulières, et on ne voit pas comment l'on retrouverait dans cette individualité complète une quelconque universalité, qu'elle soit ontologique ou pratique; si l'universalité et l'individualité sont des quantités, comme le souligne Avicenne dans la *Métaphysique du Shifa'*, alors il est absurde de vouloir rendre universel ce qui est individuel, tout comme il est absurde de considérer que l'humanité, prise en elle-même comme essence, possède une quantité avant d'être universalisée ou individualisée[1]. Quant à la deuxième thèse, selon laquelle l'individu, parce qu'il retrouve l'idéal d'humanité au cœur de son individualité, est d'abord un être de son espèce avant d'être politique, social, singulier ou quoi que ce soit d'autre, elle soutient certes un humanisme moralement louable, mais renonce à interroger la distinction problématique entre essence et existence, propriétés essentielles et accidents, alors même qu'on pourrait suggérer à l'inverse que tout ce qui arrive à un individu contribue à son individuation et que l'individu n'est pas tant membre d'une espèce que construction de son être. Il apparaît donc fécond, pour valider la conception jaurésienne de l'individuel, avant tout jugement de valeur d'ordre politique, de mener une enquête métaphysique liminaire.

Plus largement, des programmes politiques et sociaux tels que le socialisme, le libéralisme, le solidarisme, etc., promouvant des mesures concrètes pour leur établissement, ne peuvent s'avérer cohérents qu'à condition qu'une certaine définition métaphysique de l'individuel soit possible. Mais que peut vouloir dire «cohérent» ? En quoi une réflexion philosophique fondamentale peut-elle se trouver ici légitimée ou habilitée à se prononcer sur ce qu'il y aurait de «cohérent» ou non dans les idéologies ou les projets politiques? Pourquoi une analyse conceptuelle, déterminant la réalité des entités valorisées par les différentes idéologies, permettrait-elle de trancher entre ces idéologies? Le seul point de vue logique suffit-il à condamner une idéologie? Le philosophe peut-il intervenir pratiquement, de son point de vue, dans les idéologies, éventuellement pour soutenir l'une et affaiblir l'autre? Un tel projet risque bien de s'avérer vain, d'une part parce que les hommes peuvent se sacrifier ou se

1. Avicenne, *Métaphysique du Shifa'*, Paris, Vrin, 1978, livre V, chap. I et II.

tuer les uns les autres au nom d'idéologies incohérentes ou contradictoires, d'autre part parce que les arguments logiques ont peu de prise sur la force des idéologies, et les faits peu d'influence sur les valeurs. Reste, comme le montre l'exemple de Vincent Descombes dans son livre *Les embarras de l'identité*, dans lequel il cherche à jauger l'idéologie actuelle au sujet de l'identité en appliquant un programme de grammaire philosophique, que la philosophie, tout en ayant pour fonction de mesurer la légitimité des concepts[1], a le droit de s'engager dans des débats pratiques. La question demeure cependant celle de la portée d'un tel geste philosophique sur les affaires humaines; retourner à l'analyse conceptuelle ou à la métaphysique, soit: mais qu'apprendra-t-on de pratique ou de politique dans l'affaire? La pensée est-elle en mesure d'exercer un quelconque pouvoir?

De quelle discipline de pensée exactement parle-t-on d'ailleurs lorsqu'il est question d'établir une « métaphysique de l'individuel » ? Une première conception de la métaphysique, qui cherche à partir de l'expérience existentielle des sujets pour poser la question de l'être, doit d'emblée être écartée : les hommes sont certes primitivement des sujets, ce qui signifie qu'ils ont profondément conscience d'eux-mêmes comme de sujets; mais ce qu'ils sont réellement, ce qui les définit, au-delà de la manière dont ils se vivent et se conçoivent, ne peut être déterminé ni par la catégorie d'objet ni par la catégorie de sujet. Là réside la différence entre la manière de ressentir sa propre existence et la détermination théorique de ce qui existe dans le monde, de ce que sont les êtres du monde, entre une théorie existentielle et une ontologie. Au-delà donc de l'opposition existentielle entre les *sujets* et les *objets*, il s'avère nécessaire d'introduire la catégorie plus fondamentale des « individus ». Les individus peuvent être à la fois des sujets ou des objets, des hommes ou des animaux ou des plantes ou des artefacts, ou peut-être même des éléments inertes isolés naturellement, ou encore que nous isolons, comme les cailloux ou les cristaux[2]. Cette conclusion est à peu près celle de Strawson dans *Les individus*[3]; au terme du livre, Strawson articule très nettement les deux catégories pour lui fondamentales de notre schème conceptuel, les corps matériels et les personnes, à la catégorie générale d'« individu » : les corps matériels et les personnes occupent « une position centrale (...) parmi les individus », ils

1. V. Descombes, *Les embarras de l'identité*, Paris, Gallimard, 2013, p. 248.

2. G. Simondon, *L'individuation à la lumière des notions de forme et d'information*, Grenoble, Jérôme Millon, 2005, p. 39-97.

3. P. F. Strawson, *Les individus*, *op. cit.*, p. 153-155.

sont paradigmatiques des individus[1]. Dès lors, ce ne sont pas les individus qu'il faut définir comme des corps ou des personnes, comme des sujets ou des objets, mais c'est au contraire la distinction entre le subjectif et l'objectif, ou entre le corporel et le personnel, qu'il s'agit de reconduire à une détermination unitaire de l'individuel, même au prix d'un clivage entre des types d'individus.

Lorsqu'il est question d'une détermination de l'individualité, le rôle de la métaphysique est donc de se faire ontologie. Là encore, il convient de formuler une distinction, afin d'écarter un sens modeste du terme « ontologie » au profit d'un sens plus ambitieux. Ou bien en effet on définit l'onto*logie* comme un métadiscours qui nous donne les éléments, les catégories et les découpages de réalité dont nous avons besoin pour bâtir nos discours courants; telle est la conception quinienne, articulée autour du slogan, « être, c'est être la valeur d'une variable », qui établit le critère d'engagement ontologique de chaque schème conceptuel[2]; dans cette conception, ce sont les nécessités d'un discours donné qui déterminent ce que sont les entités, l'ontologie est seulement une logique générale qui nomme les éléments de base pour construire nos discours et nos pensées. Ou bien on définit l'*onto*logie comme un discours rapportant ce qu'il y a, un discours réaliste, quoique peut-être davantage abstrait dans ses objets que d'autres types de discours descriptifs; mais dans ce cas, le discours métaphysique ne peut se contenter de donner un nom de concept – « individu », « classe », « substance », « processus »... – pour nommer nos catégories fondamentales de pensée selon leur forme abstraite mais indépendamment de tout contenu, il doit aussi fournir, par des descriptions appropriées, une détermination de la nature et de la texture des entités concrètes en question. La métaphysique, si elle a une portée réaliste, déborde la seule analyse logique, ne peut se contenter non plus d'une tâche de débrouillage de nos enchevêtrements conceptuels les plus angoissants, selon la célèbre mission thérapeutique assignée par Wittgenstein à la philosophie de « dénouer les nœuds dans notre pensée »[3]; une métaphysique audacieuse doit plutôt chercher à corriger cet enchevêtrement pour l'adapter aux exigences du réel, et même à préciser notre discours sur le réel, ce qui implique en un sens de venir le toucher par les idées. Or quels

1. *Ibid.*, p. 277.

2. W. V. O. Quine, « De ce qui est » (« *On what there is* »), dans *Du point de vue logique*, Paris, Vrin, 2003, p. 25-48.

3. L. Wittgenstein, § 90 du *Big Typescript*, cité dans S. Laugier et C. Chauviré (éd.), *Lire les Recherches philosophiques*, Paris, Vrin, 2006, p. 126.

moyens possède-t-elle pour suspendre voire congédier ainsi la distinction entre discours et réalité, entre intériorité et extériorité ?

Il y a pourtant quelque chose de particulier au cas de l'analyse métaphysique de l'individuel, ce qui se révèle clairement dans *Les individus* de Strawson : alors que dans l'introduction de son travail, Strawson développe sa propre conception de la métaphysique, qui selon lui doit se contenter de « décrire la structure effective de notre pensée au sujet du monde »[1], il se permet à la fin du livre de tirer une vraie conclusion d'ontologie en énonçant, certes à titre personnel : « je puis peut-être m'aventurer à dire que j'ai trouvé quelque justification à l'idée que ce qui existe fondamentalement, ce sont les personnes et les corps matériels »[2], c'est-à-dire des particuliers, des individus. Ce qui, aux yeux de Strawson, justifie que l'examen sorte ainsi d'une analyse de nos structures conceptuelles pour déterminer le réel tel qu'il est en dehors de nous, c'est notre expérience du monde, qui fournit un cadre spatio-temporel dans lequel viennent primordialement s'inscrire des unités, porteuses de ce cadre et dotées d'extériorité; autrement dit, le réel doit révéler des individualités empiriques aux sujets, qu'il s'agisse de corps ou de personnes, pour que l'expérience même du monde soit possible[3]. Dans L'« Esthétique transcendantale », Kant considérait que l'espace, condition de l'expérience, est garant de son extériorité; fidèle à cette lecture, Strawson ajoute dans *Les individus* que l'expérience est constituée nécessairement d'un schème spatio-temporel de particuliers indépendants du sujet.

Strawson accorde ainsi une certaine réalité à la catégorie d'« individu » dans la mesure où la manifestation des individus dans l'expérience structure notre rapport au réel. Mais le réalisme demeure chez lui limité à l'expérience subjective que les sujets ont du monde, si bien que, pour constituer une authentique métaphysique de l'individuel, libérée de déterminations seulement subjectives, il est nécessaire d'obtenir trois garanties supplémentaires de conformité de notre discours au réel : une première garantie concerne l'individualité révélée dans l'expérience, qui doit être un trait fondamental du réel, mettant les sujets en relation avec le monde extérieur à eux, même si dans le monde tout l'être n'est pas soumis à individuation; une deuxième garantie concerne l'individualité que les sujets d'expérience retrouvent en eux, qui doit pouvoir être déterminée

1. P. F. Strawson, *Les individus*, *op. cit.*, p. 9.

2. *Ibid.*, p. 277.

3. Voir notre analyse plus précise dans l'article « Strawson face à l'expérience des individus », à paraître dans le recueil *Approches de l'individuel*, aux Éditions rue d'Ulm.

indépendamment de la subjectivité, si on veut définir ontologiquement l'individuel; ici s'impose particulièrement une réflexion sur la nature des personnes; une troisième garantie enfin concerne notre capacité à connaître l'individuel, c'est-à-dire à le saisir concrètement, au-delà d'une identification abstraite de particuliers dans l'expérience; l'individualité doit pouvoir être connaissable comme propriété réelle de certaines entités pour qu'une ontologie de l'individuel soit dotée de sens. Ce sont donc ces trois garanties qu'il est nécessaire d'obtenir pour *ouvrir la voie à une métaphysique réaliste*, en commençant par la troisième, méthodologiquement première.

L'INDIVIDUEL EST-IL INSAISISSABLE ?

L'individuel n'est-il pas par nature inconnaissable si nous ne pouvons connaître que par des concepts généraux ? Duns Scot exprime très bien cette difficulté classique dans son traité sur le « principe d'individuation » :

> Le « singulier » est, en ce qui le concerne, connaissable par soi (même s'il n'est pas connaissable par soi pour certains intellects, tel le nôtre); (...) il n'y a pas de démonstration propre du singulier; l'unique démonstration du singulier est celle de l'espèce (il n'est pas le sujet propre de la démonstration mais seulement en tant qu'il appartient à l'espèce)[1].

Le problème d'intelligibilité que nous pose l'individuel est ainsi que l'ultime différence qui constitue l'individualité par rapport à la spécificité nous reste inconnue[2]. Nous, êtres humains, avons certes la capacité d'identifier les individus en fonction de leurs différences, mais nous ne pouvons pas saisir ce qui fait leur individualité. Si la réalité d'un individu consiste à être un composé de matière et de forme, comme l'admet Duns Scot qui s'inscrit bien sûr dans la tradition de l'hylémorphisme aristotélicien, notre connaissance, qui nous livre la forme des choses, accompagne l'individuation des êtres, mais seulement jusqu'au dernier point de la généralité, c'est-à-dire jusqu'à l'espèce dernière; au-delà, la forme se matérialise, le singulier apparaît, sans qu'on puisse le déterminer sinon par sa forme.

Cette thèse générale ne s'avère pourtant pas si banale dans le cas de Duns Scot, dans la mesure où il soutient par ailleurs, contre les autres

1. J. Duns Scot, *Le principe d'individuation*, Paris, Vrin, 2005, § 191.

2. J. Duns Scot, *Quaestiones subtilissimae super Libros Metaphysicorum Aristotelis*, livre VII, q. 15, dans *Opera Omnia, editio minor*, Alberobello, Éditions A.G.A., 1998, p. 385-390.

philosophes de son temps, qu'il existe une entité positive qui peut être dite principe de l'individuation des êtres singuliers; plus précisément cette entité n'est pas en tant que telle un principe, qui permettrait de rendre compte extérieurement de l'individuation, mais plutôt un mode d'être propre aux entités individuelles, leur acte d'achèvement. Ainsi les individus se trouvent, à la différence de toute entité universelle ou commune, dotés d'une *réalité ultime*, à laquelle les commentateurs ont pris l'habitude de donner le nom d'« heccéité »[1]. Pour comprendre ce qu'est cette entité, on pourrait être tenté d'établir une analogie entre la potentialité et l'actualité d'un côté, la communauté et l'individualité d'un autre côté[2], et en conclure qu'il y a, selon différentes perspectives, différents degrés d'être, et que l'individualité est un degré « ultime ». Or une conséquence qui semble pouvoir être tirée de cette thèse est qu'un individu, s'il possède une réalité ultime, la possède en tant que composé de matière et de forme, et ainsi, que le composé qu'est l'individu est individuel, et la matière tout comme la forme de l'individu sont individuelles. Duns Scot va même jusqu'à dire qu'un individu comporte en réalité six entités : dans la mesure où il appartient à une espèce et où il est subsumable sous cette espèce, il y a en lui une matière universelle, une forme universelle, et un composé universel de cette matière et de cette forme; dans la mesure où il est doté d'individualité, il y a en lui une matière individuelle, une forme individuelle, et un composé individuel de cette matière et de cette forme[3]. Or la découverte qu'il existe dans l'individu une individualité actuelle, déterminant une forme singulière propre, et pas seulement une forme rendue indéterminée par la matérialisation, semble *a priori* rendre possible une connaissance de l'individuel, parce que ce qui est formel est en soi déterminable, contrairement à ce qui est matériel. Et pourtant Duns Scot maintient la conviction hylémorphiste classique d'une indétermination de l'individuel pour nous : il nous est en effet impossible, selon lui, de

1. Selon M. B. Ingham (*Initiation à la pensée de Jean Duns Scot*, Paris, Éditions franciscaines, 2009, n. 22, p. 72), le terme « *hecceitas* » a en tout et pour tout deux occurrences chez Duns Scot, « dans la *Reportatio* II, distinction 3 et dans les *Questions subtiles sur la Métaphysique d'Aristote*, VII, q. 13 » ; il y a cependant au moins une troisième occurrence du terme dans la *Reportatio* II, d. 12, q. 6, n. 13 : « Sic haec unitas minor de se est *haec* numero, non essentialiter, sed tantum denominative ; sed haecceitas est numero haec essentialiter. » (*Opera omnia*, Hildesheim, G. Olms, 1968-1969, reproduction de l'édition de 1639, vol. XI-1, p. 329).

2. Voir les remarques de G. Sondag dans J. Duns Scot, *Le principe d'individuation*, *op. cit.*, p. 57 *sq*.

3. Duns Scot, *Reportatio* II, d. 12, q. 8.

déterminer cette réalité ultime qu'est l'individuel dans la mesure où les hommes, dans leur état présent, ne peuvent avoir une connaissance intellectuelle du singulier en tant que singularité[1]. Nous pouvons parvenir à percevoir l'individualité des individus, nous pouvons avoir une intuition de leur existence, mais en aucun cas une connaissance positive, car le recours à la sensation rend nos intellects, pris dans nos corps, moins réceptifs à la singularité.

Il y a cependant, dans cette douloureuse proclamation de notre incapacité à connaître les individus, alors même que nous les percevons, les saisissons, les identifions, les décrivons, quelque chose d'étonnant. Que cherche donc une théorie qui déplore l'indicibilité de l'individuel et prétend la contourner pour saisir l'individualité en tant que telle ? S'agit-il de céder à un sophisme consistant à refuser toute proposition de compréhension de l'individualité en arguant que cette compréhension serait conceptuelle et donc générale, et que le terme même d'« individualité » tente de généraliser l'ingénéralisable et de nier la singularité fondamentale de chaque individu ? On pourra dans ce cas rétorquer que l'individuel ne se dit pas en tant que tel mais que le langage contient des descriptions définies qui permettent à coup sûr de parler de tel individu, sans erreur possible ; car il semble que les outils d'individualisation logique sont efficaces ; pour reprendre l'exemple de description définie donné par Strawson, l'expression « le premier chien né en mer », à supposer qu'elle ait une référence, désigne bien un seul individu[2]. Une telle théorie sous-entend-elle plutôt que les propriétés de l'individu s'*expriment*, mais que son individualité propre, celle qui fait qu'il est un individu, est rétive au langage ? On peut là encore répondre que cette individualité que l'on cherche absolument à voir exclue du langage est suspecte, entité d'une mystérieuse métaphysique, et que les outils linguistiques sont suffisants pour pouvoir affirmer sans crainte que l'individu est dicible. N'est-ce pas au fond que nous ressentons fortement le décalage entre la manière *abstraite* que nous avons de penser le monde ou d'en parler, et la réalité même de ce monde, définissable comme fondamentalement *concrète* ? Or le discours ne nous donne jamais la chose réelle, il n'est toujours qu'un discours sur la chose, composé de mots et non de pans du réel : si l'individualité n'est rien d'autre que ce qui fait qu'une chose n'est pas un ensemble de phrases, n'est-il pas

1. C. Bérubé, *La connaissance de l'individuel au Moyen Âge*, Montréal, Presses de l'Université de Montréal, 1964, p. 136.

2. P. F. Strawson, *Les individus*, *op. cit.*, p. 28.

illusoire de vouloir construire une logique de l'individuel et d'essayer d'inclure dans le discours ce qui par définition s'avère extralogique?

La source première de cette insatisfaction philosophique à ne pouvoir saisir l'individuel dans son individualité même est au fond que, comme il a été dit, nous avons tendance à accorder une réalité extérieure aux individus que nous percevons, à admettre qu'ils existent concrètement et donc à vouloir dire ce qu'ils sont; pourtant nous avons aussi, par notre pensée, une certaine façon de concevoir le monde et de l'organiser, dépendante des structures conceptuelles collectives dont nous héritons; or parmi ces structures que nous imposons aux informations perceptuelles auxquelles nous accédons, il y a notre manière d'identifier des individus dans le monde, ou autrement dit notre faculté à *individualiser* des êtres dans le monde. On peut ainsi définir «l'individualisation» comme la capacité cognitive qui nous permet de décrire des choses que nous identifions et de nous repérer grâce à ces identifications [1], par opposition à ce que l'on pourrait nommer «l'individuation», c'est-à-dire la constitution concrète des individus du monde, indépendamment de notre perception ou notre action.

De quoi s'agit-il en effet lorsque nous parlons d'un élément de réel que nous avons individualisé? Il s'agit certes d'un individu, mais dont le caractère individuel est relatif à notre faculté d'individualisation; s'il est question d'individualisation, on peut conclure avec Jean-Claude Pariente qu'«aucun objet n'est en lui-même un individu, il le devient ou non en fonction du langage dans lequel on parle de lui.» L'individualisation est donc une opération intellectuelle ou logique de «discernement ultime». Le caractère ultime de l'individualité ainsi obtenue justifie certes qu'elle apparaisse toujours comme extraconceptuelle, puisqu'elle se situe au-delà du dernier concept appliqué à la réalité: les langues opèrent des distinctions de manière de plus en plus précise, d'espèces en sous-espèces, jusqu'à un niveau où il n'y a plus de distinction conceptuelle; mais ce niveau s'avère variable d'une langue à l'autre, et il faut en conclure qu'«on ne saurait donc assigner une fois pour toutes le statut d'individu à un objet donné». L'individualité prise comme le résultat de l'individualisation est relative, mais également incomplète pour la connaissance. «L'individualisation relève toujours du repérage, elle ne s'élève pas au niveau de la connaissance» car si nous avions accès à la notion complète de l'individu auquel nous appliquons notre pensée, nous ne parviendrions justement pas

1. «Décrire et repérer» est le titre du chapitre V du livre de J.-C. Pariente, *Le langage et l'individuel*, Paris, Armand Colin, 1973, p. 111-141.

à l'individualiser, c'est-à-dire à l'isoler, le séparer par la pensée; c'est en effet l'univers entier que finirait par retrouver celui qui prendrait en compte toutes les propriétés d'un individu, toutes ses relations; la tentative pour connaître un individu non abstraitement séparé du reste du réel conduirait à inclure progressivement dans sa définition celle d'autres individus ou pans de l'être liés à lui, jusqu'à tomber dans un monisme qui interdirait de penser toute pluralité des substances, et donc toute individualité; tel est le cas si l'on admet comme Leibniz que la notion individuelle d'Adam enferme celle de tous ses descendants, ce qu'il leur est arrivé et leur arrivera[1].

Bref, une double intuition semble suggérer que la connaissance de l'individuel est inaccessible à partir de nos structures conceptuelles: premièrement, il semble bien que les procédures humaines d'individualisation, variables selon les systèmes logiques ou les schèmes conceptuels, masquent l'individualité en tant que telle, parce qu'elles forment nos représentations du monde, se surimposent à nos perceptions sans pour autant offrir la garantie de leur compatibilité avec les découpages mondains concrets, même si l'hypothèse que l'individualisation serait quelque part guidée par l'individualité présente dans le réel demeure à examiner; deuxièmement, il semble que les individus produits par l'individualisation, s'ils ne possèdent pas une individualité effective, ont en outre un caractère nécessairement abstrait, puisque l'individualisation sépare, isole ce qui est concrètement relié; on peut réciproquement en déduire que l'individualité est une propriété concrète qui *à la fois* confère l'unité aux entités qui la possèdent et *à la fois* inclut les relations dans lesquelles les individus se trouvent pris, tout autant que les événements auxquels ils participent. Cette apparente contradiction serait ce qui rend l'individualité si difficile à déterminer.

Les remarques qui viennent d'être faites montrent combien la définition classique de l'individuel, proposée par la tradition hylémorphiste, ne peut qu'échouer à saisir l'individualité, dans la mesure où elle en propose une approche non seulement négative, mais encore décalée. Car dès que l'on suppose que l'individu est un composé de matière et de forme, l'individuation apparaît comme un mouvement ontologique qui va du genre à l'espèce, puis de l'espèce à l'individu matériel; par conséquent ce dernier échappe nécessairement à toute conceptualisation puisque seule sa forme est définissable en termes d'universel générique ou spécifique. Cependant,

1. J.-C. Pariente, *Le langage et l'individuel*, *op. cit.*, p. 139-141. Voir la correspondance de Leibniz avec Arnauld (Paris, Vrin, 2016), dont l'exemple constitue le point de départ.

de quelle « individuation » parle-t-on exactement ici ? L'hylémorphisme ne confond-il pas, sous le terme d'« individuation », le processus ontologique de constitution des individus proprement dit avec le processus seulement logique par lequel nous saisissons l'individuel à partir du général, bref, n'identifie-t-il pas indûment « individuation » et « individualisation » ? Il y a là un point délicat. L'enquête sur le principe d'individuation, dans la perspective hylémorphiste classique, tente de rendre compte de la *particularisation* des universaux, par exemple une mélodie et ses incarnations instrumentales ou vocales, et suppose ainsi de justifier les différences qualitatives entre des individus partageant une forme commune; dire que l'individuation est un principe ontologique suggère l'idée que l'individualité des êtres, de manière analogue à notre propre saisie des individus, partirait du général, logiquement premier, pour se particulariser d'étape en étape. Par là-même, la détermination d'un principe d'individuation n'explique nullement la constitution concrète des unités individuelles, ne rend pas compte de leur cohérence intrinsèque. Sur ce point, c'est la *singularité* des individus qu'il convient d'expliquer, c'est-à-dire la cause de leur unité, non point par rapport aux autres individus ou à leur environnement, mais en eux-mêmes.

Or lorsqu'on cherche à saisir l'individu en partant de l'espèce, toujours on le considère comme *se* différenciant, soit qu'on dise qu'il se particularise soit même qu'il se singularise. Un *cas particulier* est un élément qui se subsume sous une espèce, mais qui échappe en partie à cette subsomption et nécessite un traitement propre; le particulier va ainsi de la simple application de la norme à l'exception sous la norme. En mathématiques par exemple, toute fonction dérivée d'une autre fonction est particulière en ce qu'elle a une valeur différente des autres fonctions dérivées, même si elle est commune en tant que fonction dérivée; en revanche, la fonction dérivée de la fonction exponentielle est un cas particulier car c'est bien une fonction dérivée, et en ce sens elle est conceptualisée, mais une dérivée qui a la particularité d'être identique à sa fonction primitive. Le particulier, malgré les exceptions, reste cependant soumis à la norme, même s'il s'écarte du cas normal et impose sa différence. Un *cas singulier* lui aussi se subsume sous une espèce, sauf qu'il est le seul individu de son espèce. Ce sont les exemples du Soleil ou de la Lune dont parle Aristote : le concept de « Lune » se définit ordinairement comme « satellite de la Terre », et possède tous les attributs d'un concept commun, même s'il se prédique d'un seul objet réel – on pourrait d'ailleurs l'appliquer à des objets fictifs, car il n'est pas contradictoire d'imaginer que la Terre ait plusieurs satellites; un singulier se subsume donc sous un concept et dans le même temps possède une unité. Particulier et singulier, parce qu'ils sont subsumables sous l'espèce, ne sont pas, en tant que tels, extraconceptuels; mais il faut pour les définir ajouter un élément de négativité à la définition spécifique: le particulier subit une variation par rapport à l'espèce, le singulier est un cas particulier qui en outre, de manière contingente, est le seul élément de son espèce.

Maintenant, pourrait-on reconduire la définition de l'individuel à une conjonction du particulier et du singulier? Certes l'individuel peut apparaître à la fois comme différencié par rapport à l'espèce et comme une unité de nature différente de tout le reste, par conséquent l'individu serait à la fois une somme de particularités et une singularité; mais ne faut-il pas soutenir que l'individu se trouve au-delà des catégories de «particulier» et de « singulier », que particularité et singularité sont seulement les traductions conceptuelles et abstraites, adéquates pour le discours, des propriétés fondamentales de l'individualité? Il est premièrement clair qu'une approche des individus par leurs particularités ne nous donne pas encore l'individuel, même si l'individuel s'exprime sous la forme du particulier. Prenons un individu tel que Socrate : si on dit qu'il s'agit d'un homme, on le désigne spécifiquement, on subsume ce cas particulier sous l'espèce humaine; or on peut compléter cette désignation en précisant ce qui fait que cet homme est particulier, en disant qu' « il était chauve, philosophe, marié à Xanthippe, etc. » ; toutes ces particularités paraissent liées, dans la perspective hylémorphiste, à l'indétermination dont la forme hérite en se matérialisant; elles expriment donc en un sens l'individualité. Si cependant elles donnaient accès à l'individualité des êtres en tant que telle, il faudrait dire que l'individualité correspond en dernier lieu à *la différenciation de chaque individu par rapport aux autres*. Or cette définition ne serait satisfaisante qu'à deux conditions, premièrement, que l'on puisse concevoir l'ensemble des nombreuses particularités d'un individu, postulat épistémologique fort, deuxièmement que deux individus présentent toujours une différence entre eux, postulat hérité de Leibniz[1] et qui semble reposer sur une prémisse extrinsèque d'origine théologique: c'est en supposant au moins une certaine bonté de Dieu qui garantisse par sa législation qu'aucun individu n'a été, n'est, ou ne sera jamais identique à un autre que l'on peut donner sens à une individualisation par les particularités. Or à imaginer

1. Voir par exemple G. W. Leibniz, *Monadologie*, Paris, Gallimard, 2004, p. 9 : « Il faut même que chaque Monade soit différente de chaque autre. Car il n'y a jamais dans la nature deux êtres qui soient parfaitement l'un comme l'autre, et où il ne soit possible de trouver une différence interne ou fondée sur une dénomination intrinsèque ».

même que l'on accepte sans examen ces deux postulats – d'une part il est possible de donner une définition complète d'un individu, d'autre part cette définition révèle nécessairement un trait particulier individualisant de cet individu – le particulier ne ferait que se confondre avec le singulier, sans que soit donné l'individuel; Socrate, définissable par une somme ultime de particularités s'ajoutant à la définition spécifique, serait dans ce cas le nom d'une espèce ultime ne comportant qu'un élément; à tout individu correspondrait certes un concept, sans pour autant que soit justifié le principe de la cohérence interne de l'individu et de sa différenciation.

Quant à l'approche de l'individuel par le singulier, elle souffre d'une confusion de définition. *A priori*, la singularité entretient un lien essentiel avec l'*unité*. Ce qui est singulier, c'est ce qui se distingue, se démarque – un homme dit « singulier » se remarque par son originalité –, tout en étant doté d'unité. Que signifie pourtant « l'unité singulière » dont il est question ici? S'agit-il d'une unité de cohésion qui tient reliées toutes les parties de l'individu sous un acte unique, ainsi le blanc et le jaune sont maintenus dans l'œuf par l'unité matérielle de la coquille, ou bien s'agit-il d'une unité de séparation, ainsi deux œufs dans une boîte sont deux unités car ils ne sont pas posés dans la même alvéole? Et ces deux unités ne seraient-elles que des manifestations d'une même unité fondamentale, l'unité individuelle, par exemple celle de la cellule qu'est l'œuf? On trouve dans la tradition métaphysique, plus particulièrement dans les textes canoniques aristotéliciens, un principe selon lequel l'un est coextensif à l'être, ou encore convertible avec l'être[1]. L'un est d'abord quantité, tandis que l'être est d'abord substance; il n'empêche que tout ce qui est *est un*, et que tout ce qui est un *est* : l'être comme l'un s'étendent de leur catégorie d'origine vers les autres catégories; et ainsi, toute substance reçoit logiquement l'unité en même temps qu'elle reçoit l'être. Voilà pourquoi Thomas d'Aquin par exemple considère que le principe d'individuation ne peut être le même lorsqu'il est question de Dieu, des substances séparées telles que les anges, des âmes, ou encore des substances matérielles : pour les substances séparées, c'est la substantialité seule qui assure l'unité[2] et « les substances séparées et singulières sont donc individuées, toutefois elles ne sont pas individuées à cause de la matière, mais précisément parce qu'elles ne sont pas faites pour être en autre chose, ni non plus, par conséquent, pour être

1. On rencontre plusieurs fois ce principe dans la *Métaphysique*, voir Γ, 2, 1003b ou I, 2, 1054a.

2. Thomas d'Aquin, *Somme contre les gentils*, II, 93, Paris, Flammarion, 1999, p. 391-392.

participées par plusieurs »[1]; quant aux substances matérielles, elles s'individuent au titre de leur matière.

Une telle unité possédée par la substance au titre de la convertibilité de l'être et de l'un peut-elle être authentiquement qualifiée d'« individuelle » ? On peut en douter puisque l'espèce, à supposer qu'elle possède également un être réel, acquiert à ce titre, elle aussi, l'unité; or l'unité spécifique ne peut être individuelle, puisque justement les individus se différencient de l'espèce. Il est dès lors nécessaire de distinguer plusieurs types d'unités; c'est d'ailleurs ce que fait Aristote dans le chapitre 6 du livre Δ de la *Métaphysique* en affirmant que « ce qui est un l'est ou selon le nombre, ou selon l'espèce, ou selon le genre, ou par analogie. Selon le nombre, ce sont les êtres dont la matière est une; selon l'espèce, ce sont les êtres dont la définition est une; selon le genre, ce sont les êtres dont on affirme les mêmes prédicats; enfin par analogie toutes les choses qui sont l'une à l'autre comme une troisième chose est à une quatrième »[2]. On voit que dans ce cas l'unité constitutive de l'individu n'est clairement pas celle du genre ou de l'espèce; seule l'unité de nombre pourrait être dite individuelle ou posséder un pouvoir individuant. Mais comment définir cette unité? Pourquoi Aristote la caractérise-t-il comme une unité « matérielle » ? Cette première distinction entre des types d'unité est renforcée par une seconde, présente au livre I de la *Métaphysique*, chapitre 1, entre le continu et la totalité[3]; l'un de *continuité*, qui résulte d'un contact ou d'un collage, n'est que la permanence ensemble de parties dans le temps et dans l'espace; l'un de *totalité*, créé par une forme et une configuration, implique une réelle indivisibilité du tout. Le point commun entre ces deux unités est qu'elles sont toutes deux des unités internes ou numériques, or *l'unité numérique est ce pour quoi un être est un, c'est-à-dire possède un degré de cohérence suffisant pour qu'on puisse le délimiter et le considérer comme une unité dans un compte*. L'unité ultime, qu'Aristote nomme « unité de nombre » ou « unité matérielle », est ainsi bien différente d'une unité causée par différenciation; elle n'est pas seulement un mode de distinction entre les unités d'une espèce, comme lorsqu'on essaie de reconnaître deux automobiles de même modèle, série et couleur, par des petites écailles dans la peinture; elle est plus profondément l'unité *intrinsèque* à l'individu, l'unité liée à la configuration propre de l'être individuel. Les différents sens de « l'un » que distingue Aristote témoignent ainsi d'une distinction

1. Thomas d'Aquin, *De l'unité de l'intellect*, Paris, Flammarion, 1994, § 99, p. 177.
2. Aristote, *Métaphysique*, vol. 1, *op. cit.*, Δ 6, 1016b, p. 178-179.
3. *Ibid.*, vol. 2, I 1, 1052a, p. 59-60.

ontologique majeure entre l'unité de singularité, unité de différenciation subsumable sous l'unité de l'espèce et à ce titre conceptualisable, et l'unité proprement individuelle, ultime car interne à l'être de l'individu (à tel point que méréologiquement l'individu apparaît comme une totalité qui *intègre* ses parties) mais difficilement accessible au concept.

UNE THÈSE SUR L'INDIVIDU RECONSTITUÉ

D'un côté, au-delà de notre seule capacité à individualiser le monde, c'est-à-dire à le découper afin de nous y repérer, des unités concrètes se manifestent dans l'expérience, qui nous invitent à justifier cette propriété qu'ont certains êtres d'apparaître comme des entités cohérentes et séparées; se pose donc ici la question de « l'individualité », cette propriété par laquelle certaines entités, contrairement à d'autres, deviendraient des individus concrets. D'un autre côté, le cadre conceptuel le mieux ancré dans la tradition philosophique, l'hylémorphisme, refuse la connaissance de l'individuel en tant que tel, en concevant l'individualité comme un ajout d'indétermination; l'hylémorphisme fait droit à l'intuition largement partagée que nous, les individus humains, par exemple, sommes trop complexes pour nous résumer dans un discours, trop riches pour nous laisser catégoriser, trop uniques pour obéir à des systèmes statistiques. N'est-ce pas d'ailleurs sur cette supposition d'une richesse ontologique interne à l'individu, profondément originale, chaque fois insubstituable, que se fonde notre désir métaphysique insatiable de connaître l'individuel, de lui donner une place dans la pensée, même s'il se dérobe toujours à notre logique? Autrement dit, nous, êtres humains, découvririons l'individuel d'abord au fond de nous, dans l'exercice de notre esprit, dans l'unité singulière présidant à notre subjectivité, avant de le trouver répercuté dans l'expérience objective des singularités variées qui nous entourent. Telle est au fond l'idée de Kant selon laquelle « l'unité synthétique du divers des intuitions, en tant que donnée *a priori*, est le fondement de l'identité de l'aperception elle-même, qui précède *a priori* toute ma pensée déterminée »[1]; notre individualité nous serait révélée par l'intuition radicale, dépassant la diversité des contenus de notre esprit, d'une unité sous-jacente, fondatrice de notre unité biologique, psychologique tout autant que sociale; avant même d'être des unités vivantes, des sujets conscients

1. E. Kant, *Critique de la raison pure*, « Déduction transcendantale des concepts purs de l'entendement », § 16, Paris, Aubier, 1977, p. 200.

dotés d'une intériorité, des personnes dotées d'attributs sociaux, nous serions des êtres individuels, et rencontrerions au fond de notre être, en faisant abstraction de tout le reste, ce qui constitue notre unité concrète. Une preuve de l'existence de l'individualité comme propriété concrète de certains êtres nous serait ainsi d'emblée donnée, et il suffirait d'un travail suffisamment profond d'introspection pour reconstituer cette propriété, voilée par notre condition existentielle, sociale, affective et politique. Cette hypothèse selon laquelle nous trouverions primordialement l'individuel en nous mérite d'être mise à l'épreuve; elle rend cependant nécessaire un travail analytique préliminaire de distinction des unités biologique, personnelle et proprement individuelle; elle pose, pour le cas des individus humains, la question de l'articulation entre personnalité et individualité.

L'enquête sur l'individualité des êtres concrets doit ainsi s'appuyer sur un essai d'ontologie de l'individuel, dans la lignée des recherches d'Aristote sur les « substances séparées » ou du travail de Strawson sur les « particuliers » empiriques, avec le souci, cependant, à la fois de se détourner du schème hylémorphiste et d'accorder une réalité davantage qu'empirique à l'individualité. L'individu matériel est doté, dans la pensée d'Aristote, de cohérence et d'unité dans la mesure où la matière qui le constitue est inséparable d'une forme qui vient le structurer; la « séparation », c'est-à-dire l'indépendance d'un individu autonome par rapport à d'autres individus, n'est ainsi toujours que le corrélat d'une inséparabilité de la forme universelle et de tel matériau qui la reçoit; la constitution de l'individu, qui se traduit matériellement, provient de l'action de la forme universelle, et non de la matière elle-même[1].

Une première orientation donnée à notre essai d'ontologie conduit ainsi à abandonner un modèle qui pense l'individuel d'en haut et du coup sans l'atteindre, pour tenter à l'inverse de penser l'individuation d'en bas, dans sa constitution concrète, en partant des parties de l'individu. Si l'hylémorphisme ne parvient toujours qu'à une conception négative de l'individuel, demeurant prisonnier de l'universalisation qu'il place au principe de son enquête, la « seconde navigation » qu'il s'agit de mener pour toucher cette fois l'individuel concrètement rend dès lors nécessaire de *reconstituer l'individu* à partir d'une forme de prédonné qui puisse en fournir les parties constitutives. La question difficile est dans ce cadre d'identifier un tel prédonné, non porteur intrinsèquement de l'individualité de l'individu qui se constitue à partir de lui, et pourtant individuant;

1. Voir par exemple le chapitre Z, 17 de la *Métaphysique*.

il convient en outre de saisir sa matérialité ou plus précisément sa nature concrète, ce qui implique de mener un travail d'analyse autour de la notion de « matière ». On peut cependant penser, si l'individualité s'avère *processuelle davantage que substantielle*, que les parties concrètes de l'individu s'inscrivent dans le temps davantage que dans l'espace, ce qui suggère l'hypothèse qu'un individu se constitue par une série de processus qui lui arrivent; son individualité n'est dans ce cas pas tant compréhensible comme une structure unifiant des parties matérielles *partes extra partes* que comme une suite d'événements unifiés par une unité structurante.

Une hypothèse supplémentaire découle de tout ceci : les modifications qui touchent l'individu au cours de sa constitution ne doivent pas être considérées comme non-substantielles ou accidentelles, car elles engagent tout autant l'individualité de l'être que ce qui serait prédonné en lui. Prenons l'exemple de l'individualité d'une personne : nous pourrions dire que les événements que la personne va traverser durant sa vie ne sont pas donnés dès l'origine, son caractère est susceptible d'évoluer et de définitivement s'infléchir, les expériences peuvent marquer son corps tout autant que sa conscience, au contraire des éléments fondamentaux de la personnalité, le patrimoine génétique, les parents et leur éducation, qui sont eux donnés à l'origine; tout ceci est vrai, mais nous n'avons pas pour autant le droit d'en conclure que ce qui est donné d'emblée de l'individu est sa *substance* et que les choses qui arrivent par la suite à l'individu ne sont que des *accidents de cette substance*. La thèse d'une nature processuelle de l'individu invite à renoncer à la distinction aristotélicienne entre les prédicats essentiels, qui caractérisent une réalité telle qu'elle est donnée à l'origine, et les prédicats seulement accidentels qui s'ajoutent à cette réalité; cette thèse revient au contraire à soutenir que *tout ce qui arrive à un individu constitue l'individualité de l'individu*, tout ce qui arrive à un individu participe à son être, tout ce qui arrive à l'individu est un prédonné plus ou moins structurant pour son individuation. Valider cette thèse et mettre à l'épreuve les hypothèses qu'elle sous-tend est l'objet du premier temps de notre travail de reconstitution.

Pour autant, une contrainte méthodologique forte semble peser sur toute tâche d'élaboration d'une ontologie générale de l'individuel, liée à la multiplicité irréductible des individus, tout autant qu'à l'impossibilité de faire de la propriété d'« individualité » un universel. Plus précisément, l'expérience du monde nous place face à une pluralité originaire entre des genres d'individus, objets artificiels et naturels, sujets et objets, corps matériels, idées, ou institutions, réalités physiques ou métaphysiques, et le concept même d'« individu » semble traversé par des fractures qui en compromettent d'emblée toute définition unitaire. Nous avons dit que Strawson, en cherchant à découvrir dans *Les individus* quels sont les particuliers de base pour notre schème conceptuel, c'est-à-dire quels sont les individus fondamentaux que nous rencontrons dans le monde, se résout à exhiber deux catégories de particuliers primitifs irréductibles l'une à l'autre, les corps et les personnes [1]. Cette hétérogénéité fondamentale entre des genres d'individus ne peut dès lors que nous inviter à étudier de manière privilégiée l'un de ces genres, pour ensuite tenter de l'ériger en paradigme de compréhension pour l'individu en général; or bien évidemment nous sommes tout de suite tentés de faire de la « personne », l'individu que nous connaissons le mieux puisque nous sommes des personnes, le genre privilégié pour nous dévoiler de la manière la plus familière et la plus claire ce qu'est l'individualité en tant que telle. Ce choix se justifie également par le simple constat que la personne humaine est historiquement devenue la réalité visée prioritairement par le terme « individu ». Mais c'est alors une autre difficulté méthodologique qui apparait dès ce choix fait : il faut en effet se demander, puisque nous partons de la caractérisation ontologique des personnes, si une saisie immédiate de l'individualité en nous est possible, dans la mesure où, nous l'avons dit, notre individualité est l'unité primordiale qui justifie toutes les autres unités qui nous caractérisent, notre subjectivité, notre vie, notre personnalité, et il faut s'interroger surtout sur le mode de cette saisie; il semblerait qu'elle ne puisse se faire par introspection, phénoménologiquement, car nous serions reconduits, sur le mode de l'expérience cartésienne, à l'unité de notre conscience, c'est-à-dire à notre subjectivité; il faut donc tenter de comprendre l'individualité des personnes analytiquement.

C'est ainsi la personne, non pas comme sujet, mais comme *individu agent* qui peut servir de paradigme d'individualité, ne serait-ce que parce que c'est dans les actions auxquelles elle participe qu'il lui arrive ces choses qui viennent la constituer. Dans le cas des personnes, l'individuation apparaît alors comme un processus de constitution et d'unification à partir d'autres processus que sont les actions dans lesquelles la personne est impliquée. Si nous étendons par la suite ce résultat à l'ensemble des individus, la détermination pratique de ce qu'est l'individuation de la personne doit pouvoir déboucher sur une définition ontologique de l'individuation en général, qui implique par conséquent une induction à partir des catégories particulières d'« action » et d'« événement » vers la catégorie générale de « processus » incluant les précédentes. Une personne est

1. P. F. Strawson, *Les individus*, *op. cit.*, conclusion.

définie par le fait qu'on peut lui imputer des actions et qu'elle peut être reconnue comme l'auteur de ses actions, tout autant que par le fait qu'elle est aussi impliquée dans les relations qu'elle entretient avec les autres personnes, et plus largement dans l'ensemble des événements qui lui arrivent ou par lesquels elle est concernée. L'individuation de la personne ne se réduit pas à la seule action de cette personne, comme si la personne pouvait être l'auteur de sa propre individualité, comme si elle avait « une possibilité d'elle-même d'être elle-même ou de ne pas être elle-même » au sens propre[1] ; la constitution de l'individu qu'est la personne, qu'il faudra différencier de la constitution de sa personnalité sociale en tant que telle, est bien au contraire un *processus d'être* qui unifie en une seule constitution tous les processus qui se trouvent impliqués en elle. Derrière la personnalité, nous devons donc retrouver l'individualité.

La question reste malgré tout de savoir s'il est légitime, en prenant comme paradigme la détermination pratique des personnes, de procéder à une induction qui permette l'établissement d'une ontologie générale de l'individuel. Car il peut y avoir un doute sur la validité du concept d'« individu » ainsi obtenu, et sur son applicabilité à tous les individus réels; on peut en effet soupçonner qu'en prenant les personnes comme modèle pour toute individualité, il s'agit seulement d'opérer une substitution de paradigme philosophique; là où Aristote choisit prioritairement des exemples biologiques et ainsi distingue, sans doute trop artificiellement, substances secondes et substances premières, espèces et individus, là où Simondon renouvelle l'hylémorphisme en étendant le paradigme du moulage de la brique ou de la cristallisation[2] et en concevant l'individuation comme opération, nous imposerions et développerions un nouveau modèle, celui de l'individu comme agent, mais qui s'avèrerait tout aussi limité que les précédents, et pour une bonne raison : vouloir comprendre l'individualité en général, au-delà de la pluralité des individus, c'est chercher à donner une unité contradictoire au concept d'« individu », puisque justement l'individualité de chaque individu est la propriété qui rend cet individu individuel, et non général. Auquel cas nous passerions simplement d'un domaine d'individualités à un autre et ne développerions en rien une compréhension unitaire de cette pluralité originaire des individus qui s'offrent à nous. On peut cependant apaiser ce soupçon en considérant d'une part que la catégorie de « processus » s'avère aussi large ou transcendantale que celle de

1. M. Heidegger, *Être et temps*, Paris, Authentica, 1985, § 4, p. 31.

2. C'est en effet de ce modèle que part Simondon dans *L'individuation à la lumière des notions de forme et d'information*, *op. cit.*

« substance », d'autre part que, contrairement à l'idée, discutée par Ricœur, d'une « unité analogique de l'agir »[1], il ne s'agit pas de passer, grâce à une pensée analogique, d'un domaine où la constitution de l'individu a lieu à partir d'actions à un autre domaine du réel où une constitution analogue aurait lieu à partir de processus; en effet, les actions sont des processus particuliers, et entre les concepts d'« action » et de « processus », il n'y a pas analogie mais subsomption. Cela signifie qu'on peut envisager la constitution des personnes d'un point de vue pratique, en s'intéressant à l'émergence de personnalités par imputation des actions, mais qu'il est également possible, dans une perspective seulement ontologique, de déterminer ce qu'est l'individuation des individus qui sont des personnes, ce qui implique alors de requalifier plus largement leurs actions en leur appliquant le concept transcendantal de « processus ». Le paradigme de l'individu pratique, qu'il s'agira de développer dans le second moment de notre enquête, semble finalement permettre de comprendre la nature processuelle de l'individuation prise en général.

Pour faire une dernière remarque sur le projet d'ontologie qui est en jeu ici, tout travail de pensée sur l'individuel, dans la mesure où il cherche à saisir la catégorie d'« individu » en faisant abstraction de la différence entre les sujets et les objets, paraît engager une réflexion sur la réalité ou l'idéalité des catégories conceptuelles humaines face au monde. C'est ainsi que Strawson, dans *Les individus*, même s'il ne cherche pas à dévoiler le principe concret de l'individualité des corps et des personnes dont nous faisons l'expérience, puisqu'il considère que la catégorie des particuliers relève de notre représentation du monde sans qu'il soit nécessaire de chercher à aller au-delà de l'expérience pour fonder en réalité cette catégorie[2], et même s'il défend une conception « descriptive » de la métaphysique, ne peut pourtant s'empêcher d'assigner à l'expérience un rôle révélateur sur ce qu'il y a, comme s'il était saisi d'une tentation réaliste; l'intersubjectivité de notre discours, la nécessité d'agir dans le monde font que nos catégories empiriques prennent pied dans le réel[3]. Bref, il s'agit à chaque fois, en considérant les individus tels qu'ils surgissent devant nous

1. P. Ricœur, *Soi-même comme un autre*, Paris, Seuil, 1990, dixième étude, p. 345-410.

2. Strawson émet des réserves méthodologiques au début des *Individus*, comme celle-ci : « Il s'agit là de notre façon de concevoir le monde, de notre schème conceptuel. Sans doute, on pourrait l'exprimer d'une manière plus évidemment philosophique – mais qui ne serait pas plus claire – en disant que notre ontologie comprend des particuliers objectifs. » (*op. cit.*, p. 15)

3. Strawson, dans *Analyse et métaphysique* (Paris, Vrin, 1985, p. 85-96), congédie ainsi dos-à-dos le réalisme (« la thèse de l'extériorité ») et l'idéalisme (« l'empirisme classique »).

dans le monde, et en nous considérant aussi comme des individus compris dans le monde, de poser la question des rapports entre l'individualisation abstraite des objets par l'esprit et l'individualité concrète de ces mêmes objets, et de remuer l'énorme limon plus ou moins sédimenté du débat philosophique entre le *réalisme* et l'*idéalisme*.

Évidemment, on ne peut que se décourager, dans un premier temps, en constatant que l'on se trouve pris dans une telle querelle, et déplorer, comme Kant, que la métaphysique constitue « une arène qui semble tout spécialement destinée à ce que l'on exerce ses forces en des jeux de lutte où aucun combattant n'a jamais encore pu emporter la plus petite place, ni fonder sur sa victoire une possession durable »[1] ; et pourtant, dans le même célèbre texte, Kant reconnaît bien que les questions métaphysiques sont celles qui se posent avec le plus de profondeur, comme s'il s'agissait d'une des « affaires les plus importantes » de la raison humaine. Le même travail doit être inlassablement recommencé, et les mêmes problèmes posés à nouveau; nous souhaiterions donc, dans le troisième et dernier temps de cette enquête, examiner le problème du réalisme et de l'idéalisme au prisme d'une hypothèse, selon laquelle *l'individualisation des êtres que nous identifions et singularisons se justifie par l'individuation réelle des êtres individuels* : parce que nous sommes des individus et parce que nous rencontrons dans le monde des individus, nous appliquons *de manière dérivée*, et pour les besoins de notre action, notre catégorie d'« individu » à des réalités non-individuelles ; à ce titre, la projectibilité de la notion d'individu à ce qui n'est pas concrètement individuel ne se fait pas au hasard, mais obéit à ce que la structure du monde nous donne à comprendre des individualités réelles; pour le dire tout net, la réalité des individus dicte notre rapport au monde.

1. E. Kant, *Critique de la raison pure*, *op. cit.*, « Préface de la deuxième édition », p. 77.

CHAPITRE II

LOGIQUE DE L'UNITÉ INDIVIDUELLE ET DE SES PARTIES CONCEVOIR L'INDIVIDU SANS LA SUBSTANCE

Pour établir une pensée concrète de l'individuel, il semble naturel de commencer par se débarrasser de certains présupposés de la doctrine hylémorphiste qui rendent justement cette pensée concrète problématique. L'argument très général que nous avons donné précédemment contre l'hylémorphisme consiste en effet à l'accuser d'être à chaque fois une *pensée abstraite* de l'individuel, c'est-à-dire de saisir la réalité des individus au prisme de concepts de quantité universelle, ce qui la rend insatisfaisante, décevante, et en premier lieu pour elle-même, puisque l'individualité vainement recherchée se trouve à l'origine déjà perdue, donc source de déploration. C'est qu'au fond l'hylémorphisme entérine implicitement le soupçon que la pensée humaine porte couramment sur sa propre capacité à se relier au monde, doute que traduit clairement Nietzsche, dans *Vérité et mensonge au sens extra-moral*, lorsqu'il est question pour lui de requalifier le langage :

> De même qu'il est évident qu'une feuille n'est jamais tout à fait identique à une autre, il est tout aussi évident que le concept feuille a été formé à partir de l'abandon de ces caractéristiques particulières arbitraires, et de l'oubli de ce qui différencie un objet d'un autre. Il fait naître l'idée qu'il y aurait dans la nature, indépendamment des feuilles, quelque chose comme la « feuille », une forme en quelque sorte originelle, d'après laquelle toutes les feuilles seraient tissées, dessinées, découpées, colorées, plissées, peintes, mais par des mains si malhabiles qu'aucun exemplaire n'en sortirait assez convenable ni fidèle pour être une copie conforme de l'original. (...) L'omission du particulier et du réel nous donne le concept comme elle nous donne aussi la forme, là où par contre la nature ne connaît ni formes ni

> concepts et donc aucun genre, mais seulement un *x*, pour nous inaccessible et indéfinissable[1].

Ce petit passage est remarquable en ce qu'il condense et mêle, sur un ton pourtant polémique, plusieurs convictions philosophiques fort banales et partagées : d'abord, le réel extralogique est profondément individuel, Nietzsche faisant ici écho à la chasse aux feuilles identiques organisée par Leibniz ; cependant l'esprit humain, logiquement et discursivement inapte à accéder aux particularités du réel, est forcé d'abstraire comme il peut et d'oublier les différences entre les choses ; en résulte la position d'objets logiques universels, que notre esprit dans toute sa vanité nous fait croire plus originels que la réalité même ; dès lors, l'effort de l'esprit pour connaître le réel concret se trouve empêché par ce détour préliminaire par l'abstrait, l'esprit ne trouve, au-delà des concepts, qu'un «*x*» indéchiffrable ; mieux, il doit faire face à la tentation idéaliste, que dénonce ici Nietzsche, de croire que les choses concrètes dérivent des concepts et n'en sont que des copies « malhabiles ». Le diagnostic est sans appel ; mais face à cette répugnance de l'esprit humain au concret, face à ce renoncement à l'individuel, que faire ?

Deux voies semblent s'ouvrir pour réduire l'insatisfaction philosophique à ne jamais toucher le concret par la pensée. La première consiste à rapprocher le travail de conceptualisation au plus près du réel individué, c'est-à-dire à estimer que l'individuel, même s'il est par définition opposé à l'universel, a quelque chose de conceptualisable. Ainsi Leibniz soutient l'hypothèse limite que « la nature d'une substance individuelle ou d'un Être complet est d'avoir une notion si accomplie qu'elle soit suffisante à comprendre et à en faire déduire tous les prédicats du sujet à qui cette notion est attribuée »[2], mais cela seulement pour un entendement tel que celui de Dieu ; pour nos entendements plus limités, un accès à ce que Jean-Claude Pariente nomme, dans *Le langage et l'individuel*, « l'individualité épistémique », par opposition à « l'individualité-écart » serait néanmoins possible, à la condition de ne plus concevoir les traits particuliers de l'individu « de manière négative, en isolant leur porteur des classes par rapport auxquelles ils représentent un écart » mais de considérer que ces traits particuliers permettent de former un modèle conceptuel, « en engendrant une classe dont ce même porteur va apparaître comme membre »[3].

1. F. Nietzsche, *Vérité et mensonge au sens extra-moral*, « Bibliothèque de la Pléiade », Paris, Gallimard, 2000, p. 407 et 408.
2. G.W. Leibniz, *Discours de métaphysique*, VIII, Paris, Vrin, 2016, p. 80.
3. J.-C. Pariente, *Le langage et l'individuel*, *op. cit.*, p. 269.

Si l'hypothèse de Leibniz reste de l'ordre du vœu pieux, la recherche de J.-C. Pariente tend à montrer que le rapport de la pensée au réel concret ne se limite pas à l'affrontement radical entre universel et individuel, mais que la pensée se rapproche de l'individuel par diverses stratégies logiques raffinées; pour autant « l'individualité épistémique », plus positive pour la pensée que « l'individualité-écart », ne se confond pas encore avec « l'individualité empirique », et il demeure dans la perspective de J.-C. Pariente, entre l'individu conceptualisé et l'individu tel qu'il saute aux yeux, l'écart irrémédiable que nous avons reconnu entre les individus abstraits qui sont issus de nos procédures d'individualisation et les individus concrets, réellement individués et indépendants de l'esprit humain. Nous souhaitons dès lors emprunter une seconde voie de recherche pour saisir l'individuel, qui ne tente pas, contrairement à la précédente, de pousser l'abstrait au plus proche du concret et d'individualiser les concepts, mais qui essaie simplement d'*éviter le détour par l'abstrait.*

Bien sûr, « éviter le détour par l'abstrait » ne veut pas dire que l'on puisse modifier la nature de la pensée, composée de contenus nécessairement abstraits par rapport au réel qu'ils visent, pour la rendre « matérielle » au sens physique du terme; la pensée est nécessairement un mouvement d'abstraction qui isole les éléments perçus de leur contexte de perception, et d'autre part qui simplifie et généralise les objets conçus; cela ne signifie pas non plus que nous renoncions à établir une ontologie générale de l'individuel au profit d'une détermination chaque fois renouvelée de chaque individu pris un à un, comme si l'on pouvait épuiser l'innombrabilité des formes individuelles. Mais il existe une autre forme d'« abstraction », doctrinale celle-là, qui consiste à expliquer l'individualité en ayant recours à des causes formelles, à des concepts universels, plutôt qu'aux éléments constitutifs de l'individu. Dans le *Phédon,* Socrate raconte comment, déçu dans sa jeunesse par les discours des physiologues, il a rejeté l'explication par les causes matérielles, qui ne ferait qu'aveugler la pensée, et trouvé refuge du côté des formes séparées et intelligibles[1]; à rebours de cette « seconde navigation » à la recherche des causes, ne faudrait-il pas, lorsqu'il est question de l'individualité des êtres concrets, tirer la pensée de son séjour confortable au milieu de formes si rassurantes pour elle, et la ramener au plus proche du concret, non pas pour que la métaphysique finisse par devenir une simple caricature de la physique, mais pour esquiver cette tentation naturelle de la pensée à valoriser les causes formelles et négliger les causes matérielles ?

1. Voir Platon, *Phédon*, Paris, Flammarion, 1991, 96a-100a.

C'est d'ailleurs à un changement de regard de ce genre qu'invite Simondon dans *L'individuation à la lumière des notions de forme et d'information*[1]; l'argument originaire de Simondon est en effet que l'hylémorphisme commet une pétition de principe en postulant un principe d'individuation antérieur à l'individu; dans ce cas en effet, ce principe d'individuation, que ce soit la matière ou la forme, est déjà doté de l'individualité même dont il s'agit de rendre compte; Simondon en déduit qu'il est vain et égarant de tenter de déterminer l'individuel en prenant l'individu achevé comme point de départ, et qu'il est de bonne méthode de partir au contraire de l'individuation comme opération, pour ensuite déterminer l'individuel dans sa généralité. Simondon critique en conséquence le substantialisme, qui commet l'erreur de s'intéresser prioritairement à l'individu achevé, et invite à l'inverse à ressaisir l'individuation comme processus: « l'opération d'individuation est le centre actif de [la relation entre les aspects opposés et extrêmes des ordres de réalité entre lesquels elle s'institue]; c'est elle qui en est l'unité se dédoublant en aspects qui pour nous sont complémentaires alors que dans le réel ils sont couplés par l'unité continue et transductive de l'être intermédiaire »[2]; ainsi, pour Simondon, ce qui prime dans l'individuel, c'est l'individuation, c'est-à-dire l'opération concrète de structuration qui met en relation des éléments réels concrets antérieurs à elle[3]. Il convient donc, dans cette perspective, de *renoncer à une ontologie de la matière et de la forme*, parce que les éléments qui sont mis en relation par l'individuation sont des éléments concrets homogènes, et qu'on pourrait nommer en ce sens « matériels », si le terme « matière » ne renvoyait pas trop vite à tout ce qui n'est pas la forme; on ne peut trouver de forme que dans l'individu achevé, figé et comparable à d'autres individus, on s'égare à chercher cette forme dans l'individuation. L'individuation est bien un processus concret qui s'inscrit à l'intérieur d'un système matériel, elle est en somme l'opération résultant de la mise en relation de deux degrés différents du réel, différents parce qu'ils se situent à une échelle différente du concret tout en étant cependant « à un même niveau d'existence »[4]; par conséquent, *l'individu tient dans l'opération de sa constitution*.

1. G. Simondon, *L'individuation à la lumière des notions de forme et d'information*, *op. cit.*
2. *Ibid.*, p. 151.
3. *Ibid.*, p. 24-25.
4. *Ibid.*, p. 43.

Or on le voit, la remise en cause de la tendance qu'a la pensée hylémorphiste à figer l'individuel en réalités achevées, autarciques, unifiées par une forme, au lieu de le concevoir au cœur de relations et d'interactions indéfiniment poursuivies, conduit tout à fait logiquement à une autre remise en cause, beaucoup plus fondamentale, celle de l'ontologie substantialiste qui conçoit les êtres premiers du monde comme des unités stables, donc primordialement formelles et séparées. Logiquement encore, cette critique de la catégorie de « substance », motivée par la nécessité de penser concrètement l'individuel, conduit, pour décrire les individus concrets dans toute leur richesse d'être, à *substituer une ontologie des processus à l'ontologie des unités séparées*. Prenons l'interprétation de la phrase « Socrate s'est levé pour se rendre sur l'agora » : là où une lecture classique suppose de concevoir « Socrate » comme le nom d'une « substance première », de forme humaine, à qui il arrive des choses, « se lever », « se rendre sur l'agora », ce qui implique que l'être nommé « Socrate » soit *le même homme* en se levant puis en se rendant sur l'agora, car le nom désigne exactement la même réalité dans les deux cas, la critique de l'hylémorphisme préférera définir le terme « Socrate » comme le nom d'un processus vivant et personnel se déroulant d'une naissance à une mort, ce qui veut dire que le réel désigné par le terme « Socrate » s'est concrètement enrichi de son lever à son départ pour l'agora, parce que ce qui lui est arrivé dans ce moment s'est quelque part inclus en lui comme une partie dans un tout. Et pourtant, l'exemple choisi montre d'emblée que cette seconde interprétation soulève une difficulté logique majeure puisque « Socrate » ne réfère plus alors à la même réalité dans les phrases « Socrate s'est levé » et « Socrate s'est rendu sur l'agora », l'identité admise sous la nomination d'une même substance semblant s'être perdue : « Socrate » est devenu un autre « Socrate ».

Apparaît donc, pour celui qui tente de penser l'individuel à nouveaux frais, une authentique difficulté philosophique : si l'hylémorphisme doit être critiqué, corrigé voire abandonné pour accéder à une pensée concrète de l'individuel dans toute sa richesse d'être, il convient dans ce cas de remettre en cause l'ontologie, d'origine aristotélicienne, qui invite à penser les individus sous la catégorie de « substance » ; sauf qu'il apparaît alors délicat de se défaire de certaines conséquences, fâcheuses et pourtant insistantes, de l'abandon de la substance, la première de toutes étant que l'individu en constitution, s'il n'est pas une substance, ne semble jamais pouvoir être identique à lui-même dans deux circonstances temporellement différentes, ni donc pouvoir être nommé plusieurs fois dans un discours. Bien sûr, cette contradiction concerne notre usage de l'identité, c'est-à-dire nos manières de raisonner et de recourir à des concepts à propos du réel, elle se situe donc sur le terrain de la logique et non de l'ontologie; or une contradiction logique ne devrait pouvoir servir d'argument décisif pour une enquête d'ontologie, comme si les sinuosités de nos pensées pouvaient déterminer les linéaments du monde; dès lors, la difficulté que nous rencontrons à nous débarrasser de la catégorie de « substance », si bien ancrée dans la tradition philosophique et dans nos modes de penser et de parler, ne devrait pas en droit constituer d'obstacle lorsqu'il s'agit de proposer un nouveau modèle théorique cherchant à s'approcher davantage de l'individualité réelle des êtres. Si la métaphysique nous parle effectivement du réel et pas seulement de nos catégories conceptuelles sur ce qu'il y a, jamais une argumentation logique n'a les moyens de servir de preuve pour un raisonnement métaphysique portant sur ce qui existe.

Pour autant, il serait de bien mauvaise méthode de laisser en chemin les difficultés logiques soulevées par les réformes conceptuelles opérées en métaphysique, comme si l'esprit humain devait admettre son incapacité à adapter ses structures conceptuelles aux contraintes du réel, comme si une bonne métaphysique ne pouvait s'exprimer qu'à travers des contradictions logiques qui suggèrent et « font penser », comme si la manière la plus claire d'exprimer le réel devait elle-même s'avérer obscure ou contradictoire, ponctuée de mystères. Au contraire, puisque nous raisonnons avec des concepts, fuyons les contradictions autant que possible[1], et cherchons l'expression la plus satisfaisante de l'individuel concret, il est nécessaire de rendre compatibles les exigences de la logique et les exigences du réel, et de clarifier au mieux les embarras logiques qui peuvent résulter d'une nouvelle élaboration conceptuelle. *De manière liminaire à tout changement de paradigme ontologique*, nous devons donc veiller à ce que le langage comme la pensée puissent accueillir sans conflit logique le nouveau modèle. Ainsi, la conceptualisation de l'individu, non plus comme substance, mais comme processus non substantiel en constitution, ne doit pas s'avérer à tel point étrangère à la manière dont nous parlons ordinairement des individus que nos usages référentiels et identifiants effectifs ne puissent être logiquement analysés sans rétablir la catégorie de substance abandonnée par ailleurs.

1. On peut imaginer que certaines contradictions discursives « expriment » suffisamment un aspect du réel pour pouvoir être admises dans le discours philosophique, à condition cependant qu'il n'y ait aucun autre moyen non-contradictoire pour penser un tel aspect du réel.

Cette exigence de clarté logique fixe dès lors l'objectif du présent chapitre, modeste en apparence : avant toute détermination ontologique de l'individuel, il s'agit simplement de parvenir à se libérer de la catégorie de substance, problématique pour la connaissance des individus concrets, et qui pourtant se situe au cœur de nos schèmes conceptuels effectifs ; pour ce faire, et puisque la notion de « substance » semble entraver une compréhension concrète des individus comme constitutions, notre tâche consiste à *jeter les bases d'une logique non-substantialiste, mais qui pourtant permet l'identification d'unités concrètes*. Une telle logique ne doit se trouver privée, négativement, d'aucune des ressources qui permettent, en contexte empirique, quotidien ou social, l'identification et la réidentification des individus, et par là-même la nomination des personnes ; il s'agit donc de l'épauler d'une théorie des noms propres adéquate. Par ailleurs, positivement, cette logique doit être construite comme *une méréologie*, une logique des touts et des parties ; il ne peut s'agir cependant que d'une méréologie concrète, qui en outre admette des unités concrètes, puisque les touts individuels doivent pouvoir être définis comme progressivement structurés par leurs parties matérielles constitutives, même s'il est, pour le moment, dans ce chapitre, fait abstraction de toute détermination métaphysique positive de la réalité individuelle à proprement parler, si ce n'est sous forme d'hypothèses.

LE PROBLÈME DE LA NOMINATION DES INDIVIDUS DANS UNE LOGIQUE NON SUBSTANTIELLE

Admettons que nous voulions dire l'individualité sans pourtant la réduire à la substantialité, c'est-à-dire que nous cherchions à élucider ce qui fait l'unité des individus sans commettre la pétition de principe consistant à présupposer que les individus sont des substances, des unités séparées unifiant une somme de propriétés qui leur sont inhérentes. Ne nous donnons pas d'emblée l'unité individuelle que nous souhaitons reconstituer ; envisageons même que l'individualité d'un être n'est complète qu'à la fin de l'existence de cet être, lorsque celui-ci a tout accompli, épuisé ses possibles, lorsqu'il lui est tout arrivé ; reconnaissons dès lors que l'existence d'un individu fait unité de sa génération à sa corruption, que par exemple une unité d'existence se déploie depuis le gland jusqu'au chêne mourant à défaut de découvrir encore une nouvelle stratégie de vie. Or même si nous considérons que cette unité individuelle ne se trouve complète qu'à la fin de l'existence de l'individu, il serait bien sûr erroné et contraire à nos usages de croire que ce n'est que rétrospectivement que nous projetons cette unité achevée sur toute une existence. Une unité est bien déjà présente durant l'existence individuelle, alors même que l'individualité en jeu n'est pas encore complète, et l'existence de cette unité dans l'individu en constitution nous est révélée par nos pratiques logiques, puisque nous pouvons, tout au long de l'existence d'un être, lui donner un nom unique, s'il s'agit d'une personne ou d'un être digne d'être nommé, ou simplement l'identifier comme « le même » dans des situations différentes ; ainsi des énoncés comme « la voiture a été maquillée, mais c'est bien la même que celle du braquage de la semaine dernière » ou encore « Socrate a beaucoup changé depuis qu'il s'est rasé la barbe » s'avèrent compatibles avec les pratiques courantes de la discussion, et semblent nous prouver quelque chose de la nature des individus en jeu. L'individualité se présenterait-elle à nous sous la forme d'une double unité, l'une donnée antérieurement même à l'existence de l'individu et qui justifierait nos pratiques logiques, l'autre, en progrès tout au long de cette existence, et qui ne serait rien d'autre que l'individuation même ? Ou alors devrions-nous dire que ces deux unités ne sont que deux faces, ou deux modalités, d'une seule et même unité, de l'individualité en tant que telle ?

Dans tous les cas, il conviendrait de supposer une unité originelle qui se complète et devienne donc dans l'individu, à partir d'une certaine pauvreté ontologique de l'unité initiale, davantage qu'unité ; ou à l'inverse, le mouvement d'unification pourrait être conçu, fidèlement à la pensée de Simondon, comme un appauvrissement vers l'unité définitive de l'individu, à partir d'un préindividuel qui est davantage qu'unité. Simondon conçoit en effet l'individuation comme une opération toujours en train de s'accomplir, qui consiste dans la structuration d'un préindividuel, ou encore dans la conservation de tensions individuelles sous la forme d'une nouvelle structure ; le préindividuel apparaît ainsi comme un système homogène mais tendu, sursaturé, qui se situe au-dessus du niveau de l'unité et produit, une fois son déséquilibre structurel fécondé par un germe, une action d'individuation ; l'apparition de l'individu est dès lors une forme de résolution des tensions dans un intermédiaire qui s'unifie et se structure[1]. L'inconvénient de cette manière de penser est cependant qu'elle envisage comme compatibles différents degrés quantitatifs de l'un – unité germinale en voie de structuration, unité achevée de l'individu, unité enrichie du préindividuel permettant l'achèvement – du « plus qu'un » et du « moins

1. G. Simondon, *L'individuation à la lumière des notions de forme et d'information*, *op. cit.*, p. 25-27.

qu'un » donc, sans pour autant que ces divers degrés d'unité n'aboutissent à une quelconque forme de multiplicité. Se trouve ainsi réveillé le vieux problème grec de l'un et du multiple, avec le risque de tomber dans la contradiction en attribuant à l'individu une unité qui soit plus riche que la seule permanence du même, tout en cherchant, surtout lorsqu'il s'agit de l'individu humain, à exprimer son « identité plurielle »[1].

Pour éviter un tel écueil, ne sommes-nous pas plutôt contraints de supposer en l'individu la permanence d'un substrat, non seulement logiquement, pour que nous puissions dire quoi que ce soit de cet être et que la prédication soit possible, mais encore ontologiquement, pour que l'individu, toujours incomplet durant son existence, ait même la possibilité d'être le sujet de tout ce qui lui arrive et de progressivement s'achever? Cependant, quelle consistance reconnaître à ce substrat dévoilé par nos pratiques discursives? Bien évidemment, on ne peut le concevoir comme une entité autonome, donnée complète à l'origine même de l'existence individuelle; auquel cas, ou bien il s'agirait d'une unité qui, à la mode de Parménide, totalise tout l'être et fait obstacle à la possibilité même d'un devenir, ou bien il serait question, dans le même ordre d'idées, d'une unité prédonnée qui contient déjà, même sans l'actualiser dès l'origine, la suite des événements qui détermineront le devenir individuel, ce qui empêche de penser toute création autant qu'innovation dans l'existence de l'individu. À l'inverse, l'unité accordée à l'individu à l'origine de son existence doit donc pouvoir offrir à l'être ainsi déterminé une possibilité de devenir, d'innovation, de création; seulement, dès que l'on accorde qu'il y a en l'individu quelque unité donnée dès l'origine, afin de permettre la prédication à cet individu de ce qui lui arrive et vient justement transformer et compléter son être, on ferme d'ores et déjà des possibilités de progrès ontologique, d'enrichissement ou d'appauvrissement, de transformation. On fait ainsi la distinction, dans la personne humaine, entre son être biologique, déterminé par un génotype ou certains caractères figés, et son être social, marqué par l'évolution d'une carrière et les aléas d'une vie; ou encore on différencie tout simplement l'inné et l'acquis.

S'il faut admettre la distinction entre ce qui appartient à l'être individuel dès l'origine de cet être et ce qui vient s'ajouter à l'individu dans le courant de son existence, le problème demeure pour nous de savoir si l'individu en train de se constituer peut être un sujet de prédication sans être pour autant une substance, c'est-à-dire un être autonome antérieur à sa

1. Selon l'expression de V. Descombes dans *Les embarras de l'identité*, Paris, Gallimard, 2013, p. 45, qui pointe le même risque de contradiction logique.

constitution. Aristote, lorsqu'il essaie de définir la « substance » (οὐσία) dans le chapitre Z, 3 de la *Métaphysique*, commence à l'envisager, en toute logique, comme simple « sujet » (ὑποκείμενον), sans toutefois pouvoir s'empêcher immédiatement de tenter de déterminer la consistance ontologique de ce sujet et se demander s'il est matière, forme, ou bien composé[1]. On pourrait évidemment faire l'hypothèse que les unités que notre discours isole en vue de la prédication sont conventionnelles et que rien dans l'expérience ne se présente à nous ainsi unifié; mais dans la mesure où on suppose que l'individualité est une propriété réelle des êtres, il faut de même admettre que l'unité des individus demeure à travers le temps, que cette unité est donc quelque chose du début à la fin de l'existence individuelle et qu'elle est donnée antérieurement à l'existence de l'être individué. Par conséquent, il faut se demander si nous ne sommes pas ici forcés d'accepter, pour les individus, la distinction entre ce qui leur est donné d'emblée et ce qui leur arrive ensuite, *entre ce qui leur est essentiel et ce qui leur est seulement accidentel*. Bien entendu, l'idée qu'il y a de l'accidentel permet encore d'envisager un devenir de l'individu et ne nous enferme pas dans la situation radicale de l'immobilité parménidienne de l'essence; mais l'accident étant « ce qui n'est ni toujours ni le plus souvent », il ne peut contribuer par lui-même à la constitution de l'individu, Aristote allant jusqu'à dire que « l'accident apparaît quelque chose de voisin du non-être »[2].

Or notre usage de la nomination vient apparemment confirmer la validité d'une telle ontologie: les individus sont bien nommés antérieurement à la description de toutes les actions qu'ils accomplissent, puisqu'il faut pouvoir dire que « c'est le petit Socrate qui a poussé son premier cri, fait ses premiers pas, lu ses premières lettres, etc. » ; cette antériorité logique semble bien impliquer l'antériorité métaphysique même de l'individu qui a agi ou est en train d'agir, car le nom propre doit référer à une unité prédonnée et définie par son usage; si nous refusons cette conséquence, apparemment rigoureuse, de la logique vers l'ontologie, il nous faut expliquer que nous soyons même capables de désigner un individu, ou que son nom ne se modifie pas à chacune de ses actions. Somme toute, le refus de la substance met en péril l'explication de notre usage courant des noms propres, non seulement d'ailleurs les noms de baptême, comme « Socrate » ou « Platon », mais plus largement toutes les instanciations d'universels, comme « cet animal », « cet homme », « cette chaise ». Par

1. Aristote, *Métaphysique*, Z, 3, 1029a3 *sq.*
2. *Ibid.*, E, 3, 1026b.

ailleurs, sans la substance, c'est notre compréhension ordinaire de l'identité qui se trouve également remise en question, et par « identité » nous désignons ici, à la suite de Strawson [1], l'instrument logique par lequel nous *identifions* des individus dans le monde, mais aussi nous les *réidentifions* à différentes occasions; Strawson souligne combien nous pouvons toujours être sceptiques à propos de l'identité dans le temps et considérer que nous n'avons pas de critère fiable pour garantir qu'un objet actuellement spatialement identifié *est le même numériquement* qu'un objet identifié dans une autre circonstance; cependant, les conditions normales d'usage de l'identité font que nous supposons spontanément l'identité numérique à partir de l'identité qualitative et le soupçon sceptique paraît trop radical pour le langage ordinaire; or l'impossibilité d'identifier deux fois *le même être* briserait la spontanéité de nos suppositions. Certes la catégorie de substance dépasse celle de sujet, en portant avec elle l'idée d'essence (« essence » et « substance » n'étant que deux variantes d'origine latine du mot grec « οὐσία »), à tel point que son maintien rend nécessaire une ontologie de l'essentiel et de l'accidentel; pour autant, l'identification et la réidentification de sujets empiriques est un mécanisme fondamental du langage commun, et la catégorie de « sujet » semble dès lors appeler celle de « substance ».

Suivons la théorie de la nomination la mieux admise, celle de Saul Kripke dans *La logique des noms propres*, et voyons en quoi la « rigidité » du nom affirmée dans cette théorie implique l'existence de « propriétés essentielles », bref, décelons le moment où l'exigence ontologique se glisse sous l'étude logique [2]. L'idée de « rigidité des noms » a rencontré un net succès, même si S. Kripke ne l'introduit pas dans ses conférences en la définissant de manière claire, mais juste au travers d'un exemple; il prétend en effet « soutenir, de façon intuitive, que les noms propres sont des désignateurs rigides, car bien que l'homme (Nixon) eût pu n'être pas le président, il n'aurait pas pu ne pas être Nixon (quoiqu'il eût pu n'être pas *appelé* "Nixon") ». Pour comprendre que le nom soit attaché rigidement à ce dont il est le nom, avant même de comprendre ce qu'est « ce dont il est le nom », il convient d'opérer deux distinctions : premièrement, il faut distinguer le nom « Nixon » et Nixon lui-même, qui porte ce nom mais aurait pu éventuellement prendre un autre nom, le nom de sa mère ou un

1. P. F. Strawson, *Les individus*, *op. cit.*, p. 33-41.

2. S. Kripke, *La logique des noms propres* (*Naming and Necessity*), Paris, Éditions de Minuit, 1982, p. 30 *sq*.

pseudonyme par exemple; deuxièmement, il faut distinguer ce qu'on pourrait en première approche considérer comme deux propriétés, l'une d'être président, l'autre d'être Nixon; cette seconde distinction obéit à un critère purement logique, mais elle a une portée ontologique, puisqu'elle sépare les propriétés auxquelles le nom réfère rigidement (être Nixon) et les propriétés pour lesquelles on peut imaginer des situations contrefactuelles où le nom ne les désigne pas (être président). En tenant compte du fait que Kripke parle en termes de mondes possibles, ce sont finalement trois sortes de faits (ou propriétés) que la notion de rigidité différencie : être ce à quoi réfère le nom, car le nom « Nixon » désigne Nixon dans tous les mondes possibles; être ce qui peut arriver ou non à ce à quoi réfère le nom, puisqu'il arrive à Nixon des choses dans certains mondes possibles qui ne lui arrivent pas dans d'autres; porter un nom donné, car Nixon aurait pu s'appeler autrement que « Nixon » et s'appelle donc autrement dans certains mondes possibles. Toute la question est de déterminer le statut ontologique de ce à quoi réfère le nom et de comprendre s'il s'agit d'une pure individualité logique et nue, d'une essence à part entière, ou de quelque chose qui arrive de plus fondamental que le reste sans pour autant être une essence. Dans le premier cas, on peut penser à « des propriétés triviales telles que l'identité de Nixon avec lui-même »[1], qui n'auraient donc aucun contenu ontologique, dans le second cas, l'essence n'est pas forcément universelle et peut être individuée, mais comprend en tout cas des propriétés que l'individu possède nécessairement et qui constituent, par exemple, une « nixonité », dans le troisième cas, qui nous arrange, l'individualité peut être processuelle et se constituer durant toute l'existence de l'individu. S. Kripke privilégie lui la seconde hypothèse, pour la bonne raison qu'on a besoin selon lui de critères d'identité, ne serait-ce que pour identifier les individus à travers les mondes possibles et pouvoir formuler des situations contrefactuelles; il y a rigidité du nom « Nixon » à travers les situations contrefactuelles, même si ce nom n'est pas lui-même nécessaire, parce qu'il est nécessaire que ce à quoi réfère ce nom soit identique à travers les mondes possibles. S. Kripke ne s'intéresse pas à la métaphysique et ne souhaite pas prononcer un quelconque plaidoyer en faveur de la catégorie de substance; simplement, pour lui, la nécessité que le nom d'un individu réfère à des propriétés de cet individu présentes dans tous les mondes ne peut être seulement une nécessité *de dicto*; en effet, il affirme qu'« en supposant que Nixon est en fait un être humain, il semble

1. P. Engel, *Identité et référence. La théorie des noms propres chez Frege et Kripke*, Paris, Éditions rue d'Ulm, 1985, p. 96-97.

que nous ne puissions envisager comme possible une situation contrefactuelle où il serait, disons, un objet inanimé; peut-être même n'aurait-il pas été possible qu'il ne soit pas un être humain», ce qui semble signifier que l'impossibilité, par exemple pour un homme de ne pas être un homme dans une situation contrefactuelle donnée, ne dépend pas tant d'une limite de notre pensée à échafauder des situations contrefactuelles à propos des entités auxquelles nous nous référons, que d'une limite imposée par l'être même de ces entités[1]. À partir de cette remarque, il apparaît que, pour S. Kripke, ce à quoi réfère rigidement le nom à travers les mondes possibles est non seulement une essence individuelle, par exemple «la nixonité», mais encore une essence porteuse d'un universel, «l'humanité», puisque le nom «Nixon» désigne nécessairement un homme doté de tous les attributs de l'humanité, être vivant, animal, rationnel, en somme une substance au sens le plus classique et aristotélicien.

De la part du logicien, une telle audace ontologique peut-elle cependant se justifier? Tout dépend en réalité de la manière dont on définit ici le terme «nécessaire», et la question devient épistémologique. Pour S. Kripke, semble-t-il, les propriétés qu'un individu possède dans tous les mondes possibles sont dites «nécessaires», mais leur nécessité vient du fait qu'elles sont essentielles; Kripke précise ainsi: «certaines propriétés d'un objet peuvent lui être essentielles, dans la mesure où il n'aurait pas pu ne pas les avoir», et il ajoute: «mais ces propriétés ne servent pas à identifier l'objet dans un autre monde possible, car une telle identification n'est pas requise», semblant vouloir dire que la question de l'identification à travers les mondes ne se pose pas, que les propriétés en question sont triviales et ont seulement pour rôle de donner de la consistance au langage; sauf que d'un autre côté l'identification du nécessaire à l'essentiel découle d'une certaine conception de ce qu'est un monde possible, qui n'aurait pas la capacité de s'écarter tellement de notre monde actuel que l'on puisse concevoir des variations absurdes et surréalistes des objets de notre monde, ou plutôt l'identité de ces objets serait dans ce cas absolument perdue. Ce n'est pas que, dans un conte, un prince ne puisse être transformé en grenouille par une méchante fée, ce n'est pas que, dans un livre de science-fiction, un individu qui a l'apparence d'un homme ne puisse se révéler aux yeux du héros, *in fine*, comme une affreuse créature extraterrestre ou un robot; mais nos usages de l'identification sont tels que l'humanité d'un homme que nous identifions s'impose à nous et cela n'a pas de sens pour nous d'imaginer une situation dans laquelle ce même individu identifié

1. Cette interprétation est également suggérée par P. Engel, *ibid.*, p. 120.

comme homme serait une grenouille. Et ce, dans la mesure où les mondes possibles, parce qu'ils découlent de situations contrefactuelles élaborées à partir des réalités qui nous entourent « sont *stipulés*, ils ne sont pas *découverts* au moyen de puissants télescopes ». Autrement dit, dans la conception qu'a S. Kripke des mondes possibles, « possible » signifie toujours au moins quelque chose de « potentiel », dicté par le réel.

Cependant, le problème épistémologique est dès lors le suivant : quelle puissance de l'esprit humain permet de différencier avec un brin d'assurance une situation potentielle, sur le point de se produire ou qui aurait pu se produire, d'une situation imaginaire ou fantastique ? Or à ce problème, qui rendrait nécessaire le développement d'une véritable théorie des dispositions, S. Kripke a une réponse un peu courte, puisqu'il allègue à chaque fois « l'intuition », allant même jusqu'à accuser ceux qui refusent le caractère « intuitif » de la distinction entre propriétés accidentelles et essentielles d'avoir « l'intuition qui fonctionne à l'envers ». On aurait au contraire l'impression que le mot « possible » n'est pas dans la théorie de S. Kripke suffisamment déterminé. Qu'est-ce qu'il est possible à un individu pris en général de devenir, et cette question a-t-elle-même un sens ? Qu'est-ce qu'il est possible plus précisément à un individu humain, qui dispose d'une certaine autonomie pour mener sa vie, qui a même la possibilité de changer de nom, de sexe, de visage et de s'approprier une nouvelle identité, de devenir ?

S. Kripke, en légitimant la notion de « propriété essentielle », semble ainsi aller trop loin par rapport aux seules exigences logiques d'une théorie de la nomination. D'une part, pour satisfaire aux conditions de notre identité, il suppose une ontologie qui considère les propriétés nécessaires d'un individu, non pas comme *perpétuelles*, mais comme *essentielles*, et situe ainsi les traits les plus importants de l'individu hors du devenir individuel, comme s'ils ne résultaient d'aucune constitution. D'un strict point de vue logique pourtant, s'il est vrai qu'un individu humain, qui se constitue à partir d'un ovule fécondé humain, ne peut réellement cesser biologiquement d'être un homme tout au long de son existence, le coup de baguette magique d'une fée qui change le prince en grenouille n'a pour autant rien d'inimaginable, donc a quelque chose de possible ; l'humanité est certes une propriété perpétuelle et fortement constituante pour les individus qui la possèdent, il n'est pas besoin d'ajouter en outre qu'elle est « essentielle » pour leur nomination. D'autre part, S. Kripke établit une théorie logique générale des noms propres, ce qui ne lui permet pas d'affiner son analyse à propos des noms de personnes et de prendre en compte dans sa pleine mesure le rôle social du nom et son appropriation par les personnes : les personnes vivent leur nom, se sentent ou ne se sentent pas dépositaires d'un héritage légué par leur patronyme, appartiennent à un clan ou une famille par leur seul nom, entreprennent parfois de changer de nom, adoptent des pseudonymes, tout en conservant dans tous les cas une identité individuelle qui peut permettre de réidentifier le même individu sous des noms différents.

Il faut donc éviter une double confusion à propos de l'identité, une première qui consisterait à penser que la relation d'identité est réelle, et que c'est même la relation la plus universelle qui soit, structurant tous les êtres en les rendant identiques à eux-mêmes, alors que l'identité est d'abord un outil logique permettant d'exprimer que deux termes différents réfèrent à un seul individu, une seconde confusion qui consisterait à croire à l'inverse que la relation d'identité est seulement logique et que des instruments tels que la nomination, l'identification, n'ont aucune influence sur le réel social, comme si les individus n'agissaient pas selon la manière dont ils se définissent ou se sentent définis[1]. En ce sens, il apparaît important de déterminer le rôle social de l'identité, au-delà de sa seule fonction logique, pour la constitution des personnes. V. Descombes, dans *Les embarras de l'identité*, montre en effet combien les variations d'interprétation que nous pouvons produire à propos de la relation d'identité ont à chaque fois des conséquences sur nos représentations des institutions sociales. Il fait ainsi référence à des jeux sophistiques attribués par Diogène Laërce au poète antique Épicharme[2] : il suffit de penser le réel comme un flux en changement constant pour refuser l'individualité, puisqu'aucun aspect du réel n'a jamais le temps de se constituer de manière autonome et de se distinguer pour s'individuer, et par conséquent refuser également l'identité, puisque rien ne peut jamais être dit même que soi-même ; jusque-là, Épicharme développe une ontologie tenable, qui part du constat du passage pour nier toute permanence, considérant le monde comme une « branloire pérenne », proche d'Héraclite et opposée à Parménide dans sa solution au problème du changement ; mais, comme le montre V. Descombes, une telle ontologie devient problématique lorsque le refus de l'individualité et de l'identité s'étend jusqu'aux affaires humaines. Dans ce cas en effet, c'est l'ensemble de nos pratiques sociales, et particulièrement tout le droit des

1. Dans l'usage contemporain de l' « identité », le terme s'est mis à désigner primordialement la revendication des individus d'être reconnus pour ce qu'ils sont, ce qui est une évolution assez récente, analysée en détail par V. Descombes dans son ouvrage *Les embarras de l'identité*.

2. V. Descombes, *ibid.*, p. 62 *sq*.

obligations, qui se trouvent remises en cause : sans identité, plus de promesses, plus de contrats, plus de créances ni dettes, plus de responsabilité civile ni pénale, puisque ce n'est jamais le même individu qui s'est engagé puis doit accomplir son engagement, qui a emprunté puis doit rembourser, qui a commis un dommage puis doit le réparer. En adoptant l'ontologie d'Épicharme, nous nous trouvons donc face à une difficulté philosophique : d'un côté la réalité nous semble d'une telle fluence que l'amour de la métaphysique nous pousse à refuser l'individualité et rejeter l'identité; d'un autre côté les affaires humaines et les institutions ont besoin de critères d'identité personnelle pour que les rapports entre les hommes marchent. La conclusion pessimiste suggérée par Épicharme est qu'un concept plus rigoureux de l'identité personnelle que celui que nous utilisons en nommant un individu « Callias » ou « Coriscus »[1] durant toute son existence devrait tenir compte du changement permanent des êtres; il s'agit donc de proposer une réforme conceptuelle qui sape toute logique sociale, ou à défaut, puisque les hommes ne peuvent pas vivre autrement, de souligner les béances du langage humain grâce à des scènes comiques. La résolution du problème que propose V. Descombes est bien différente : selon lui, les sophismes du poète Épicharme profitent d'une confusion à propos du concept d'« être humain », entre une acception physique ou biologique et une acception sociologique ou institutionnelle. Épicharme fait en effet comme si l'« être humain » signifiait le corps humain, soumis effectivement à changement constant, et non la personne humaine, il fait comme si le nom « Callias » référait à un corps matériel et non à une personne. Or, pour nos interactions sociales, nous avons surtout besoin de nous référer à ces entités instituées que sont les personnes, bien davantage qu'aux corps, et les critères d'identité d'une personne ne sont pas les critères d'identité d'un corps, qu'on l'envisage physiquement ou biologiquement. La confusion vient finalement de ce qu'on ne peut pas faire comme si notre système conceptuel n'était pas lié à nos pratiques sociales, comme si notre concept d'« être humain » ne dépendait pas des besoins qui sont les nôtres, et surtout comme si nos pratiques d'identification n'étaient pas *relatives* aux concepts dont nous faisons usage; on voit bien au contraire que les critères d'identification ne sont pas les mêmes lorsque « homme » veut dire « corps matériel », ou « corps vivant », ou « conscience », ou encore « personne ». Bref, le sophisme vient de ce que toute réforme conceptuelle concernant nos règles logiques doit s'étendre à l'ensemble des institutions, ce qui s'avère impossible dans les

1. Selon les exemples canoniques de noms repris par V. Descombes.

situations proposées par Épicharme, où l'identité personnelle apparaît comme une institution dont il est impossible pratiquement de se passer.

Une fois ces distinctions conceptuelles faites, on peut en tirer une conséquence que ne mentionne pas V. Descombes, à propos du primat de la personnalité dans le mécanisme de nomination et d'identification des êtres humains. En effet, la leçon que l'on peut déduire du jeu logique d'Épicharme est que les noms ont primordialement un usage social, et qu'ils servent avant tout à désigner les individus humains envisagés comme « personnes », plutôt que comme « hommes », « animaux rationnels » ou encore « corps matériels ». Autrement dit, la logique des noms propres nous apprend sans doute bien davantage sur l'être de la personne que sur l'être de l'homme, sans parler de l'être de l'individu. Dès lors, si la personnalité d'un individu humain se distingue de sa corporéité biologique ou physique et si elle est instituée pour répondre à une exigence sociale, alors *personnalité et individualité sont des propriétés différentes* des êtres individuels, la première étant sociale et la seconde métaphysique. On peut d'ailleurs penser que, de même que l'acte de nommer joue un rôle crucial pour l'institution, la singularisation et l'identification de la personne, de même l'institution de la personne joue un rôle majeur pour la constitution de l'individu ainsi personnalisé. Cette fonction constitutive du nom pour la personne n'est au fond vraiment étonnante que si l'on envisage le nom comme une simple suite de sons ayant le rôle effectif de rattacher l'individu à une famille, une caste, un clan, une classe sociale, une ethnie, et même à un caractère, en fonction de la signification intrinsèque que certaines sociétés donnent au nom ; or la nomination possède évidemment, au-delà de son pouvoir identifiant, un pouvoir personnalisant qui constitue l'un de ses sens les plus originels; comme le remarque Cassirer, « pour la pensée mythique originaire, le nom est encore plus qu'une peau : le nom exprime l'intérieur de l'homme. Le nom et la personnalité se confondent. Encore à l'époque du droit public romain, les esclaves n'ont pas de nom, parce qu'ils n'ont juridiquement aucune personnalité. Par la consécration des mâles et autres rites d'initiation, l'homme reçoit un nouveau nom, car c'est une nouvelle personnalité qu'il reçoit alors »[1]. Cette fonction symbolique et primitive du nom, quoiqu'affaiblie peut-être dans les sociétés contemporaines à tendance démocratique, au sens où celles-ci

1. E. Cassirer, *La philosophie des formes symboliques. 2. La pensée mythique*, Paris, Éditions de minuit, 1972, p. 63 (citation légèrement modifiée) ; texte cité par J.-L. Vaxelaire dans *Les noms propres. Une analyse lexicologique et historique*, Paris, Honoré Champion, 2005, p. 402

cherchent à ignorer les lignées ou les dynasties, demeure bien présente ; par exemple, nous aimons toujours croire qu'on connaît quelque chose d'une personne par son seul nom, tout comme Perceval chez Chrétien de Troyes qui, découvrant brusquement son nom, se découvre lui-même[1] ; de cette tendance, l'onomastique des œuvres de fiction et le jeu des auteurs avec leurs noms témoignent encore[2]. On peut en conclure que « ce qui donne une valeur au nom propre, c'est l'acte social par lequel on renouvelle pour chaque individu la convention liant le signe à la chose signifiée » et que « le caractère sociologique du langage est le plus visible dans l'usage du nom propre »[3]. La fonction primordiale du nom propre, avant même son usage identifiant, est d'être *un élément social constitutif des personnes*, participant en outre, mais seulement par contrecoup, à l'individuation des êtres reconnus comme des personnes.

L'important est de bien saisir ici la distinction proposée entre constitution directe et constitution indirecte : dire que le nom est « directement » constitutif de la personne signifie qu'à la fois il détermine certains traits de la personnalité, par exemple une personne serait différemment perçue en société avec un autre nom, et il fournit un critère d'identité pour la personne, car la personne, en changeant de nom, se fait une autre personnalité ou change de statut social[4] ; à l'inverse, dire que le nom est « indirectement » constitutif de l'individu implique seulement que, parmi d'autres éléments constituants, le nom détermine des traits de l'individualité, au fur et à mesure que l'individu s'approprie son nom ou le rejette, sans pour autant que l'usage du nom impose un quelconque critère d'identité individuelle. Si l'on revient maintenant à la logique des noms propres, le résultat obtenu montre que S. Kripke va sans doute trop loin lorsqu'il conclut de la rigidité du nom à l'existence de propriétés essentielles de l'individu. S'il peut se permettre cette conclusion, c'est d'abord parce qu'il ne distingue pas *l'identité*, propriété logique nécessaire à l'usage des noms, et *l'individualité*, propriété métaphysique par laquelle une partie de la

1. J.-L. Vaxelaire, *Les noms propres*, *op. cit.*, p. 448 n. 2.

2. Voir l'exemple de S. Doubrovsky dans « Autofiction : en mon nom propre », dans Y. Baudelle et E. Nardout-Lafarge (dir.), *Nom propre et écriture de soi*, Montréal, Presses de l'Université de Montréal, 2011, p. 135-142.

3. E. Buyssens, « Du caractère sociologique du nom propre », *Revue de l'institut de sociologie*, n° 16, 1936, p. 846.

4. Les multiples usages sociaux du nom nécessiteraient de mener une étude plus longue et nuancée sur ce point, en examinant par exemple ce qui change d'une personne lorsqu'elle adopte le nom de son conjoint. Dans les limites de notre propos, nous ne pouvons ici parler qu'« en gros ».

nature s'individue, il semble admettre au contraire que les conditions logiques pour que notre usage des noms soit cohérent engagent une certaine consistance du réel. S. Kripke ne distingue pas davantage *la personnalité*, unité sociale à laquelle les noms d'êtres humains réfèrent dans la plupart des cas, et *l'individualité*, unité ontologique, certes parfois dotée de personnalité, mais qui logiquement préexiste à la nomination et à la personnification. C'est ainsi qu'il suppose, sans le dire explicitement, que les individus sont des « substances », c'est-à-dire que les noms réfèrent nécessairement à des essences individuelles, alors même que les conditions ordinaires de personnification permettent de justifier notre usage de la nomination; il n'est pas la peine de chercher des substances derrière les noms propres, il suffit d'y trouver des individus en train de se faire.

Nous sommes finalement en mesure d'appliquer ces considérations, au-delà des noms de personnes, au cas plus épineux des noms propres qui sont des noms communs identifiants, « cette table », « cet homme » ou « ce moustique », cas plus épineux car, dans cette dernière forme de désignation, une essence, ou au moins un universel, paraissent affirmés à travers l'instanciation du nom commun. Pour S. Kripke, si j'ai cette table en vue et qu'ensuite j'en parle dans une situation contrefactuelle, par exemple en disant que « cette table devrait être dans la pièce à côté », non seulement « cette table » dans le monde possible que je constitue est nécessairement une table, avec toutes les qualités ou propriétés spécifiques qui font qu'il s'agit d'une table, mais encore l'identification de la table dans la situation contrefactuelle proposée ne peut être seulement qualitative, ce n'est pas une somme de qualités que j'identifie, en effet « les critères d'identité des particuliers [à travers les mondes] sont donnés (...) en termes d'autres *particuliers* et non en termes de qualités ». Autrement dit, si les mondes possibles découlent de notre monde actuel et ne sont pas des mondes lointains dont il faudrait identifier les objets « au télescope », la question de la réidentification des individus ne se pose pas vraiment; S. Kripke parvient ainsi à peu près au même résultat que Strawson lorsqu'il argue du « principe en vertu duquel nous employons le schème d'un unique système spatio-temporel unifié pour les choses dont nous parlons »[1] afin de réfuter le soupçon sceptique qui consiste à dire que nous n'avons jamais aucune garantie de l'identité numérique des individus qui nous entourent. On devrait dès lors admettre que, dans le cas des noms communs instanciés, l'identification se fait sous un concept général, ce n'est pas de

1. P. F. Strawson, *Les individus*, *op. cit.*, p. 41.

« ce *x* » que nous parlons, avec telles et telles propriétés, mais toujours de « cette table », ce qui semble supposer une essence individualisée.

Pour autant, en allant au bout de la voie suggérée par les remarques de Strawson ou Kripke, il est possible de mettre en consonance l'analyse de tels noms propres avec celle qui a été menée à propos des noms de personnes, pour conclure que ce n'est pas parce que « cette table » demeure « la même table » dans tous les mondes possibles dans lesquels on parle d'elle que le terme « table » implique une réalité permanente instanciée dans les individus. Strawson par exemple voit bien que nos usages linguistiques concernant l'identification répondent avant tout à des exigences pratiques, c'est d'ailleurs son principal argument contre le sceptique; en ce sens, le concept de « table », d'autant plus qu'il s'agit dans cet exemple d'un artefact, ne nous sert pas tant à reconnaître dans le monde l'occurrence d'un certain genre d'être pour le contempler qu'à user d'une forme spécifique d'objet en vue de notre action, on peut avoir besoin d'une table pour cuisiner, repasser, servir le repas, écrire, poser un objet, etc.; davantage qu'une essence, c'est donc une fonction qui se trouve ici en jeu. Dans ce cas, lorsqu'il n'est plus question de personnes à qui nous attribuons des intentions, une responsabilité, un caractère, mais de particuliers objectifs, la réidentification perd de son importance dans la plupart des situations; je suis réveillé, en sueur et en sursaut, dans l'atmosphère lourde et moite d'une chambre tropicale, par un bruit agaçant de moustique, tout en ressentant la brûlure d'une piqûre; je peux me demander, inquiet, s'il n'y a qu'un moustique dans la chambre ou s'ils sont plusieurs; je découvre au matin un moustique posé sur le mur de la salle de bains et une fois écrasé, je me demande simplement s'il en reste d'autres; je ne cherche pas pour autant à identifier quelles actions ma victime a accomplies pendant la nuit, à quels endroits elle m'a piqué, quand c'était elle plutôt qu'un autre qui voletait autour de mes oreilles, bref je n'ai pas dans ce rapport ordinaire aux moustiques l'attitude de l'entomologiste qui aurait peut-être besoin de déterminer que « ce moustique » n'est pas « cet autre ». Le plus souvent l'identification qualitative nous suffit pour nos besoins pratiques et nous n'avons pas besoin de supposer de permanence individuelle en vue d'une réidentification.

En fin de compte, il n'y a pas davantage besoin de supposer une entité substantielle à laquelle réfère ce qui est dit lorsque j'emploie les termes « cet homme » ou « ce moustique » que lorsque je parle de « Socrate » ; dans le second cas, je me réfère à un individu doté d'une personnalité à laquelle est lié un nom propre, dans le premier cas, je me réfère à des individus en les identifiant par l'une de leurs propriétés les plus fondamentales, qui a été la leur dès leur origine et les marque à tel point qu'elle semble s'imposer pour leur désignation, quoique je puisse tout aussi bien dire, pour désigner un être humain : « cette fille », « ce chauve » ou encore « ce policier », en fonction des besoins de la désignation. Il est vrai qu'il existe des aspects des individus qui pour eux sont « fondamentaux », et on aurait envie de dire, en un sens ordinaire, qu'ils sont « essentiels » ; sauf que si l'on admet cette dénomination, il faut alors en toute rigueur préciser qu'on entend par « essentiel » ce que Locke, lorsqu'il traite des noms d'espèces, nomme « essence nominale », par rapport à ce que serait « l'essence réelle » [1] ; car l'essence nominale, qu'elle soit arbitrairement définie en fonction de nos catégorisations sur le réel, ou bien dictée par la réalité même, n'exige en aucun cas la réalité des substances.

ESSAI D'UNE LOGIQUE DES MASSES CONCRÈTES

Rien, dans l'interprétation de nos usages logiques les plus fondamentaux et ordinaires, n'impose donc de manière décisive la référence à la catégorie de « substance » ; surtout, rien ne force à accorder, pour l'interprétation du monde, une valeur ontologique à des unités substantielles. Reste que si tel est le cas, c'est la référence aux individus elle-même qui devient problématique ; on peut en effet soupçonner que notre tendance à postuler des unités réelles séparées ne nous vient pas tant des nécessités de l'expérience que du pouvoir individualisant qu'exercent les termes singuliers, et en premier lieu les noms propres ; le constat que la substance est éliminable pousserait ainsi à penser que les termes singuliers ont une prétention abusive à postuler l'existence des individus auxquels ils font référence, comme le soulignent des logiciens tels que Russell ou Quine, qui en demandent par conséquent l'élimination dans les langages formels rigoureux.

L'argument principal de Quine contre les termes singuliers [2] est en fait que, même s'ils sont ordinairement utilisés quand le locuteur croit à l'existence des objets qu'ils désignent, certains d'entre eux réfèrent à des objets fictifs et troublent alors l'application de la valeur de vérité, d'une manière

1. J. Locke, *Essai sur l'entendement humain*, livre III, chap. III, § 15, Paris, Vrin, vol. 2, 2006, p. 59-60.

2. On trouve l'argument aussi bien dans les *Méthodes de logique*, Paris, Armand Colin, 1972, chap. XLII, p. 246-250, que dans *Le mot et la chose*, Paris, Flammarion, 1977, chap. V, p. 227-268.

dont ne peuvent la troubler les termes généraux. Or un tel trouble s'explique, selon Quine, par une « prétention d'existence ressentie comme inhérente à la signification des termes singuliers » ; il s'agit donc de se délivrer de cet abus ontologique qui rend le cas des noms fictifs particulièrement confus. Sa solution, inspirée de celle de Russell dans « *On Denoting* », est alors de former des paraphrases qui explicitent cette prétention à l'existence et permettent l'application de la valeur de vérité dans tous les cas. Ainsi, une phrase telle que « Pégase vole » n'est peut-être ni vraie ni fausse si l'on sait que Pégase est un être fictif (sans doute est-elle cohérente dans le cadre du discours de fiction dans lequel elle est prononcée) ; en revanche sa fausseté est manifeste si on la paraphrase ainsi : « (∃x)(x est Pégase)(x vole) », parce que la prétention à l'existence du terme singulier Pégase est explicitée, alors même qu'il n'existe aucune réalité qu'on puisse nommer Pégase. Dans la reformulation proposée, on voit que le terme singulier « Pégase » n'est plus sujet de la phrase mais qu'il apparaît plutôt en position de prédicat de la proposition ; or c'est le fait qu'il figure en position de prédicat qui permet à Quine de réinterpréter le nom « Pégase » comme un terme général ; il faut en effet comprendre « (x est Pégase) » non pas comme un énoncé d'identité, mais comme équivalent formellement à « (x vole) » et donc comme l'attribution à une chose quelconque d'une disposition, par exemple « pégasiser », formellement semblable à « voler ». On peut dès lors obtenir selon Quine une notation canonique plus rigoureuse en admettant seulement comme termes de cette notation des termes généraux et des variables liées. Les termes généraux ne sont en effet pas en eux-mêmes porteurs d'une prétention à l'existence, c'est-à-dire que des dispositions telles que « pégasiser » ou « voler » peuvent être conçues sans pour autant se demander si elles peuvent s'attribuer à aucune chose, à une chose ou à plusieurs ; on retrouve ainsi confirmée l'idée quinienne selon laquelle l'engagement ontologique réside uniquement dans les variables liées[1]. Toutefois, ces paraphrases, en résolvant le problème de la prétention à l'existence des termes singuliers, maintiennent le problème du transfert, depuis le nom en position de sujet jusqu'au terme général en position de prédicat, de la prétention à l'unicité[2]. Un terme singulier en effet ne fait pas que prétendre à l'existence de la réalité à laquelle il réfère ; dans la mesure où il individualise cette réalité, il porte également l'affirmation que cette réalité est une ; dans le cas où on

1. W. V. O. Quine, « De ce qui est » (« *On what there is* »), dans *Du point de vue logique*, Paris, Vrin, 2003, p. 39.

2. W. V. O. Quine, *Le mot et la chose*, *op. cit.*, p. 258.

pourrait éliminer légitimement les termes singuliers grâce à des systèmes de paraphrases, ne suspendrait-on pas du même coup la fonction individualisante du langage ?

On pourrait certes rétorquer que la fonction individualisante demeure portée dans la notation canonique par la variable liée, et ainsi que le « x », accompagné de la quantification « ∃ », pouvant se traduire dans le langage courant par un contenu aussi abstrait que « cette chose », représente tout seul l'individualité et l'unité de l'objet auquel on réfère. Mais l'unité individuelle postulée ne serait alors au fond qu'une unité de quantification, une unité de compte ; en passant du sujet logique « Socrate » au prédicat « socratiser » qui fait référence à la même réalité dans le langage formel institué, c'est le contenu même de la fonction logique d'individualisation qui est perdu, puisque ce qui est alors nié du concept « Socrate », c'est justement qu'il désigne un individu. D'ailleurs, Quine va jusqu'à formuler l'étrange proposition d'« éliminer “Socrate” comme terme singulier en le reconstruisant comme un terme général vrai de plusieurs objets, à savoir vrai des parties spatio-temporelles de Socrate ». Une telle proposition a une double conséquence : elle signifie premièrement qu'il y a autant de « socratité » dans n'importe quelle partie de Socrate que dans l'être complet de Socrate, or puisque rien n'interdit de découper arbitrairement Socrate en une infinité de parties, dans la mesure où la matière est abstraitement divisible à l'infini, toute notion d'unité structurelle, dans une telle reformulation de « Socrate » en « socratiser », se trouve perdue ; deuxièmement, le terme « être Socrate » ainsi analysé n'est plus tant un *terme général*, contrairement à ce qu'énonce Quine, qu'un *terme de masse*, qui s'applique à des parties de Socrate divisibles de multiples manières, de façon arbitraire. Ne faut-il pas en conclure qu'un langage qui éliminerait les termes singuliers renoncerait par conséquent à dire l'unité concrète des individus et *serait seulement une logique de termes de masses* ? La caractéristique des masses est en effet de se manifester concrètement dans l'expérience grâce à leur matérialité, sans pour autant que leur perception ne nous mette face à des unités ; les masses se distinguent ainsi d'une part des universaux, en ce que les universaux sont des réalités *abstraites* de l'expérience, tandis que les masses sont *concrètes* et expérimentables, et d'autre part des particuliers, en ce que ceux-ci sont des réalités concrètes *individualisées* ; une logique des masses se prive tout autant des termes singuliers que des termes généraux, de la référence aux individus ou aux universaux.

Ce qu'il nous faut désormais comprendre, c'est *ce qui pourrait rendre nécessaire la référence à des individus*, et donc l'usage de termes singuliers dans le discours. En effet, la tentative de Quine d'éliminer les termes singuliers d'un langage formel rigoureux met au jour deux manières opposées d'individualiser : d'une part une individualisation apparemment respectueuse des constats de l'expérience et des unités que tout homme rencontre dans sa perception du monde, même si ces unités sont peut-être relatives à l'application de schèmes conceptuels humains sur le monde, ainsi nous identifions un animal parce qu'il y a un corps qui traverse notre expérience, possède une unité de mouvement et semble avoir une cohésion organique; d'autre part une individualisation apparemment arbitraire par rapport à notre expérience, car il est toujours possible de découper la matière en autant de parties que nous voulons, d'abstraire par la pensée une partie d'un animal de la totalité de cet animal, ou encore de quantifier un nombre de litres d'eau. Du premier type d'individualisation, « respectueux » de notre expérience, nous avons la prétention de vouloir tirer des enseignements sur « ce qu'il y a » ; du second type d'individualisation, « arbitraire », nous ne souhaitons *a priori* tirer aucune conséquence sauf pratique. Mais qu'est-ce qui justifie que nous ne traitions pas toute individualisation comme une individualisation contingente ? Qu'est-ce qui justifie la prétention des termes singuliers à référer à des individus ? Qu'est-ce qui justifie la distinction ontologique que nous supposons entre deux types de réalités, celles qui se laissent individualiser et auxquelles nous nous référons comme à des individus, et celles pour lesquelles nous évitons la référence individualisante et que nous traitons comme des masses, des phénomènes sans unité ? Pourquoi, dans le même discours, faisons-nous référence à certaines réalités en ayant recours à des termes qui ne divisent pas la référence et la traitent comme des masses, par exemple « de l'eau », « du vin », « de l'or », et à d'autres réalités en les considérant comme des individus, par exemple lorsque nous disons « ce chat » ou « Socrate » ? À imaginer que nous puissions construire un discours qui décrive notre expérience en ayant seulement recours à des termes faisant référence à des masses, qu'est-ce qui, dans ce discours, paraîtrait tellement incomplet et insatisfaisant que l'introduction de termes référant à des particuliers deviendrait nécessaire ?

Pour tenter de résoudre ce mystère du besoin logique d'individualité, nous avons à notre disposition deux théories concurrentes, qui proposent toutes deux une interprétation du lien entre logique des masses et logique des particuliers, l'une de Quine, l'autre de Strawson : Quine propose de considérer la logique des masses et la logique des termes singuliers et généraux comme deux étapes de l'acquisition du langage et de la référence[1], mais par là-même il ne semble pas permettre d'expliquer la nécessité qu'il y a pour nous à individualiser certaines réalités, telles qu'un chat, et l'absence de nécessité qu'il y a pour nous à individualiser d'autres réalités, telles que de l'eau; Strawson établit lui des différences, au sein d'une logique des masses étendue, entre des types d'objets massiques, et justifie ainsi la nécessité d'une référence à des particuliers individualisés[2], mais sans que l'on comprenne à quoi réfère concrètement l'idée d'unité individuelle formelle.

La conception ontogénétique de Quine sur la constitution du discours[3] se lie naturellement à sa vision relativiste de l'ontologie. Selon lui, même si nous avons tendance à identifier des objets partout dans notre expérience et à faire référence à des objets lorsque nous parlons, même si la tendance à traiter l'expérience par objets apparaît comme un trait invariant de la nature humaine, il faut reconnaître que ces tendances logiques ne sont porteuses d'aucune nécessité ontologique; nous commettons ordinairement l'erreur de croire que notre ontologie est universelle alors qu'elle n'est que contingente; nous croyons notre ontologie nécessaire parce qu'il nous est impossible d'en sortir. La célèbre expérience de pensée, imaginée par Quine, du linguiste qui entre en contact avec une langue indigène parfaitement inconnue et qui, en constituant son manuel de traduction, ne peut s'empêcher de plaquer ses propres structures ontologiques sur ce langage inconnu, est révélatrice, outre l'indétermination fondamentale de la traduction, du caractère contingent et « provincial » de nos schèmes conceptuels. Pourtant, même si l'on accepte ce constat quinien relativiste, ou plutôt sceptique, sur la nécessaire « provincialité » des ontologies, ne peut-on pas chercher à donner au-delà une justification aux catégories les plus générales dont nous faisons usage? Car le fait que certains langages ordinaires soient hypothétiquement porteurs d'ontologies différentes de la nôtre n'interdit pas pour autant de penser que nos catégories de pensée sont justifiables empiriquement; « relatif » ne signifie pas « arbitraire ». On peut donc se demander pourquoi nous avons tendance à identifier des objets, et dans quelle mesure cette tendance est conforme à l'expérience. Sur ce

1. Cette théorie est présente aussi bien dans *Le mot et la chose*, *op. cit.*, p. 140-147, que dans « Parler d'objets », *Relativité de l'ontologie et autres essais*, Paris, Aubier-Montaigne, 1977, p. 18-23.

2. P. F. Strawson, *Les individus*, *op. cit.*, p. 227-236 et 240-252.

3. W. V. O. Quine, *Relativité de l'ontologie et autres essais*, *op. cit.*, p. 13-28, *Le mot et la chose*, *op. cit.*, p. 57-126.

point, il paraît utile de se pencher sur la conception ontogénétique de la référence que développe Quine, et qui constitue pour lui une théorie jumelle de celle de l'indétermination de la traduction. Si l'on prend le cas du petit enfant qui acquiert ses premiers mots et entame le développement de ses catégories conceptuelles, « bien que nous puissions nous féliciter de ce que l'enfant ait appris le truc pour énoncer "maman" et "eau" exactement lors des présences appropriées, nous n'avons néanmoins aucun droit d'interpréter ces énonciations dans la bouche de l'enfant comme des termes qui désigneraient primitivement des choses ou des substances » ; au contraire, « la mère, rouge, et eau sont tous [pour l'enfant] du même type : chacun d'eux n'est qu'un récit de rencontres sporadiques, qu'une portion éparpillée de ce qui se produit. » La première acquisition des mots est, pour Quine, directement dépendante de l'expérience : l'enfant prononce des sons qui sont de simples réactions au rapprochement ou à l'éloignement de *stimuli*; il y est encouragé par la satisfaction de ses parents ou de la société en général, par exemple à l'énoncé de mots du type « maman ». À ce stade d'apprentissage, on reste encore dans le prélinguistique, dans la mesure où les mots « maman », « rouge », ne sont pas réellement des termes singuliers mais simplement des réactions de l'enfant; on reste également dans le préontologique dans la mesure où l'enfant qui prononce ses premiers mots ne parle pas selon un schème conceptuel et des présuppositions d'entités, mais plutôt en fonction de son rapport direct à ce que Quine nomme un « espace prélinguistique des qualités »[1]. Mais si l'enfant nomme d'abord des « portions éparpillées de qualités », Quine met en garde contre deux confusions possibles : la première serait de croire que l'enfant fait référence à des masses, ce qui serait lui appliquer, une nouvelle fois, notre ontologie « d'adulte provincial »[2], même si Quine estime dans *Le mot et la chose* qu'il est pratique pour le logicien de rapprocher les termes « en gestation » de l'enfant de nos termes de masse, dans la mesure où la principale caractéristique de la catégorie des termes de masse est également de ne pas admettre la distinction entre le singulier et le général[3]; une seconde confusion serait de croire qu'un langage qui, semblablement aux premières paroles de l'enfant, se réfèrerait directement aux *stimuli*, serait, parce que plus primitif, plus naturel et conforme au réel. Non seulement pour Quine nos énoncés les plus « typiques » sont bien ceux qui se réfèrent aux objets, et nous avons d'immenses avantages pratiques à parler

1. W. V. O. Quine, *Le mot et la chose*, *op. cit.*, p. 131.
2. W. V. O. Quine, *Relativité de l'ontologie et autres essais*, *op. cit.*, p. 19.
3. W. V. O. Quine, *Le mot et la chose*, *op. cit.*, p. 143.

d'objets, mais encore un langage où nous chercherions à éliminer les objets pour revenir à une phase linguistique plus primitive ne serait en fait que secondaire, dérivé par rapport à notre langage d'objets[1] ; en effet, « lorsque nous cherchons à décrire une qualité sensible particulière, il est caractéristique que nous nous référons à des choses d'ordre public – nous décrivons une couleur comme orange ou héliotrope, une odeur comme étant celle des œufs pourris »[2].

C'est sur ce point qu'une difficulté apparaît dans la théorie quinienne. Si en effet la référence à des objets, et donc l'introduction de termes particuliers en relation logique à des termes généraux, ne se manifeste que dans un second temps de l'ontogenèse de la référence, lorsque l'enfant a enfin acquis le « truc de l'individuation », on peut être tenté d'analyser l'introduction de la catégorie des objets comme un progrès logique par rapport à une approche massique davantage rudimentaire de la réalité. Certes, le langage en termes d'objets s'éloigne peut-être davantage des conditions stimulatoires de l'expérience puisqu'il élabore des concepts d'objets physiques mobiles et durables ; mais d'un autre côté, le fait que l'ontologie des objets se maintienne au cœur de notre schème conceptuel indique une certaine compatibilité entre cette ontologie et l'expérience. Par ailleurs, il n'est même pas sûr qu'on puisse construire une ontologie cohérente des masses ou des *stimuli*, du moins si l'on est fidèle au mot d'ordre de Quine « Pas d'entité sans identité », qui semble fixer des critères d'identification valables pour les objets seuls[3].

Cependant, comment expliquer, si les catégories de notre logique ont une certaine dépendance vis-à-vis de l'expérience, qui s'exprime par une compatibilité entre le discours et le monde, que même dans notre discours d'« adulte provincial » nous maintenions, aux côtés des termes divisant la référence, des termes de masse ? Qu'est-ce qui peut nous conduire, au sein même de l'expérience, à ne pas tenir compte des avancées de notre schème conceptuel et à conserver des archaïsmes dans nos systèmes de référence ? Sur ce point difficultueux, la réponse de Quine n'est pas claire ; certes il constate que « la maîtrise de la référence divisée semble ne changer que peu l'attitude des gens vis-à-vis du mot "eau" » mais sans en tirer d'autre

1. S. Laugier, *L'anthropologie logique de Quine. L'apprentissage de l'obvie*, Paris, Vrin, 1992, p. 125 *sq*.

2. W. V. O. Quine, *Le mot et la chose*, *op. cit.*, p. 25-26.

3. C'est ce que remarque P. Gochet, *Quine en perspective*, Paris, Flammarion, 1978, p. 111-112. Il n'est toutefois pas sûr qu'il soit impossible de distinguer une masse d'une autre, un phénomène d'un autre, un processus d'un autre.

explication que le fait que « pour les mots "eau", "sucre" et d'autres semblables, la catégorie des termes de masse subsiste, peut-être comme un vestige de la phrase occasionnelle indifférenciée, s'accommodant mal de la dichotomie entre le général et le singulier »[1]. Mais quelle serait cette « mauvaise accommodation » de certains éléments du réel à la logique des particuliers et des universaux qui justifierait la différence logique entre la référence à des masses et la référence à des particuliers ?

La perspective de Strawson sur la même question offre l'avantage d'envisager une réponse au problème de la coexistence des deux types de termes. Même si Strawson mène une analyse finalement proche de celle de Quine, son but est de montrer que le contact même que nous avons avec le réel rend nécessaire la référence à des choses matérielles, ce qui implique qu'une logique dont les termes ne feraient référence qu'à des masses et non à des particuliers aurait quelque chose d'incomplet. L'argumentation de Strawson s'appuie sur l'expérience de pensée d'un discours dans lequel seraient éliminés tous les particuliers, et par conséquent également, les prédicats de particuliers et les universaux[2]. Strawson donne la preuve suivante de l'incomplétude d'un tel discours : pour que, dans un langage, il n'y ait pas besoin de référence à des particuliers, il faut qu'on puisse remplacer sans dommage toute référence à un particulier par une référence à un trait (*feature*), autrement dit, selon la terminologie quinienne, remplacer tout terme singulier par un terme de masse ; il faut donc qu'on puisse dire « il féline » ou « il canine » au lieu d'« il y a un chat » ou « il y a un chien », tout aussi bien qu'« il neige ». Or une telle manière de parler est déficiente dans la mesure où elle ne satisfait pas les conditions nécessaires pour que la fonction référentielle du discours soit pleinement opérante. Nous ne pouvons en effet nous contenter, pour nous repérer dans le monde, de références à de simples manifestations qualitatives, parce que si nous n'avons que les moyens de dire qu'« il bruisse », qu'« il pleut », ou qu'« il rougeoie », il nous manque, pour notre schème conceptuel, pour notre expérience, les moyens de distinguer et de réidentifier les phénomènes en question. En disant simplement qu'« il bruisse », nous ne disposons pas des mêmes moyens pour faire référence que ceux qui sont les nôtres lorsque nous pouvons faire référence à des bruissements, donc à des particuliers, et reconnaître par exemple avec nos interlocuteurs que le bruissement que

1. W. V. O. Quine, *Le mot et la chose*, *op. cit.*, p. 147.

2. Cette expérience de pensée est décrite dans le chapitre VII des *Individus*, *op. cit.*, p. 240-252.

nous avons tous entendu était le même, alors que nous n'étions pas dans la même pièce.

On pourrait prétendre, ajoute Strawson, que pour retrouver les conditions ordinaires de référence dans un discours dépourvu de tout terme singulier, il suffirait de se référer à des repères spatio-temporels, en disant par exemple qu'« il bruisse ici et maintenant ». En tant que tels, les adverbes démonstratifs « ici » et « maintenant » sont de simples points de repère qui ne permettent pas d'identifier des choses particulières, c'est-à-dire des lieux ou des temps ; ils n'établissent en effet aucune limite précise dans l'espace et dans le temps. L'objection ou « suggestion » de Strawson est néanmoins la suivante : une phrase telle qu'« il bruisse ici et maintenant » ne pourrait être équivalente à la phrase « il y a un bruissement ici et maintenant » que si l'on considère qu'elle introduit réellement une référence à des lieux ou à des moments, donc à des particuliers ; or évidemment, si l'on veut éviter toute référence à des particuliers, il faut éviter également de se référer à des formes ou des unités, et se contenter d'indiquer des manifestations éparpillées, en adoptant éventuellement un système qui envisage ces manifestations en fonction de coordonnées permettant de les situer dans un espace totalement abstrait ; de telles coordonnées ne peuvent avoir dans ce cas aucune valeur concrète mais sont seulement indicatrices du lieu et du moment de la manifestation que l'on cherche à décrire.

Bref, la suppression de la référence aux particuliers dans le discours semble également supprimer toute référence à *l'expérience concrète* ; au lieu de nous référer aux éléments matériels qui se manifestent et que nos structures logiques permettent d'articuler, nous nous référons seulement à des éléments abstraits découlant de nos structures logiques et servant au repérage et à l'articulation des éléments matériels. Dire que « du chat se manifeste ici, ici, et là » est totalement différent de dire qu'« il y a trois chats ici, ici et là » : si la première phrase indique simplement des repères servant à la différenciation numérique des manifestations félines, elle abandonne bien toute référence à des particuliers matériels ; mais elle ne peut être équivalente à la seconde phrase qu'à condition de donner des limites aux manifestations auxquelles elle fait référence, qu'à condition donc que les lieux désignés par la phrase aient les mêmes limites que les corps matériels des chats en question, soient définis comme eux et donc apparaissent eux aussi comme des particuliers. Or dans ce dernier cas, non seulement l'usage instauré de désigner la matière par le pan d'espace qu'elle occupe apparaît tortueux sinon inutile, mais encore la question des changements des particuliers dans le temps, et de leur réidentification, n'est pas réglée : comment rendre compte, par exemple, des changements et des mouvements d'un même être vivant si on ne peut se référer à un corps particulier ? L'absence de termes singuliers empêche donc toute référence à la réalité concrète, du moins en tant que celle-ci se manifeste sous la forme d'individus.

Sur ce dernier point, on peut à la suite de Strawson introduire une distinction nette entre deux types possibles de termes de masse au sein d'un discours qui renoncerait à évoquer des individus. Si l'on abandonnait en effet les termes singuliers et que l'on soit par conséquent forcé d'adopter une logique composée uniquement de termes de masse (de « concepts-traits ») nous rencontrerions d'une part les termes de masse désignant les réalités que, dans un langage qui se réfère à des particuliers, nous désignons déjà grâce à des termes de masse ; ces termes évidemment ne seraient pas altérés par le changement de logique ; nous rencontrerions d'autre part les concepts de masse permettant de suppléer la disparition de toute référence à des particuliers ; or de tels termes sous-entendraient *nécessairement* selon Strawson l'idée d'une *unité* ou d'une *configuration*. Ce qui signifierait donc, à suivre l'hypothèse, qu'on ne pourrait pas dire de la même manière qu'« il féline » et qu'« il pleut ». Développant l'exemple félin, Strawson affirme ainsi que

> (...) il doit être bien plus difficile d'envisager (...) une situation dans laquelle, au lieu d'opérer avec la notion de l'universel typant *chat* ou *pomme*, et à partir de là avec la notion de pommes ou de chats particuliers, nous opérons avec la notion d'un trait correspondant et avec celle de « placer ». Le langage ordinaire ne semble pas en mesure de nous fournir un nom pour un terme universel qui pourrait être tenu pour le trait requis dans le cas, disons, de chats. La différence essentielle entre, disons, des chats et de la neige, ne serait-ce pas justement, qu'il ne *peut* pas y avoir de concept d'un « trait-de-chat », tel que semble l'exiger la présente théorie, et que toute idée générale de chat *doit* être l'idée d'*un* chat, c'est-à-dire doit déjà impliquer des critères de distinction et de réidentification valables pour les chats en tant que particuliers[1] ?

Un chat possède nécessairement *a priori* une certaine forme, une capacité à se mouvoir dans l'espace, qui est celle d'un corps unique, une organisation matérielle, une unité de configuration. Le terme « chat » est donc logiquement *un terme référant à une unité structurelle*.

1. P. F. Strawson, *Les individus*, *op. cit.*, p. 231.

Strawson se contente finalement d'une conclusion relativement semblable à celle de Quine, en reconnaissant que « l'introduction des particuliers est une étape conceptuelle si fondamentale qu'elle fait du niveau de pensée primitif, pré-particulier, un niveau qui n'a laissé, tout au plus, que des vestiges dans le langage » [1]. Les résultats de son expérience de pensée sur un langage sans référence à des particuliers suggèrent pourtant que l'on peut être beaucoup plus affirmatif. Il y a d'abord des réalités de notre expérience, comme l'eau (liquide), l'or (minerai) ou le poisseux (disposition matérielle), auxquelles il est adéquat de se référer en usant de termes de masses ; il existe d'autres réalités, comme les chats (êtres vivants) ou les bateaux (artefacts), auxquelles il est possible de se référer en usant de termes de masse, mais pour lesquelles une référence en termes de masse est incomplète, inadéquate, dans la mesure où elle ne permet pas de dire que ces réalités sont individualisées. Quand nous sommes en présence de chats ou de bateaux, nous expérimentons des unités empiriques, qui ne sont pas de simples quantités, mais des unités de forme ou de configuration. Une telle expérience justifie l'usage de termes singuliers pour désigner ces réalités. Comme si les unités empiriques qui s'imposent dans certaines expériences *traduisaient l'individualité* propre à certains éléments du réel.

VERS UNE ARTICULATION DE LA LOGIQUE DES MASSES ET DE LA MÉRÉOLOGIE

Dès lors qu'un discours se réfère à l'expérience, deux logiques différentes coexistent pour décrire ses composantes, l'une qui admet la distinction entre particuliers et universaux, et l'autre qui n'admet pas cette distinction et se réfère seulement à des masses. L'idée quinienne selon laquelle l'usage de la référence divisée serait le résultat, chez le locuteur, d'une ontogenèse, nous conduit à penser qu'il y aurait une antériorité logique des concepts de masse sur les concepts d'individus ; or comme il nous est également possible, bien qu'inadéquatement, de décrire notre expérience en utilisant seulement des termes de masse, c'est-à-dire en évoquant seulement des manifestations empiriques (des qualités sensibles) [2], on peut penser que la référence aux qualités sensibles est *antérieure logiquement* à l'introduction des unités concrètes dans notre logique du monde. Cela signifie que, dans notre expérience du monde, nous expéri-

1. *Ibid.*, p. 232.
2. W. V. O. Quine, *Le mot et la chose*, *op. cit.*, p. 25-26.

menterions primordialement des manifestations phénoménales, par exemple des couleurs, des formes, des tonalités, bref des caractéristiques que nous savons discriminer et nommer. Pourtant, l'expérience courante nous met également face à des unités matérielles, des êtres vivants, des objets, des réalités aux contours délimités, et nous avons l'impression de percevoir ces unités en même temps que nous percevons d'autres réalités aussi diverses que des phénomènes, des manifestations, des événements, des caractéristiques, des masses. Or la logique des masses s'avère par définition incomplète lorsque nous voulons parler d'unités empiriques. En effet, il nous est simplement impossible de singulariser les masses comme nous singularisons les particuliers : nous pouvons compter les chats mais nous ne pouvons pas compter les masses d'eau ; chaque partie d'une masse d'eau est encore une masse d'eau, jusqu'à la goutte d'eau et bien au-delà, alors que chaque partie de tout ce qu'on nomme « chat » n'est pas un chat, puisque la partie d'un chat, par exemple sa tête, n'est pas elle-même un chat plus petit; lorsqu'il s'agit d'unités concrètes nous ne pouvons donc pas diviser indéfiniment la référence. Ainsi les concepts de masse, comme tous les concepts, ont un pouvoir discriminant, puisqu'ils permettent de reconnaître la réalité qu'ils caractérisent, mais n'ont en revanche pas de pouvoir individualisant[1]; ils diffèrent de cette manière des concepts sortaux (les concepts permettant de caractériser les individus par leur espèce) qui, eux, ont un pouvoir discriminant aussi bien qu'individualisant; les concepts sortaux peuvent diviser la référence jusqu'à un certain niveau et au-delà ils ne la divisent plus.

Qu'expérimentons-nous lorsque nous sommes dans un pré au milieu de bovins ? Conformément à ce qui vient d'être dit, nous pouvons rendre compte d'une telle expérience ou bien en nous référant à des manifestations phénoménales et en utilisant le terme « bœuf » comme un terme de masse, ce qui nous conduit à dire « il y a du bœuf dans ce pré », ou bien en divisant la référence, en identifiant des unités bovines concrètes, et en disant qu'« il y a des bœufs dans ce pré ». Dans le premier cas, nous aurons beau indéfiniment morceler (par la pensée) la manifestation de bœuf dans le pré, nous retrouverons toujours une manifestation de bœuf; l'intérêt de parler en termes de masses peut dans ce cas d'ailleurs se justifier par un intérêt pour la viande de bœuf, pour la matière bovine davantage que pour l'animal vivant; or même le petit morceau de bœuf qu'on a prédécoupé dans l'assiette de l'enfant reste « du bœuf ». Dans le second cas, il existe un

1. S. Chauvier, « Traits et touts », *Cahiers de philosophie de l'université de Caen*, n° 38-39, 2003, p. 304.

degré absolu où la référence ne se divise plus, en l'occurrence celui où l'on identifie l'unité bovine au singulier; « il y a des bœufs dans ce pré » signifie qu'« il y a un bœuf ici, un autre ici, etc. » et qu'on peut les compter; cependant, on peut constater que les deux références peuvent s'accorder lorsqu'on divise au-delà de l'unité, par exemple lorsque les bouchers découpent « un bœuf » pour obtenir « du bœuf ». Autrement dit, si l'on poursuit conceptuellement, au-delà de l'unité, la division d'une référence divisible en unités, on se retrouve *face à des masses concrètes*, et la division peut se poursuivre indéfiniment.

Mais alors, comment articuler la référence à des masses et la référence à des unités individuelles ? Ou bien, hypothèse modeste, on peut considérer que ces deux types de références sont seulement deux stades de notre logique : on peut à la limite décrire l'ensemble de notre expérience en ne nous référant qu'à des masses, qu'à des manifestations qualitatives; on peut également décrire une partie de notre expérience en nous référant à des unités concrètes, sauf que dans ce cas tous les éléments de notre expérience ne s'individualisent pas, et nous devons donc maintenir, à côté des unités concrètes et en dessous d'elles, une référence à des masses concrètes. Ou bien, hypothèse plus ambitieuse, on peut considérer que masses concrètes et unités concrètes désignent deux types de réalités qui se présentent à nous, et même qu'il existe un *lien de parties à touts* entre les premières et les secondes; l'antériorité des masses n'est plus seulement ontogénétique mais se trouve ontologique; cela nous est suggéré par le « comportement » des concepts sortaux qui, lorsqu'ils réfèrent à des parties des unités individuelles, ne réfèrent plus à des unités mais à des masses. Selon cette seconde hypothèse, non seulement nous reconnaissons que les masses concrètes sont premières logiquement par rapport aux unités concrètes, et se pose alors un premier problème, celui de *la superposition de la catégorie des « unités concrètes » à la logique des masses concrètes*, mais encore nous supposons que les masses concrètes sont les parties des unités concrètes, et se pose alors un second problème, celui de *la constitution des unités concrètes à partir des masses concrètes.* Qu'entendre ici par « unité concrète » ? Si les « unités concrètes » sont obtenues à partir des masses concrètes qui en constituent les parties, on peut penser qu'elles sont le résultat d'une forme de processus de *totalisation*; il ne s'agit cependant pas de « totalités » au sens où toute masse est déjà une totalité. Lorsque la masse d'eau de la Dordogne rejoint celle de la Garonne, les deux constituent la Gironde qui est bien une masse d'eau totalisant les deux précédentes (à partir du moment où ces deux masses se sont rencontrées), mais cette totalité est de même nature que ses parties, elle reste une masse et n'est donc pas une unité concrète. Les unités concrètes ne sont pas seulement des totalités de masses, elles ne sont pas elles-mêmes des masses, parce qu'elles sont concrètement unifiées, par opposition à leurs parties, et structurées.

Répondre aux deux problèmes qui viennent d'être posés ne peut passer que par *la construction d'une logique* qui rende compte de la constitution d'unités concrètes à partir de masses qualitatives formant leurs parties elles-mêmes concrètes, c'est-à-dire, somme toute, du caractère concret de l'expérience. Le système logique que nous entreprenons ici de définir mérite sans doute le nom de « méréologie », tout en s'écartant sensiblement de la méréologie de Leśniewski[1] ou du « calcul des individus » de Leonard et Goodman[2] : l'impossibilité de s'affranchir d'une logique classique des totalités et des parties apparaîtrait en effet comme un échec dans la mesure où la catégorie des unités concrètes en demeurerait exclue ; il faut donc au moins parvenir à constituer, à partir des concepts fondamentaux de la méréologie, une logique des unités et de leurs parties, et essayer donc de voir si un certain type d'unité individuelle concrète qui se manifeste dans notre expérience peut légitimement se trouver restitué dans un tel système. L'enjeu est ainsi le suivant : si l'on construit une explication méréologique du monde apparent et si certaines réalités de ce monde ne peuvent être conçues qu'en termes d'« unités concrètes », alors il faut reconnaître que certaines sommes des parties de notre système ne sont pas simplement des totalités, mais en outre de réelles *individualités*.

INTRODUCTION D'UNITÉS STRUCTURELLES NON-SUBSTANTIELLES DANS UNE MÉRÉOLOGIE CONCRÈTE

Dans *La structure de l'apparence*[3], Nelson Goodman cherche à bâtir un système logique qui permette le mieux possible de rendre raison du monde qui nous entoure, et qui peut être décrit comme une *méréologie concrète*. Pour cela Goodman opère explicitement un certain nombre de choix entre des systèmes rivaux[4] : il préfère ainsi le nominalisme au

1. S. Leśniewski, *Les fondements de la mathématique, fragments*, Paris, Hermès, 1989, deuxième partie, « L'axiomatique primitive de la méréologie », p. 75-97.

2. H. S. Leonard et N. Goodman, « The Calculus of Individuals and its Uses », *Journal of Symbolic Logic*, 5, 1940, p. 45-55. Pour la comparaison entre méréologie et calcul des individus, voir P. Simons, *Parts, A Study in Ontology*, Oxford, Clarendon Press, 1987, p. 76-81.

3. N. Goodman, *La structure de l'apparence*, Paris, Vrin, 2004.

4. J. Vuillemin, *La logique et le monde sensible. Étude sur les théories contemporaines de l'abstraction*, Paris, Flammarion, 1971, p. 305.

platonisme, le phénoménalisme au physicalisme, et entre les différents systèmes phénoménalistes, choisit un système réaliste, qui admet comme éléments de base des qualités individuelles, plutôt qu'un système particulariste, qui admettrait comme éléments de base des particuliers. Chacun de ces choix contribue à préciser la définition de ce qu'est un « individu » dans la méréologie ainsi constituée : si le système est nominaliste, cela signifie que tous les éléments de base du système doivent être considérés, syntaxiquement, comme des individus, et que le système ne peut admettre de classes ; si le système est phénoménaliste, cela signifie que les individus du système sont des phénomènes empiriques, qui sont plus *immédiats* pour nous que ceux que nous identifierions comme des objets perceptibles, et le système se fonde ainsi sur des éléments davantage concrets que s'il était physicaliste ; si le système enfin est réaliste plutôt que particulariste, cela veut dire que les individus sont des qualités et non des sujets de qualités. Chacune de ces trois options est évidemment problématique pour nous qui cherchons à définir des unités concrètes dans un système de ce genre ; en effet, la méréologie goodmanienne, en tentant de rendre compte de la manière la plus concrète possible du monde tel qu'il nous apparaît, semble finalement interdire d'isoler des unités concrètes dans notre expérience : le nominalisme admet seulement des individus comme entités de base du système, ce qui interdit de supposer qu'il existe une propriété d'individualité pour certaines entités et pas pour d'autres entités ; le phénoménalisme considère toute définition d'une unité structurelle complexe comme une construction, tendant vers l'abstraction et nous éloignant donc du système le plus immédiat pour décrire le monde ; le réalisme enfin privilégie les qualités par rapport aux individus, et rend donc difficile dans le système la construction d'unités concrètes regroupant des qualités.

Or c'est bien une telle construction que nous désirons mener, et nous devons d'emblée distinguer clairement deux types d'« unités concrètes » : on peut d'un côté concevoir des unités, rencontrées dans l'expérience, qui soient concrètes parce qu'elles rassemblent des éléments concrets de l'expérience, par exemple des couleurs ou des sons, mais dont l'unification repose sur une opération de l'esprit, sans être empirique en tant que telle ; de telles sommations de phénomènes empiriques elles-mêmes non justifiées empiriquement paraissent tout à fait similaires aux substances définies par Locke, à des « je ne sais quoi » ; mais on peut également concevoir des unités immédiates de l'expérience qui soient tout aussi concrètes que les parties phénoménales qui les composent. En quoi le système de constitution de totalités concrètes proposé par Goodman peut-il mener à la possibilité d'un second système, réformé, qui admette des unités concrètes au second sens ? Bien évidemment, le premier système ne peut pas intrinsèquement rendre le second nécessaire, puisque sa prétention est de nous offrir des outils logiques pour décrire complètement le monde tel qu'il nous apparaît. En revanche, on peut comprendre que le second système se mette en compatibilité avec le premier, voire qu'il s'avère empiriquement nécessaire d'introduire des unités concrètes dans le premier système ; car la complétude descriptive revendiquée du premier système n'empêche pas une incomplétude explicative, dans la mesure où, de manière générale, un type de système permet de répondre à un type de problème mais n'exclut pas que d'autres problèmes se posent et soient résolus par d'autres types de systèmes[1]. Un système particulier ne peut prétendre fournir toutes les explications nécessaires du réel, et donc ne peut proposer toutes les définitions et toutes les traductions et équivalences logiques qui permettraient de bâtir ces explications[2]. Or si nous désirons introduire des unités concrètes dans le système, c'est que des éléments que nous rencontrons couramment et communément dans l'expérience, et que nous voulons pouvoir définir dans le système logique, n'y peuvent en réalité pas être décrits en l'état, parce que le système autorise seulement, à partir d'autres éléments considérés comme des parties, la constitution de totalités, mais pas celle d'unités. Reste à montrer que la notion de totalité concrète dans le système goodmanien est vraiment incomplète pour restituer notre expérience d'individualités empiriques.

Goodman prend comme relation de base entre les éléments de son système, non pas le prédicat, traditionnel en méréologie, « est partie de », mais un autre primitif, qui a l'avantage de la symétrie[3], et qui est le prédicat à deux places « chevauche » (*overlaps*). La définition du « chevauchement » est la suivante : « si et seulement si deux individus x et y se chevauchent, il y a un individu z (à savoir, tout individu entièrement contenu dans x et dans y) tel que tout ce qui chevauche z chevauche aussi x et y »[4]. La substitution de la relation de chevauchement à celle de partie à tout n'est pas dénuée de signification : dans un système où on instaure comme primitif la relation « est partie de », l'individu qui est partie est différent de l'individu qui est totalité, et n'importe quel individu n'est pas une totalité, puisqu'il y a des individus fondamentaux qui logiquement ne sont que des parties d'autres individus ; l'asymétrie même de la relation

1. N. Goodman, *La structure de l'apparence*, *op. cit.*, p. 131.
2. *Ibid.*, p. 330.
3. *Ibid.*, chap. III, section 6, « Symétrie et complexité », p. 92 *sq*.
4. *Ibid.*, p. 59.

« est partie de » semble ainsi conduire à distinguer des degrés empiriques de totalisation, voire des relations plus ou moins naturelles de partie à tout, et à instaurer une dépendance ou indépendance de la partie vis-à-vis du tout ou vis-à-vis des autres parties[1]; au contraire, si l'on prend la relation de chevauchement comme fait primitif, « tout individu chevauche quelque individu » et *a contrario* « tout individu, à l'exception de la totalité de l'univers, est discret relativement à quelque individu », ce qui suggère que tous les individus doivent être traités logiquement de manière exactement homogène.

Dans le système goodmanien, un tout possède ainsi toujours la même valeur logique que sa partie, non seulement parce que, de la même manière que sa partie, il est un individu qui chevauche d'autres individus, mais aussi, bien sûr, parce qu'il est empiriquement composé de sa partie, si bien que, comme l'exprime Jules Vuillemin, « les morceaux "adhèrent" au tout »[2]. Postuler qu'un tout est concrètement composé de ses parties permet par exemple de dire que la couleur verte n'est pas une idée platonicienne qui serait participée par l'ensemble des objets de couleur verte qui existent dans le monde, mais l'individu concret dont les parties sont concrètement tous les objets verts de l'univers, le vert est donc la somme concrète à laquelle « adhèrent » les objets concrets auxquels s'applique le prédicat « vert ». Dans ce dernier cas, si une propriété telle que le vert est un individu concret, ou si un homme est une somme concrète, alors on a bien l'impression qu'il faut présupposer, lorsque des parties concrètes adhèrent concrètement à une totalité, une *naturalité* de ces propriétés ou de ces corps, qui explique que l'ensemble des phénomènes de vert que nous rencontrons dans notre expérience du monde constitue naturellement la totalité de la couleur verte, ou encore qu'un certain ensemble de cellules constitue naturellement un corps humain. Car si l'on refusait de postuler une telle naturalité, on se retrouverait face à une contradiction de dénomination : il faudrait alors soutenir que les totalités sont concrètes tout en étant abstraites quant au rassemblement de leurs parties. Bref, le classique problème de la réalité des universaux réapparaît ici sous la forme du *problème de la naturalité ou de la non-naturalité des totalités*. Sauf que pour Goodman nous avons sans doute le droit de parler d'objets dans notre système logique, mais ce droit ne restreint pas notre entière liberté pour constituer de telles totalités objectives : le choix de tel tout plutôt que de tel

1. E. Husserl, *Recherches logiques. Recherche III, De la théorie des touts et des parties*, Paris, P.U.F., 1972, p. 9 *sq*.

2. J. Vuillemin, *La logique et le monde sensible*, *op. cit.*, p. 286.

autre reste logiquement contingent. Bref, l'addition d'une roue de vélo et d'une fenêtre, même éloignée de cette roue dans l'espace, ou le tout rassemblant « le nez de César et les comtés de l'Utah » [1] constituent, pour le système, des individus, au même titre qu'un vélo pris dans son entier, que la somme des individus verts ou que le corps de César.

Face à une telle radicalité, on a l'impression qu'un système méréologique qui admet des individus concrets, mais sans définir la nature de ces individus, sans en préciser la taille ou l'étendue, sans en déterminer aucune limite, et surtout sans se doter d'individus atomiques, court le risque de ne produire qu'une forme d'annihilation de tout objet connaissable, de confusion de toute réalité, ne laissant subsister qu'un grand tout, qui serait dès lors le seul individu concevable. Bien évidemment, Goodman ne tolère en définitive pas autant d'arbitraire dans la construction de son système et choisit d'identifier des individus atomiques, les *qualia*, c'est-à-dire les plus petites qualités que peut présenter l'expérience, un *quale* se définissant comme une partie constituante minimale de notre expérience [2]. Les *qualia* ne sont toutefois pas les individus phénoménaux minimaux, ils ne sont que les parties constituantes de ces individus, que Goodman propose de nommer des « concrets ». Il faut donc comprendre que les *qualia* sont les atomes logiques du système phénoménaliste mais n'en sont pas à proprement parler les individus empiriques minimaux : ce dernier rôle revient aux concrets, parties indivisibles de notre perception limitée par la physiologie de nos organes sensoriels; les concrets eux-mêmes sont logiquement divisibles en parties empiriques constituantes, qui donc peuvent se définir comme les atomes du système. Ainsi, un concret visuel quelconque se compose de trois *qualia* constituants, à savoir une place minimale perceptible et situable dans le champ de l'expérience, un temps minimal perceptible et une couleur occupant cette place et ce temps; un concret sonore quelconque (le ré d'un hautbois dans tel mouvement de telle symphonie de Brahms) se compose également d'un temps et d'un son, et vraisemblablement aussi d'une certaine localisation dans le champ perceptif. Goodman propose donc de choisir « comme atomes : les couleurs, les temps, les places du champ visuel, et différents *qualia* non visuels » [3]. Certes, une telle définition des éléments phénoménaux de base présente des aspects non intuitifs, en premier lieu le fait de considérer des places du champ perceptif et des temps comme des *qualia*, comme s'il

1. N. Goodman, *La structure de l'apparence*, *op. cit.*, p. 62.
2. *Ibid.*, p. 174.
3. *Ibid.*, p. 178.

s'agissait de comprendre la durée sur le modèle de la spatialité et d'attribuer une dimension qualitative aux lieux et aux instants; pour autant, la définition des *qualia* et des concrets permet de compenser l'extrême arbitraire et la confusion supposée du système : à condition de définir des éléments concrets de base en nombre fini, toute décomposition et toute totalisation ne sont pas permises, et le nombre total des touts est ainsi logiquement limité, puisqu'une combinatoire à partir d'un nombre fini d'éléments peut certes aboutir à un très grand nombre de combinaisons, mais jamais à un nombre infini. Il semble également que nous puissions trouver ici une réponse au moins provisoire à la question de la naturalité des qualités et des individus d'un tel système : en se contentant des bases systématiques que nous venons d'exposer, on ne voit pas en effet comment nous pourrions définir des structures individuelles naturelles, ou du moins concrètes, à une autre échelle que les concrets.

Si nous désirons vraiment construire dans un tel système des individualités concrètes, nous devons par conséquent parvenir à définir une relation de totalisation entre les parties qui soit *une relation de concrétion au-delà des concrets de base*. Or une telle relation doit répondre à deux exigences pour que sa définition soit satisfaisante. Premièrement, elle doit permettre de différencier et d'isoler empiriquement les touts dont elle relie les parties, afin de reconnaître que tel tout concret ne peut pas se composer arbitrairement de telle ou telle partie, sauf à perdre son caractère concret; l'exigence est donc que les parties puissent aller « *naturellement* », au moins en un sens, dans le tout qu'elles constituent; par exemple, un cheval ne peut pas contenir un gésier, une nuance de rouge ne peut pas appartenir au vert. Mais deuxièmement, du coup, la relation de concrétion ainsi définie doit impliquer une naturalité des qualités, pour que les touts puissent se distinguer phénoménalement les uns des autres et que leurs parties n'apparaissent pas uniformes; il faut donc pouvoir supposer des relations naturelles de ressemblance entre les éléments, qu'on peut ainsi qualitativement regrouper. Goodman rencontre le même problème des relations naturelles lorsqu'il veut obtenir que des *qualia* se regroupent pour former des concrets [1], sauf qu'il ne cherche à définir une relation de regroupement et de différenciation qu'à l'échelle atomique. Il définit ainsi une relation primitive qu'il nomme « conjonctivité » (*togetherness*), pour justifier le fait qu'un concret n'est pas une totalité arbitraire de *qualia*.

1. N. Goodman, *La structure de l'apparence*, *op. cit.*, p. 139.

La relation de conjonctivité n'est certes pas sans lien avec la contiguïté, mais n'a cependant rien à voir avec la ressemblance[1]. Goodman formule une unique règle de détermination de la concrétion, selon laquelle deux « *qualia* de même catégorie ne sont pas conjoints », règle de grande importance, car elle interdit de considérer que deux couleurs, deux sons mais aussi deux places ou deux temps puissent appartenir au même concret : dans la mesure où une couleur dure à la même place davantage que le temps minimal perceptible, il s'agit selon cette règle de plusieurs unités concrètes qui se succèdent ; dans la mesure où une couleur occupe un certain espace de la perception, on ne peut pas parler d'un concret unique mais de plusieurs unités concrètes voisines. Goodman en déduit la définition suivante : « un concret est une entité *pleinement* concrète au sens où, parmi ses qualités, il possède au moins un membre de chaque catégorie au sein d'un ordre sensoriel. C'est une unité concrète *minimale* au sens où elle ne contient pas plus d'un *quale* de chacune de ces catégories ». La principale difficulté de cette définition est évidemment de considérer que seuls les individus « pleinement concrets » méritent le nom de « concret », la notion de « pleinement concret » semblant obscure dans la mesure où elle n'est pas définissable en fonction de la relation de conjonctivité, qui est aussi la relation de concrétion.

Quelles sont dans ce cas les conjonctions possibles de *qualia* produisant des individus non « pleinement concrets », mais « concrets » tout de même ? Pensons premièrement aux « entités comprises dans des concrets », que Goodman nomme des « complexes ». Tous les concrets sont des complexes puisqu'ils sont compris en eux-mêmes, et tous les *qualia* sont également des complexes puisqu'ils sont compris dans des concrets, mais les complexes les plus intéressants sont ceux qui sont constitués de deux *qualia* conjoints, par exemple une place et un temps, ou une couleur et une place. Devrions-nous dire que deux *qualia* conjoints isolés du concret dans lequel ils se trouvent sont des individus abstraits, parce qu'on a fait abstraction pour les définir d'une partie du concret qu'ils composent ? Goodman ne va lui-même pas si loin, puisqu'il lui faudrait alors réintroduire dans le système une différence entre les individus délimités subjectivement et les individus donnés empiriquement, et donc un point de vue du sujet. Envisageons deuxièmement les ensembles de conjonctivités, ces individus dont les *qualia* sont conjoints deux à deux et dont le cas paraît semblable à celui des complexes, à ceci près que de tels individus semblent définis non seulement par abstraction, mais aussi par

1. J. Vuillemin, *La logique et le monde sensible*, *op. cit.*, p. 310.

arbitraire, puisqu'ils correspondent à plusieurs complexes artificiellement reliés entre eux. Dans la mesure où la conjonctivité globale des *qualia* d'un concret est différente de la conjonction de chaque *quale* d'un concret avec chacun des autres, car « une couleur *c* peut être à la place *d* et au temps *f* et cependant ne pas être *à la place d au temps f* »[1], les individus produits par un tel ensemble de conjonctivités et qui cependant ne sont pas des concrets ne sont-ils pas dépourvus de cette structure objective, ou du moins de cette unité empirique donnée qui caractérise les concrets ? Troisièmement, penchons-nous sur le cas des concrets possibles. Une place du champ visuel peut ne pas être présentée durant un certain temps, ce qui ne nous interdit pas de supposer qu'elle est durant ce temps jointe à une couleur[2] ; on veut ainsi pouvoir dire qu'il y a une couleur possible en *p* à *t*, sans simplement considérer la couleur de *p* à *t* comme une somme arbitraire. Pour Goodman, la détermination de la couleur possible de *p* à *t* obéit à des lois de projection : il peut par exemple apparaître probable, selon les lois de la nature que nous connaissons, que la couleur d'Uranus serait maintenant bleue, à cause du méthane qui compose son atmosphère, si elle était visible, depuis ce point d'observation, à la place qu'elle occupe dans le ciel. Dire que la couleur de *p* à *t*, ou n'importe quel autre fait perceptif non perçu actuellement, est un concret possible, signifie donc justement qu'il ne s'agit pas d'une somme arbitraire d'éléments perceptuels actuels. La couleur non perçue actuellement d'Uranus est plus exactement le résultat de deux projections, la première qui est celle d'un complexe de place et de temps conçu hors de la perception présente, la seconde qui est celle d'une couleur appliquée à ce complexe. Le concret possible obtenu n'est alors pas *perçu* mais *imaginé*, grâce une projection de la relation de conjonction ; sauf qu'un système phénoménaliste ne paraît pas nous donner les moyens de distinguer perception et imagination. Venons-en finalement au cas de sommes de concrets qui paraissent structurellement unifiées, telle, par exemple, la manifestation de la souris qui court dans l'herbe. De telles sommes de concrets sont-elles abstraites ou concrètes dans le système ? Il est évident qu'il est impossible de dire que leurs parties sont conjointes ; pourtant, les cas précédents nous ont montré qu'on appauvrirait le système en considérant tout individu non-« pleinement concret » comme une abstraction ou une totalité arbitraire, sans admettre différents degrés de concrétion, et différentes catégories d'individualités concrètes admissibles dans le système. Se pose alors le problème de la

1. N. Goodman, *La structure de l'apparence*, *op. cit.*, p. 188.
2. *Ibid.*, p. 184, voir la note.

concrétion à un niveau plus élevé que celui des concrets, ou, pour le dire en termes goodmaniens, *le problème de la projectibilité du prédicat « concret » au-delà des concrets*. Comment considérer les totalités dont les parties sont des concrets ? Peut-on appliquer à de telles totalités le prédicat « concret » ?

Nous sommes, à ce point, forcés d'introduire un élément étranger dans le système de Goodman, puisque celui-ci admet une circularité définitionnelle en identifiant des *concreta* là où la relation de conjonctivité est globale entre les parties d'un individu, et en identifiant par ailleurs de la conjonctivité là où des parties coexistent à l'intérieur d'un *concretum* ; cet élément étranger doit permettre d'appliquer le prédicat « concret » à des totalités plus grandes que les *concreta*. Particulièrement, nous souhaitons pouvoir dire qu'une couleur qui dure plusieurs instants constitue intuitivement un tout unifié, alors qu'un tout composé de deux concrets visuels tirés arbitrairement de leur contexte, et sans lien apparent entre eux, ne possède pas cette unité. Mais comment séparer, au niveau des totalités de *concreta*, l'abstrait et le concret, la totalité arbitraire et la totalité justifiée empiriquement ? La seule piste dont nous disposions consiste à supposer que, puisque c'est une certaine relation entre les parties qui justifie la concrétion des *concreta*, c'est une autre relation, sans doute définissable à partir de la conjonctivité, qui doit permettre de justifier la concrétion des *touts concrets* ; ce qui implique de comprendre ce que devient la relation de conjonctivité projetée au niveau de tels touts.

Mais le système goodmanien ne permet même pas de qualifier la relation de conjonctivité, parce qu'il la définit comme primitive, même si nous avons eu tendance à l'interpréter en termes de « contiguïté » ; de toute façon nous sommes forcés de renoncer au modèle de la contiguïté pour penser la relation que nous tentons de constituer entre les parties d'un tout concret. En effet, il ne peut y avoir contiguïté si les *concreta* sont par définition discrets les uns avec les autres, comme on le voit si l'on précise les termes : le fait pour un individu d'être « discret par rapport à un autre individu », s'oppose au fait de « chevaucher » un autre individu, c'est-à-dire d'avoir une partie en commun avec cet individu ; le fait que deux individus soient « contigus » n'est certes pas la même chose que le fait qu'ils soient « continus », cependant, « partager une limite » signifie déjà « partager une partie », ce que ne peuvent faire deux individus discrets. Le terme de « contiguïté » s'avère donc ici trompeur et mieux vaudrait parler, par exemple, de relation de « voisinage » ou de « juxtaposition » entre deux *concreta*. Néanmoins, si deux concrets sont voisins uniquement par hasard, ils ne peuvent pas constituer un tout concret ; et s'ils constituent un tout concret, c'est que leur relation de voisinage n'est pas seulement contingente, mais qu'elle nous paraît s'imposer. Or nous avons sans doute cette impression pour deux raisons : ou bien parce qu'il y a dans ces *concreta* une apparence commune ou proche qui fait qu'il nous semble aisé de les relier, et ainsi la relation de voisinage doit être requalifiée *en relation de ressemblance* ; tel est le cas d'une couleur qui semble subsister un certain temps au même endroit, car on peut juger alors que les différents concrets qui composent ce tout se ressemblent par la place et par la couleur ; ou bien nous jugeons que deux concrets sont liés par une relation de voisinage parce qu'ils ont coutume de se présenter ensemble ; et dans ce second cas, ce ne sont pas des concrets singuliers dont nous constatons le voisinage coutumier, mais des familles de concrets ; par exemple, lorsque nous fixons longuement la couleur bleue, nos récepteurs saturent, et par rémanence, la couleur complémentaire jaune apparaît ; or nous devons parvenir ici encore à définir une relation de ressemblance, puisqu'il faut bien comprendre comment des concrets peuvent constituer une famille, par exemple le bleu ou le jaune.

Dans les deux cas que nous venons de mentionner, nous sommes forcés, avant de parler de voisinage entre des concrets, d'identifier ces concrets, de leur donner des noms et de constater entre eux des apparences communes. *La relation de ressemblance semble ainsi être davantage primitive que la relation de voisinage.* On peut en déduire que pour qu'un individu qui est une somme de concrets soit lui-même concret, il faut qu'on puisse lui appliquer à deux niveaux la relation de ressemblance que nous cherchons à définir : d'une part, il faut qu'existe une ressemblance entre les parties constitutives de ce tout et qui justifie que ces parties figurent dans le tout ; ainsi, lorsqu'une couleur bleue subsiste longtemps au même endroit, les différents *concreta* qui la composent aux différents instants doivent bien se ressembler par la couleur et par la place, ou les parties du chat qui apparaît dans notre champ de vision doivent bien être des parties *de* chat, griffes, moustaches, oreilles pointues… ; d'autre part, il faut qu'il y ait une ressemblance entre les touts ainsi constitués, de telle sorte qu'il apparaisse naturel que les parties qui constituent ces touts s'incluent en eux ; car les organismes vivants ne sont pas composés de parties arbitraires, mais possèdent entre eux, selon les espèces que nous leur reconnaissons, des parties constitutives similaires, ce qui nous permet de les identifier.

La relation de ressemblance telle que nous l'appréhendons pose pourtant différents problèmes logiques préalables. Goodman prévient d'ailleurs que son introduction dans le système mène aux deux difficultés du « compagnonnage » et de « la communauté imparfaite », qui grèvent l'*Aufbau* de Carnap[1] et témoignent des problèmes que nous rencontrons pour obtenir un classement des objets à partir de leur ressemblance. Il suffit que nous disposions d'un objet *a* qui est un carré jaune, d'un objet *b* qui est un carré bleu et d'un objet *c* qui est un triangle bleu, pour que nous constations premièrement que *a* ressemble à *b*, et *b* à *c* mais pas *c* à *a*, ce qui signifie que la relation de ressemblance n'est pas transitive, et deuxièmement que nous ne savons pas selon quel principe nous devons classer ces objets, puisque nous pouvons aussi bien privilégier la couleur que la forme. Comment établir des classifications par ressemblance entre des qualités? La difficulté du « compagnonnage » surgit lorsque deux qualités se présentent toujours ensemble dans les mêmes objets, car dans ce cas la classification ne permet pas de distinguer ces deux qualités communes comme deux totalités différentes[2]; la difficulté de la « communauté imparfaite » survient lorsque tous les objets d'une catégorie se ressemblent deux à deux, mais pas selon la même qualité[3]. Or il semble bien difficile d'éviter ces difficultés, sauf à introduire un nouvel arbitraire dans le système en refusant d'admettre que des objets se ressemblent par diverses qualités, ou par des qualités toujours coprésentes. Il convient d'ailleurs de comprendre la difficulté de la « communauté imparfaite » dans une perspective plus générale : toutes les choses ont en effet toujours quelque chose en commun entre elles, ne serait-ce que parce qu'elles sont des choses, et à la fois elles ont toujours entre elles quelque chose de différent, ne serait-ce que parce qu'elles ne sont pas identiques numériquement. Comment constituer alors des catégories de choses par ressemblance? Goodman développe sur ce point un argument logique général qui remet en cause la fécondité de la notion de « ressemblance » : on ne peut jamais soutenir que deux individus se ressemblent davantage que deux autres parce qu'ils auraient davantage de propriétés en commun; toutes les choses d'un univers ont en effet le même nombre de propriétés communes prises deux à deux; car « s'il y a seulement trois choses dans l'univers, alors toutes les choses prises par paire appartiennent exactement à deux classes, et ont exactement deux propriétés en commun : la propriété d'appartenir à la classe constituée de cette paire de deux, et la propriété d'appartenir à la classe constituée des trois choses de l'univers. Si l'univers est plus grand, le nombre de

1. N. Goodman, *La structure de l'apparence*, *op. cit.*, p. 148-153.

2. *Ibid.*, p. 194.

3. *Ibid.*, p. 187-188. Voir également N. Goodman, « Seven Strictures on Similarity », dans *Problems and Projects*, Indianapolis et New York, The Bobbs-Merrill Company, 1972, p. 441-443.

propriétés partagées sera plus grand, mais il restera le même pour chaque paire de deux éléments » ; or comme le note Goodman, la ressemblance est ordinairement une affaire de comparaison entre des degrés de similitude : on n'affirme pas dans l'absolu la ressemblance entre *x* et *y*, mais on s'intéresse plutôt au fait que *x* ressemble davantage à *y* qu'à *z*.

Bref, on semble confronté à une aporie lorsqu'on cherche à définir une relation de ressemblance entre des individus. Deux hypothèses de définition semblent en effet s'opposer, mais chacune d'elle paraît présenter une contradiction. La première hypothèse serait de ne reconnaître aucune ressemblance naturelle entre les individus du système, et de dire que les relations de ressemblance que nous pouvons reconnaître ne sont que la conséquence des choix de catégorisation que nous instituons arbitrairement entre les individus pour nous repérer au sein des phénomènes du monde. La ressemblance serait alors secondaire par rapport à la catégorisation et se comprendrait en fonction d'elle. Cette position, qui semble proche de celle que soutient Goodman, permet de justifier n'importe quel regroupement, puisqu'il y a toujours des points communs entre deux individus, et évite donc à la fois la difficulté de la « communauté imparfaite » et celle du « plus grand nombre de propriétés communes ». Plus essentiellement, elle cantonne la relation de ressemblance aux individus pris deux à deux, selon le regroupement que l'on prétend instituer, et permet d'éliminer la notion de propriété commune ; elle semble ainsi compatible avec un nominalisme orthodoxe, mais présente le grave défaut de ne pouvoir expliquer pourquoi toutes les couleurs constituent la catégorie des couleurs, et pourquoi la somme de tous les *qualia* verts constitue la couleur verte. Or c'est en ce point justement que réside la contradiction : on peut toujours expliquer la ressemblance entre deux concrets visuels en disant qu'ils appartiennent à la même catégorie respectivement à leur couleur, à leur place, à leur temps ; mais ceci implique alors que leurs *qualia* de couleur, par exemple, sont qualitativement très ressemblants ou identiques ; si bien qu'on n'est pas en mesure de développer un quelconque ordonnancement entre les concrets sans que ceci n'implique l'existence de ressemblances réelles et naturelles entre les *qualia* qui composent ces concrets. Il semble donc qu'on ne puisse refuser l'existence de propriétés communes, au nom de nécessités logiques, sans présupposer ces propriétés communes par ailleurs. Si l'on choisit maintenant la position inverse pour définir la relation de ressemblance, et que l'on admette que la ressemblance se fonde sur des propriétés communes, alors on est obligé d'admettre la réalité d'universaux, en disant que la sommation de tous les concrets d'une certaine couleur en une couleur totale est naturelle ; on retombe par ailleurs sur les difficultés logiques présentées précédemment. En résumé, ou bien la ressemblance entre deux individus n'est que la conséquence de leur appartenance à une même catégorie, mais dans ce cas il faut définir une autre forme de ressemblance pour justifier cette appartenance; ou bien l'appartenance de deux individus à une même catégorie est une conséquence de leur ressemblance naturelle, mais dans ce cas il faut établir d'abord une catégorisation pour comprendre cette ressemblance.

Goodman propose une solution à cette contradiction en définissant comme relation primitive une « relation d'appariement » plutôt qu'une « relation de ressemblance ». La définition de « l'appariement » dépend elle-même de la formulation d'un « problème de l'ordre », c'est-à-dire de l'ordonnancement des *qualia*.

> Le problème central consiste à construire pour chaque catégorie de *qualia* une carte qui assignera à chaque *quale* dans la catégorie une position unique et représentera la similitude relative des *qualia* par une proximité relative dans la position. Puis, en définissant un ensemble de coordonnées, on peut développer une nomenclature systématique pour les *qualia* de la catégorie et définir des prédicats spécifiques de forme, de grandeur, et de mesure [1].

En définissant un ordre des *qualia* dans chaque catégorie, on peut dès lors constituer une classification abstraite, car secondaire par rapport aux apparences, purement syntaxique, mais qui repose cependant sur la relation de similitude. Un bon modèle pour comprendre un tel ordonnancement est sans doute l'espace. Les *qualia* de toute catégorie que l'on tente d'ordonner seraient ainsi traités analogiquement à des places, et la relation de similitude serait considérée analogiquement avec la relation de voisinage [2]. La question fondamentale est maintenant de savoir comment on peut comprendre la similitude dont il est question ici. Goodman sur ce point demeure relativiste et constate que

> la correspondance, sur une carte construite, de la proximité relative des positions à la similitude relative des *qualia* est au plus un critère vague, car la « similitude » n'est pas à ce point dénuée d'ambiguïté que des moyens également bons de parvenir à un jugement de similitude ne donneraient jamais de résultats divergents [3].

1. N. Goodman, *La structure de l'apparence*, *op. cit.*, p. 240.

2. Ceci pose une nouvelle fois le problème de la qualité des *qualia* spatiaux, la mise en espace pouvant apparaître ici comme un exemple d'ordonnancement.

3. N. Goodman, *La structure de l'apparence*, *op. cit.*, p. 240.

Plusieurs ordres des qualités sont donc corrects, et l'application de la relation semble ainsi relever d'un certain arbitraire, par exemple d'une subjectivité ou d'un vécu qui nous conduiraient à rapprocher davantage deux couleurs que deux autres, même si nous ne commettons pas à proprement parler d'erreur dans ce rapprochement. Mais d'un autre côté, on ne peut pas se contenter de dire que la similitude est instituée par l'ordre, et on ne peut pas la définir dans les termes de l'ordonnancement, de la même manière qu'on avait défini la conjonctivité dans les termes de la concrétion; car ici la constitution de l'ordre dépend de la réalité de la similitude. Deux *qualia* sont en effet « appariés », dans l'ordre catégoriel des qualités que nous construisons, lorsqu'ils « ne présentent aucune différence notable lors d'une comparaison directe » [1]. Ainsi, on confond l'apparence de deux choses qui présentent réciproquement peu de *qualia* qui ne s'apparient pas. Mais l'appariement n'est pas strictement l'identité qualitative car deux *qualia* appariés ne s'apparient pas forcément chacun aux mêmes *qualia*. Goodman reconnaît lui-même qu'« il y a là quelque chose de paradoxal : puisque les *qualia* sont des individus phénoménaux, on peut difficilement affirmer que des *qualia* apparemment identiques peuvent être objectivement distincts ». Cependant, puisque la relation d'appariement est primitive par rapport à celle de ressemblance, la ressemblance peut maintenant se définir en termes d'appariements : se ressemblent deux objets concrets dont de nombreux *qualia* sont appariés si on les inclut dans l'ordre qualitatif de leur catégorie. Il n'y a donc pas besoin d'avoir recours à des propriétés universelles pour expliquer notre perception de la ressemblance entre deux choses. Et dès lors des groupes d'individus peuvent être définis sans avoir recours à des universalités communes : on peut par exemple comprendre un « clan » comme un individu abstrait « qui ne peut pas être divisé en deux parties telles qu'aucun *quale* de l'une ne s'apparie à un *quale* de l'autre », et on peut définir une « catégorie » comme « le clan le plus étendu » [2].

Et pourtant, nous pourrions montrer que la solution proposée par Goodman au « problème de la ressemblance » traduit en réalité une impossibilité, et qu'il est nécessaire, pour la sauver, d'*inclure des éléments non phénoménaux* dans le système logique. Un système qui refuse les propriétés communes trouve en effet du mal à admettre une « relation de ressemblance », alors même qu'il a besoin de cette relation, surtout s'il est phénoménaliste, et la solution qui s'offre à lui consiste à définir la

1. *Ibid.*, p. 243.
2. *Ibid.*, p. 255.

ressemblance entre deux individus comme une identité qualitative avec des différences, ce qui est bien la signification de « l'appariement » : deux individus appariés entre eux sont identiques, mais d'un autre côté présentent des différences puisqu'ils ne s'apparient pas forcément aux mêmes individus. Sauf que la difficulté avec les *qualia* vient de ce que leur identité qualitative, constatée lors d'une comparaison, semble impliquer leur identité numérique, du moins si on les prend séparément, dans l'abstrait; deux *qualia* de « vert pomme », pris à deux endroits de notre expérience mais abstraits en vue de leur comparaison, constitueront pour nous la qualité unique de « vert pomme », c'est-à-dire un unique *quale*. La seule manière de différencier numériquement deux *qualia* identiques qualitativement, c'est alors de considérer ces deux *qualia* comme inscrits dans deux concrets différents, c'est-à-dire de les définir et de les différencier par le lieu et par le temps. Mais dans ce cas, nous sommes face à un dilemme : d'un côté, nous devons bien abstraire les deux *qualia* appariés pour les rapporter à une carte d'ordonnancement qui permette de penser leurs appariements respectifs, sinon ils seront pour nous indifférenciés, mais d'un autre côté, sauf à les concevoir comme identiques numériquement, nous devons au contraire *les inscrire dans des concrets*; autrement dit, la différenciation de deux *qualia* appariés implique nécessairement deux mouvements contradictoires, l'un d'abstraction, l'autre de concrétion. La contradiction ici vient de l'absence de distinction entre un sujet de comparaison des apparences, et un statut objectif de ces apparences, et c'est là que réside la limite du phénoménalisme; le *quale* abstrait a la même nature phénoménale que le *quale* concrétisé dans un *concretum* perçu, il s'agit du même *quale* après abstraction ou après concrétion, et pourtant il présente dans les deux situations deux logiques contradictoires de l'identité : dans l'abstrait, l'identité qualitative de deux *qualia* implique leur identité numérique; dans le concret, l'identité qualitative n'implique pas l'identité numérique; dans l'abstrait, les *qualia* ont la nature de phénomènes subjectifs, dans le concret ce sont des phénomènes objectifs distincts, indépendamment de l'esprit qui constate leur identité qualitative; or l'objectivité des *qualia* lorsqu'ils sont liés à des concrets ne peut être comprise dans le cadre du système phénoménaliste, puisque celui-ci abolit la distinction entre le sujet et l'objet.

Le « problème de la ressemblance » paraît donc relativement éclairci : il n'y a possibilité de similarité entre les individus atomiques d'un système phénoménaliste, sans pourtant qu'il y ait identité, qu'en supposant que ces qualités appartiennent à des individus concrets; il apparaît bien nécessaire, pour définir des relations telles que « la ressemblance », « le voisinage » ou « l'appariement », et pour leur donner un sens, d'*instituer des unités concrètes* situées au-delà des apparences, et prédonnées au monde des apparences. La fondation et la définition d'une relation primitive entre les *qualia*, nécessaire pour tout ordonnancement, classification ou qualification de notre expérience, implique de reconnaître d'abord que les qualités entretiennent une certaine « relation de constitution » avec les totalités concrètes qu'elles constituent, qu'une telle relation ne se réduit pas à une relation de « conjonctivité globale » restée mystérieuse, et que les qualités apparaissent comme des parties, mais aussi des *propriétés*, des touts qu'elles constituent[1]. Il faut reconnaître ensuite que des unités concrètes non-phénoménales nous sont données dans l'apparence, que les qualités sont les propriétés de telles unités, qui doivent pouvoir être définies ou prises en compte par le système logique phénoménaliste. Enfin, une réponse à propos du degré de constitution des individus concrets nous est sans doute apportée par tous ces résultats : au-delà des *concreta* dont les parties sont reliées par une relation de conjonctivité, mais qui sont des *unités d'apparence*, il faut supposer des unités concrètes d'un autre genre, qui relient des *concreta* ou des sommes de *concreta, selon des relations dont la justification est non-phénoménale.* Nous devons donc désormais régler la question de l'introduction nécessaire, dans le système logique que nous venons de décrire, de telles unités concrètes.

Quelle est la différence, du point de vue de l'apparence, entre une étendue blanche relativement vaste et la vision d'une tasse à café couleur ivoire? Quelle est la différence, du même point de vue, entre une tache rousse d'une certaine ampleur, une manifestation de matière poilue, et la perception d'un chat en mouvement? Dans ces deux cas, la différence de description semble provenir de l'identification ou non d'une unité concrète dans notre expérience, une tasse à café ou un chat. Mais on comprend, à travers ces deux exemples, qu'il y a plusieurs degrés d'exigence pour constituer ces unités dans une logique des apparences concrètes; par exemple, nous avons besoin d'ajouter davantage d'éléments logiques pour introduire le terme « chat » dans le système que pour introduire le terme « tasse à café ». Du point de vue de l'apparence, une tasse à café se manifeste comme un ensemble de concrets blancs relativement étendu, mais qu'il faut doter d'une certaine *grandeur*, d'une certaine *profondeur*, et

1. La définition des qualités comme des « propriétés » des touts concrets n'implique pas l'existence de propriétés communes, puisque toute propriété peut être singulière dans un tout singulier.

surtout d'une *forme* d'objet qui permet de lui donner son nom. Les mêmes remarques valent pour l'individu « chat » qui, dans l'apparence, présente une forme reconnaissable et un aspect volumineux; mais il convient en outre, pour juger que le chat n'est pas une simple manifestation de matière, de supposer une certaine cohésion qui permette d'expliquer que son unité se conserve dans le *mouvement*, et peut-être de reconnaître que nous avons, face au chat, l'expérience d'une *structure unifiée*. Faut-il alors renoncer à la logique méréologique pour tenir compte de ces nouvelles catégories d'éléments ? Pas forcément car nous pouvons d'abord tenter de donner une définition à ces cinq éléments – grandeur, profondeur, forme, mouvement, structure – en termes d'éléments logiques dont nous disposons déjà, sans avoir à introduire quoi que ce soit de nouveau dans le système. La profondeur se définirait ainsi assez simplement en considérant l'organisation perceptuelle des *qualia* spatiaux, car il est tout à fait permis de penser que la somme des places du système n'est pas bidimensionnelle mais tridimensionnelle, que la qualité même de chaque place est d'être en trois dimensions, indiquant ainsi des relations de profondeur entre les différents *concreta*. La grandeur d'un individu dans une catégorie peut être comprise comme la variété des *qualia* de cette catégorie qui appartiennent à l'individu en question, variété des couleurs ou des sons, variété des places occupées, variété des moments. La forme d'un individu, quant à elle, ne serait que l'ensemble singulier des places composant cet individu, s'il s'agit d'une forme spatiale, ou l'ensemble singulier des couleurs, s'il s'agit d'une forme colorée ou de toute autre catégorie de *qualia* en fonction de la catégorie de forme. Le mouvement traduirait le fait que la somme des places composant une totalité quelconque peut varier suivant les moments, et qu'il faut prendre cette somme moment après moment, si bien qu'un individu peut bouger, que sa taille peut augmenter ou diminuer, etc. La structure enfin s'expliquerait comme le maintien de la forme malgré le mouvement.

Pourtant toutes ces définitions ont quelque chose d'insatisfaisant, comme Goodman le montre lui-même en étudiant les notions de « grandeur » et de « forme ». Il y a en effet un problème avec ce genre de notions, qui est lié au fait qu'« un *quale* atomique *x* de notre système qualifie un composé *y* si et seulement si *x* qualifie quelque section de *y*, alors que la forme ou la grandeur d'un composé peut de toute évidence être différente de la forme et de la grandeur de chacune des sections »[1]. En somme, n'importe quel individu du système se décompose *in fine* en

1. N. Goodman, *La structure de l'apparence*, *op. cit.*, p. 225 *sq.*

qualia, et pourtant un individu « carré » ne comporte aucun *quale* carré. Un tel argument plaide en faveur du fait que de tels termes seraient syncatégorématiques, vu qu'ils ne peuvent nommer aucun individu. D'un autre côté, il paraît naïf de dire qu'une forme telle que la forme « carrée » d'un individu est identique à l'ensemble des places occupées par cet individu, car la forme ne dépend manifestement pas du nombre de places, mais de leur disposition singulière. Pour Goodman, le problème de la « forme » ou de la « grandeur » vient donc de ce qu'on est forcé de reconnaître que le comportement de ces termes « est différent de celui des autres termes dont on considère qu'ils nomment des individus dans le système », ce qui rend justement nécessaire de les construire. Mais comment les construire ? En acceptant d'admettre que la « grandeur » ou la « forme » sont des « termes de qualité dérivés », mais cependant inéliminables, par rapport aux noms de *qualia* qui sont des « termes de qualité premiers ». Ainsi, la grandeur ne se résume pas à un nombre de *qualia* de place, de couleur, ou autre, car elle est le terme d'une relation de comparaison que l'on applique à deux individus pour déterminer si l'un est plus grand que l'autre. De manière plus complexe, la « forme » dépend de l'ordonnancement des *qualia* d'une certaine catégorie et peut se définir alors comme une sorte de grandeur sur la carte des *qualia* de la catégorie en question ; si l'on parle de nouveau de grandeur, c'est bien cette fois qualitativement, puisque l'espace de la carte des *qualia* est qualitatif : par exemple, deux couleurs aux tonalités proches sont voisines, et ainsi une grandeur qualitative composée de quelques *qualia* proches du beige se traduit par une forme colorée relativement uniforme, avec des teintes assez claires ; autre exemple, une forme spatiale dépend des différentes proximités relatives des *qualia* qui composent l'individu doté de cette forme et on peut imaginer que les *qualia* de place entretiennent entre eux des relations géométriques qui font que la forme finale de l'individu est « carrée ».

La forme d'un individu a donc bien en un sens une objectivité, elle n'existe pas seulement par les opérations d'esprit de l'observateur, mais elle n'est d'un autre côté définissable qu'en référence aux ordonnancements abstraits des catégories de *qualia*, ce qui tendrait à confirmer qu'il s'agit bien d'une qualité dérivée des individus. Sauf que là encore apparaît une difficulté : nous tentons en effet de réduire la configuration qualitative de totalités concrètes, que nous pouvons sans problème nommer la « forme des individus », à une grandeur dans l'ordonnancement abstrait des qualités, mais les limites de cette réduction apparaissent assez clairement si l'on prend l'exemple le plus simple, celui des qualités spatiales. Dans l'espace, l'ordonnancement dépend de relations de voisinage entre les places, et les places qui se ressemblent sont aussi les plus proches ; mais pour obtenir une forme carrée, il faudrait qu'on puisse analyser la relation de voisinage de telle sorte qu'on en déduise que les places constituent des sommets, des angles, des alignements (les côtés), des longueurs déterminées, et finalement des figures ; or la relation de voisinage ne permet pas toutes ces déductions ; elle rend compte seulement de la juxtaposition des places, mais pas de relations de dépendance que les places pourraient entretenir les unes envers les autres. Pour justifier une configuration, il faut que l'ensemble des qualités soit organisé, et donc que les qualités soient structurées à l'intérieur du tout, il faut qu'aucune partie de l'espace ne soit neutre ni extérieure aux autres parties. Autrement dit, *la forme, en tant que configuration, n'est que l'apparence superficielle de la structure* ; à ce titre elle ne s'explique qu'en termes de « structure », et pas selon les éléments logiques dont nous disposons déjà dans le système. L'explication des configurations individuelles nécessite donc l'introduction de structures concrètes dans le système.

Reste que, si de telles configurations sont par définition des formes seulement apparentes, sans qu'il y ait d'expérience concrète de structures sous-jacentes, le mieux demeure sans doute de disqualifier toute tentative pour réintroduire une référence auxdites structures, qui risqueraient alors de n'être que des substances à la mode de Locke, des entités postulées, inutiles pour notre système logique. Nous percevons des formes dans l'espace, surtout de manière tactile et visuelle, mais nous ne percevons pas à proprement parler de structures ; un tel constat est renforcé par les travaux des théoriciens de la *Gestalt* : Wolfgang Köhler, par exemple, souligne que des formes émergent immédiatement dans notre expérience visuelle, mais que d'un autre côté nos découpages dans les stimulations rétiniennes sont arbitraires. Il peut arriver, note Köhler, que « sur une carte marine, supposons celle de la Méditerranée, nous manquions complètement de voir l'Italie. Nous pourrions voir alors apparaître une figure étrange, correspondant à la zone de l'Adriatique, etc., figure totalement nouvelle pour nous, mais à laquelle les circonstances donneraient une forme. » Ceci s'explique par le fait que « les *stimuli* de la rétine constituent une simple mosaïque où aucune zone particulière n'est séparée et formée fonctionnellement » [1]. Dans ce cas, puisque les concepts de forme et de fond paraissent interchangeables, les formes de la sensation ne peuvent traduire des structures concrètes ou mener à elles. D'un autre côté, si le fond et la forme

1. W. Köhler, *Psychologie de la forme. Introduction à de nouveaux concepts en psychologie*, Paris, Gallimard, 2000, p. 186-187.

sont parfois interchangeables, leurs délimitations demeurent les mêmes; si une figure se détache inlassablement, pour l'observateur, d'un entrelacs complexe de lignes, cette figure n'en existe pas moins, telle qu'elle est, dans l'apparence. On peut alors se demander d'où viennent ces figures qui se détachent dans l'apparence. Pourquoi percevons-nous immédiatement des formes qui s'imposent à nous? Peut-être y aurait-il quelque chose de naturel dans la perception de telle ou telle forme, même s'il demeure délicat, en se limitant à l'apparence, de définir des unités structurales qui seraient autre chose que des unités apparentes de configuration.

Essayons de prendre un peu de recul et de reformuler plus adéquatement la question. Il apparaît problématique, de l'intérieur d'un système qui vise à décrire concrètement le réel apparent, de définir des unités autres que formelles, par exemple structurelles. Mais d'un autre côté, nous avons déjà montré, en essayant de comprendre comment pouvaient coexister une logique des termes singuliers et universels et une logique des termes de masses, qu'il existe une certaine nécessité, si l'on veut se référer à l'expérience concrète, d'utiliser des termes singuliers et des termes généraux, et qu'une logique des termes de masse s'avère insuffisante pour décrire le monde tel qu'il nous apparaît concrètement; en effet, selon Strawson, certains termes semblent logiquement référer à une unité structurelle, ce qui rend insatisfaisante leur analyse comme des masses. Or ne pourrait-on pas estimer que notre démarche visant à construire des unités concrètes à partir de parties concrètes de l'expérience, les *qualia* regroupés en *concreta*, ressemble, ou est en un certain sens isomorphe ou analogue, à un raisonnement sur la coexistence d'une logique des termes particuliers et universaux et d'une logique des termes de masse? Ne s'agit-il pas dans les deux cas de chercher à rendre compte logiquement de *l'émergence empirique d'unités concrètes à partir de masses concrètes*? Dans une logique des masses en effet, les parties sont homogènes au tout, et les totalisations semblent par conséquent arbitraires: on peut certes prendre un litre d'eau plutôt qu'un demi-litre, mais ces mesures sont artificielles. Or la logique du système goodmanien des apparences est telle qu'en l'absence de toute relation d'association ou de structuration des qualités concrètes, celles-ci se trouvent traitées logiquement comme des masses, c'est-à-dire que les qualités sont homogènes entre elles et peuvent être totalisées à n'importe quel niveau, la totalité étant également homogène à ses parties. Pour éviter ce résultat, il faudrait donc pouvoir penser une logique des masses dans laquelle les parties ne sont homogènes ni entre elles ni aux touts qu'elles composent, et peuvent donc constituer certains touts qui sont de nature différente d'elles; ce n'est qu'à cette condition, semble-t-il, que les totalités obtenues peuvent apparaître unifiées intrinsèquement, et ne plus être des totalités seulement arbitraires. La question se précise donc ainsi : sommes-nous en mesure de définir des concepts de masses concrètes pour lesquels les totalités ne seraient pas homogènes à leurs parties ?

Dans son article « Traits et touts »[1], Stéphane Chauvier apporte une réponse à cette question en reprenant les analyses de Strawson et de Quine. Son point de départ est la critique d'un postulat de Quine à propos de l'ontogenèse de notre système conceptuel : si les termes de masse apparaissent, dans le discours de l'enfant, avant l'acquisition de la division de la référence, dans une phase plus primitive du langage, il est pourtant erroné de croire qu'ils peuvent être analysés de la même manière avant et après l'acquisition de la référence divisée, car la coexistence de concepts de masse et de concepts sortaux dans le même discours s'explique par le fait que les premiers peuvent « être utilisés pour faire référence à des particuliers ou à des sortes de particuliers ». Cela signifie que dans une logique adulte des masses, les parties ne sont pas forcément tant homogènes que cela les unes avec les autres, puisqu'on peut les distinguer qualitativement : ainsi il y a une grande différence entre un très bon vin et un très mauvais vin, entre des eaux minérales, entre des types de neiges. Ces différences qualitatives n'empêchent pas le mélange des masses, concrètement ou pour l'esprit, afin de constituer des totalités : un mélange de bonne neige et de mauvaise neige reste de la neige, un mélange de bon vin et de mauvais vin donne du très mauvais vin; il y a donc une homogénéité nominale entre les touts et leurs parties, mais qui n'exclut pas l'usage des outils linguistiques de la référence divisée pour désigner telle ou telle partie de masse et distinguer des parties qualitativement singularisées. Bref, la logique des concepts de masses permet parfois la division de la référence, au moins qualitativement, et la logique des concepts sortaux se réfère parfois aussi à des masses, au-delà d'une certaine division de la référence, comme lorsque le boucher prend une tranche de veau dans le veau entier.

Dès lors, une interprétation de la différence entre ces deux types de concepts ne repose pas tant sur l'admission ou non d'une division de la référence que sur une diversité dans la division de la référence. Et selon S. Chauvier, le critère essentiel pour rendre compte de cette diversité réside dans la *fusionnabilité*, dans des touts, des éléments résultant de la division de la référence : dans certains cas, les éléments sont fusionnables pour former d'autres éléments qui leur sont homogènes, on se trouve alors dans

1. S. Chauvier, « Traits et touts », art. cit., p. 301-330.

une logique de parties et de touts, les touts n'étant que des parties « plus grosses » ; dans d'autres cas, les éléments ne sont pas fusionnables, on se trouve alors face à des particuliers qui ne peuvent pas être fusionnés pour former de plus gros particuliers, les types n'étant en effet pas des sommes de particuliers fusionnés. S. Chauvier précise que la fusionnabilité a un statut logique et non concret, il s'agit simplement de la manière dont nous nous représentons chaque élément du réel : nous concevons que nous pourrions rassembler tout le vin ou toute l'eau de l'univers en une masse unique, même si c'est concrètement impossible, alors que nous pensons que nous ne pourrions absolument pas rassembler tous les chats du monde en une masse unique. *Dans les faits, nous rencontrons au sein de notre expérience des éléments éparpillés auxquels nous prêtons, ou non, une capacité d'être fusionnés, et auxquels nous prêtons, ou non, une individualité.*

La mise au jour d'un critère de fusionnabilité permet à S. Chauvier d'opérer une distinction entre des concepts qui divisent leur référence en particuliers, et des concepts qui divisent leur référence en fragments, les termes de masse relevant de la deuxième catégorie; dans le premier cas, S. Chauvier parle de « concept classifiant » et dans le second cas, de « concept partitionnant », sachant bien entendu que seuls les concepts partitionnants acceptent « l'expérience de pensée » de la fusionnabilité. Le concept d'« homme » est ainsi classifiant puisque les hommes que nous rencontrons éparpillés sur la Terre, atomisés et individualistes, ne peuvent pas, même en pensée, être fusionnés pour former un gros homme qui se nommerait « Humanité », contrairement au concept d'« eau », qui est partitionnant, puisque tous les mélanges d'eau sont toujours concevables, de la plus polluée à la plus pure, de la plus minéralisée à la moins minéralisée, jusqu'à une somme totale d'eau qui serait encore de l'eau. Toutefois, si on parvient facilement à concevoir la fusionnabilité entre eux d'éléments homogènes que nous rencontrons éparpillés, il nous est plus difficile de prouver l'infusionnabilité des éléments que nous voudrions tenir pour des individualités concrètes, puisqu'eux aussi nous apparaissent à chaque fois éparpillés; même si l'expérience de l'infusionnabilité implique de reconnaître une individualité réelle des éléments, rien ne semble nous prouver qu'un élément épars ne peut pas être fusionné avec un autre élément de même espèce que lui. S. Chauvier le montre à l'aide d'un cas limite : il imagine une matière fictive, la « clonite », qui se rencontrerait sous forme de petits carrés épars, et seulement dans cette configuration; dès lors, on ne pourrait concevoir la possibilité d'une fusion ensemble des éléments de clonite que nous rencontrerions, sauf selon certaines règles de géométrie particulières, sous peine de perdre la forme carrée caractéristique; il serait donc impossible d'imaginer, dans les circonstances habituelles, la fusion d'éléments de cette matière, alors même que le concept de « clonite » fonctionnerait par ailleurs comme les concepts d'« eau » ou de « vin », c'est-à-dire suivant une logique partitionnante selon laquelle les parties sont homogènes au tout. Si l'application de concepts tels que « l'eau » ou « la clonite » nécessite l'identification de qualités caractéristiques, la difficulté de l'exemple imaginé vient simplement du fait que les configurations ne sont pas des qualités de même ordre que les couleurs ou les sons. Cependant, la vertu de l'exemple de la clonite est surtout de nous suggérer, *a contrario*, que les concepts classifiants tels que « chat » ou « homme » peuvent être analysés finalement comme des concepts partitionnants : lorsqu'on se contente en effet d'établir une logique des apparences, de décrire la manière dont les réalités que nous considérons comme des individus se manifestent à nous dans l'expérience, alors nous n'avons qu'à rendre compte de configurations, et le cas limite de la clonite nous montre que toute configuration, même nécessaire, peut être analysée en termes partitionnants. Il suffit juste d'établir une seconde distinction, au sein des concepts partitionnants, entre les *concepts partitionnants dissectifs*, pour lesquels la fusion des parties prend « la forme d'un mélange provoqué par la dissolution des limites de chaque portion », comme le concept d'« eau » ou le concept de « vin », et les *concepts partitionnants agglomératifs*, pour lesquels on peut concevoir une fusion des éléments éparpillés, mais qui respecterait les limites des parties. Les concepts de « clonite », de « chat » et d'« homme » seraient ainsi des concepts partitionnants agglomératifs, ce qui impliquerait entre autres que l'humanité serait la somme de parties humaines déjà configurées et éparpillées.

On voit cependant bien tout ce que l'exemple fictif de la clonite peut avoir de paradoxal. La clonite, terme de masse et faux particulier, apparaît comme un élément intermédiaire et paradigmatique entre une masse divisible en portions et un type divisible en particuliers. L'exemple présente le grand avantage, en offrant une possibilité de réunifier les deux logiques, de permettre la construction d'une méréologie qui puisse admettre des unités singulières. Et pourtant ce succès n'est obtenu qu'au prix d'un immense sacrifice, celui de l'unité singulière elle-même. Si nous voulons en effet admettre la réforme de la méréologie proposée par S. Chauvier, et qui a pour but initial d'éliminer le problème des universaux en rendant possible une « logique typophobe » [1], nous sommes forcés à un double renoncement. D'abord, nous devons renoncer à *l'unité singulière* pour *l'apparence d'unité singulière*; ce résultat permet de demeurer dans une logique des apparences mais fait perdre toute référence à des structures, au-delà des configurations. Or on peut se demander, à travers l'étude des exemples choisis par S. Chauvier, si un tel recul est légitime; la question se pose dans la mesure où nous disposons de règles géométriques pour agglomérer les carrés en carrés, et faire qu'une somme de clonite reste de la clonite, alors que nous ne disposons pas encore de règles pour agglomérer les chats, même sans vouloir prétendre obtenir un gros chat ou déterminer la totalité traduite par les chats éparpillés que l'on croise dans nos rues et nos jardins. L'extension de la logique agglomérative d'un particulier matériel fictif à un individu vivant semble aporétique et non justifiée. S. Chauvier répond cependant à bon droit, en imaginant le cas d'une logique qui ne ferait pas du tout référence à des particuliers et à des universaux, qu'« une créature aveugle aux types, lorsqu'elle rencontrerait un homme, rencontrerait (...) de l'humanité et [que] son concept d'humanité fonctionnerait (...) à peu près comme notre concept d'ADN », c'est-à-dire qu'« elle saurait qu'il y a dans le monde de l'humanité et, parfois, elle en rencontrerait des bouts » ; autrement dit, nous possédons déjà réellement des concepts intermédiaires tels que celui de la clonite, et ce ne serait pas altérer notre vision du monde ni la modifier que de réinterpréter nos concepts de types sur leur modèle.

L'élimination des types entraîne cependant une conséquence plus inattendue : il semble qu'il faille renoncer dès lors, non seulement aux unités singulières au profit d'apparences d'unités, ce qui est logique pour un système des apparences, mais plus radicalement, à *toute référence possible à l'individualité* de ces unités, ce qui est trop demander. Car la redéfinition des concepts de types en concepts partitionnants agglomératifs ne semble pas permettre de définir les unités singulières en se référant à leur identité numérique, mais seulement à leur identité qualitative. Cette conséquence est à première vue paradoxale : l'exigence pour qu'un schème conceptuel possède la notion d'identité numérique est qu'il soit doté d'une capacité de reconnaître plusieurs fois le même objet; on sait grâce à Strawson que cette capacité de réidentification implique une extériorité entre le sujet et l'objet identifié qui subsiste indépendamment du sujet [2]; or le sujet qui penserait les particuliers en termes de concepts partitionnants agglomératifs n'est

1. La réforme de la méréologie est exposée à la suite de « Traits et touts », art. cit., p. 324-329.

2. P. F. Strawson, *Les individus*, *op. cit.*, p. 97-99.

pas solipsiste, il a conscience de la différence entre son expérience, qui lui présente des parties de totalités, et la réalité, qui est composée de totalités éparpillées; on devrait donc en conclure qu'un tel sujet est sensible à l'identité numérique des éléments éparpillés. Et pourtant il apparaît facilement que ce sujet ne peut identifier les éléments de l'expérience que selon la discernabilité de chaque élément, et non selon son unité. Si je suis seulement capable d'identifier des apparences et que je doive reconnaître une couleur singulière, alors je peux reconnaître la même partie qualitative de cette couleur, par exemple un vert particulièrement vif, mais je ne peux pas dire qu'il s'agit du même vert particulièrement vif que celui rencontré précédemment; car la réidentification dépend dans ce cas de la qualification des éléments empiriques, c'est-à-dire de leur discernabilité, et non de l'affirmation initiale de l'unité objective de ces éléments. Dans un tel système sans particuliers, nous ne pouvons donc pas justifier, par exemple, que telle apparence de chat soit le même chat que telle autre apparence, nous ne pouvons donc pas non plus parler de la permanence du même animal, ni lui accorder l'unité dans le temps que nous accorderions à un particulier. Nous avons seulement la possibilité de dire que deux apparences ont la même configuration extérieure, la même « qualité de chat ». Bref, si un système supprime l'identité numérique au profit de l'identité qualitative, il doit faire de l'identification des qualités le principe d'identification des individus; mais dès lors l'individualité est indéfinissable.

Le problème tient bien ici à *la définition du temps* dans le système que nous construisons : si nous voulions parler de la même nuance de vert numériquement, il faudrait que cette nuance puisse conserver son identité dans le temps. Mais si cette nuance est considérée comme une partie de la totalité du vert de l'univers, alors elle en est une partie ponctuelle comme elle en est une partie instantanée. La partie est aussi bien dans le temps que dans l'espace et ne dure pas davantage qu'elle ne s'étend; on trouve ici la justification de la définition, par Goodman, des concrets de son système. Aucune manifestation du même vert ne peut être la même qu'une autre manifestation. Nous ne pouvons donc présupposer aucune continuité au niveau des parties d'un tout qualitatif, sauf à réformer aussi la conception du temps dans le système.

CONCEVOIR LES INDIVIDUS COMME DES UNITÉS EN DEVENIR

Nous avons malgré tout les moyens d'esquisser une telle réforme du temps et ainsi de construire *in fine* des unités concrètes. En effet, même si Goodman s'en défend[1], la conception du temps qu'il développe pour soutenir la cohérence de sa logique des apparences s'avère contre-intuitive. Il définit certes tout à fait logiquement, à l'intérieur du système, un temps apparent, ou temps phénoménal, qui se distingue du temps physique soumis aux lois de la relativité générale ; le temps phénoménal est composé d'une succession de *qualia* de temps, et l'existence de telles durées minimales perceptibles se justifie par le fait que des événements physiques de trop courte durée ne nous sont pas accessibles, la succession des vingt-quatre images par seconde d'un film nous donnant par exemple une impression de continuité. D'emblée nous sommes face à un problème de description de la temporalité : d'un côté nous percevons empiriquement des flux phénoménaux, car « nous ne pouvons pas littéralement détacher un *quale* ou un concret, ou toute autre partie, du reste de l'expérience »[2], mais d'un autre côté le temps est nécessairement discret, puisqu'il apparaît composé d'une somme de *qualia* atomiques temporels. Autrement dit, les *qualia* de temps doivent nécessairement être concrètement isolables les uns des autres, puisqu'ils appartiennent à des *concreta* différents ; et pourtant notre expérience est celle d'une continuité de la durée et par conséquent, si nous pouvons isoler les moments les uns des autres, cela ne peut être, selon cette définition, qu'*abstraitement*.

Comment résoudre une telle contradiction ? L'enjeu est important parce que c'est justement le fait que les *qualia* temporels soient concrètement différents les uns des autres qui nous empêche de considérer qu'il existe des totalités concrètes *continues*, et qui interdit de réidentifier la même manifestation de toutes les qualités autres que temporelles : nous n'avons pas le droit de dire que ce vert est le même numériquement que celui qui nous est apparu tout à l'heure, puisque les deux manifestations appartiennent nécessairement à deux *concreta* différents ; si nous proclamons ici qu'il y a identité numérique, nous regroupons simplement deux apparences de manière arbitraire et abstraite. Car la définition du temps et de l'espace en termes de « catégorie de *qualia* » a pour conséquence que ce ne sont pas les individus qui sont dans le temps et dans

1. N. Goodman, *La structure de l'apparence*, *op. cit.*, p. 311.
2. *Ibid.*, p. 312 *sq.*

l'espace, mais ce sont les différents moments et les différentes places qui sont dans les individus et qui apparaissent comme des parties individualisantes de ces individus, au même titre que les autres parties qualitatives; par conséquent, d'une part, tous les *qualia* qui ne sont pas dans la catégorie du temps sont éternels, puisque le temps n'est pas une propriété des *qualia* en général, mais une propriété des *concreta*, d'autre part, un concret ne pouvant être composé de deux parties de même catégorie, aucun concret ne peut englober plusieurs *qualia* de temps. Goodman affirme, comme pure définition, que « ce que nous concevons comme une chose phénoménale n'est distinct de ce que nous concevons comme un événement ou un procès phénoménal que par le motif des différences entre ses parties temporelles; une chose est un événement monotone, un événement est une chose instable » ; mais à proprement parler, on voit bien que le système goodmanien ne peut admettre ni événements concrets ni choses concrètes.

Une solution à cette contradiction interne au système goodmanien consisterait à soutenir que le temps ne peut pas être, sauf à modifier un grand nombre de définitions, une catégorie de *qualia* du système. En effet, une catégorie de *qualia* doit toujours pouvoir être ordonnée, en fonction des similitudes et des appariements entre les *qualia*, et c'est ainsi qu'on peut dire ensuite que tel ou tel individu possède une configuration particulière des *qualia* de telle ou telle catégorie qui le composent. Or établir une carte des *qualia* d'une catégorie signifie qu'on peut concevoir l'ensemble de ces *qualia* ordonnés sur une carte de la catégorie, et qu'on peut donc en quelque sorte les organiser en plusieurs dimensions, ce qu'il ne semble pas possible de faire dans le cas des *qualia* temporels, puisque justement il n'y a *a priori* qu'une seule dimension du temps. Le temps est ordonné, mais son ordre doit être décrit de manière linéaire, et il possède une direction unique et déterminée (on ne peut pas revenir vers le passé). L'ordonnancement des temps est donc très différent, par exemple, de l'ordonnancement des couleurs. On peut pourtant supposer que des relations de voisinage ou des appariements de *qualia* temporels peuvent être définis, tout comme des configurations de *qualia* temporels : ainsi deux moments peuvent être très rapprochés l'un de l'autre, et un événement peut être constitué de courtes répétitions ou de moments longs. Goodman utilise l'exemple de la communication en langage morse pour soutenir qu'il existe bien des formes temporelles; mais d'un autre côté, il affirme que le temps est « rigide » lorsqu'on le rapporte à l'espace : la durée est en effet comparable à l'étendue en ce qu' « une chose peut varier dans sa couleur, dans ses différentes parties spatiales comme dans ses différentes parties temporelles » et « peut aussi varier à la fois par la place et par le temps», et cependant, alors que deux totalités peuvent avoir du mouvement et se rapprocher dans l'espace, deux totalités ne peuvent jamais se rapprocher dans le temps, ce qui signifie que les configurations sont données une fois pour toutes dans le temps alors qu'elles sont mouvantes dans l'espace[1]. Le temps est «plus statique» que l'espace car «les individus ne modifient pas leurs relations temporelles mutuelles». On pourrait dire qu'il manque au temps, dans son ordonnancement, une forme de «profondeur» ; les *qualia* temporels ne peuvent pas être spatialisés en une carte pluridimensionnelle suivant leurs relations respectives, et en ce sens, la spatialisation du temps en général dans le système fait défaut. Bref, si le temps ne peut pas être ordonné et topographié, alors il ne constitue pas une catégorie de *qualia* selon la définition proposée par Goodman, et les moments peuvent dès lors être difficilement définis comme des qualités des choses.

Nous parvenons à une alternative qui n'a rien de réjouissant : ou bien les moments ne sont pas des *qualia*, et l'économie du système est rompue, ou bien les moments sont des *qualia*, mais le temps est alors une catégorie de *qualia* trop singulière, et de toute façon le mouvement d'un même individu est difficilement compréhensible puisque les relations entre les moments sont arbitraires. Tentons néanmoins de donner raison à Goodman à propos de sa définition du temps comme catégorie de *qualia*, ce qui implique par ailleurs de lui donner tort quant à sa conception unidimensionnelle de la temporalité; nous parlons de «dimensionnalité des qualités» pour désigner l'ensemble des relations de ressemblance et d'appariement qui unissent les qualités, cet ensemble pouvant être figuré dans un système topographique à plusieurs dimensions. Or on ne peut conférer une authentique valeur qualitative au temps qu'en définissant des relations concrètes entre les différents moments qui sont les parties temporelles d'un tout. Mais ceci implique d'abord de renoncer à l'idée qu'un seul moment est chevauché par tous les concrets qui existent à ce moment : si l'on mesure les conséquences de la construction de la relation d'appariement dans le système, on doit en effet dire que deux *qualia* de temps paraissent uniformes, et pourtant, parce qu'ils sont reliés différemment à d'autres *qualia* proches d'eux, en fonction de la durée des individus auxquels ils participent, ils ne sont pas identiques mais seulement appariés[2]. On peut dès lors concevoir une pluridimensionnalité qualitative du temps, définie, dans une direction, par la simultanéité entre les différents moments, donc par

1. N. Goodman, *La structure de l'apparence*, *op. cit.*, p. 326.

2. *Ibid.*, p. 244 *sq.*

leur succession, mais, dans une autre direction également, par les relations entre les moments d'une même totalité située dans le temps, qui permettent d'introduire la référence *à une durée propre* de cette totalité. Il semble donc que c'est en reconnaissant la pluridimensionnalité qualitative du temps qu'on peut concevoir que les parties temporelles d'un individu entretiennent entre elles certaines relations, et ainsi qu'*un individu concret peut avoir une certaine durée*. Les réalités concrètes ne peuvent posséder, dans le système, une durée comme propriété et partie, ne peuvent être dotées de mouvements, et subir de changements, qu'à condition que leurs parties temporelles entretiennent entre elles des relations structurantes. Les parties temporelles d'une chose ne sont pas seulement ordonnées en une succession, mais elles structurent le devenir de cette chose. La dimension supplémentaire du temps, que ne prend pas en compte la définition de Goodman, apparaît alors *comme une dimension processuelle liée à la durée de chaque chose*.

Le temps peut formellement être défini comme la succession de l'ensemble des moments qui participent aux choses, mais structurellement il est la *durée des réalités concrètes*. En ce qui concerne la construction du système méréologique, la définition processuelle du temps que nous proposons d'adopter permet ainsi de définir des totalités qui ne sont pas seulement configurées, mais qui apparaissent réellement structurées par les relations de leurs parties dans le temps. Nous n'avons d'ailleurs pas besoin de bouleverser le système goodmanien pour prendre en compte cette nouvelle définition du temps et des totalités. Nous savons déjà qu'un *quale* de temps est attaché à chaque *concretum*; il suffit donc de définir des relations temporelles entre les *concreta*, puisque les différents *qualia* temporels sont en relation, et ensuite, au niveau supérieur, de définir des relations temporelles entre les touts composés de *concreta*, pour constituer enfin la durée d'une unité phénoménale concrète dont ces derniers touts sont les parties; la durée de l'unité phénoménale ne se réduit pas à une sommation de moments temporels, ni à une configuration temporelle perceptible; puisqu'elle se constitue à partir des relations respectives entre les durées des parties concrètes de l'unité constituée, elle doit bien être conçue, au-delà de la simple idée de configuration, comme *l'apparence de la structure de devenir de l'unité concrète*. La durée d'une chose concrète apparaît donc comme une qualité relative à la structure des parties de cette chose. On n'est plus si loin de la définition aristotélicienne du temps comme « nombre du mouvement selon l'antérieur et le postérieur » [1].

1. Aristote, *Physique*, 219b1-5, trad. fr. A. Stevens, Paris, Vrin, 2012, p. 208.

Nous sommes ainsi en mesure de comprendre la portée de la réforme que nous venons de faire subir au système méréologique des apparences. Avant réforme, le système admet des unités concrètes apparentes, les *concreta*, qui correspondent chacune à un moment du temps; il admet également des totalités configurées, mais les configurations sont seulement apparentes pour celui qui reconnaît les formes, et elles ne sont pas concrètes à proprement parler. Le système admet qu'on puisse reconnaître dans l'apparence des formes de couleur, de sons, mais aussi d'espace et de temps, dans la mesure où les couleurs, les sons, les lieux ou les moments constituent des catégories ordonnées; mais il n'admet pas qu'on puisse définir, au-delà des *concreta*, des unités phénoménales concrètes; la raison en est qu'il est impossible, à partir des configurations apparentes, de définir des structures justifiant l'apparence. L'enjeu de la réforme est d'introduire l'individualité dans le système, en permettant de faire référence à des unités concrètes structurées correspondant à ce que la logique ordinaire considère comme des individus, par exemple les êtres vivants. Le système logique que nous proposons de construire doit donc admettre de nouveaux éléments, les unités de structure, mais il n'est possible de se référer à des structures que si certaines relations logiques sont définissables entre les parties de ces unités. Or d'un autre côté, nous avons montré que la définition du temps, originellement réduit à une somme linéaire ordonnée de *qualia* temporels, était insatisfaisante pour la logique même du système initial; nous proposons de réviser cette définition pour concevoir réellement le temps comme une qualité des choses, conception qui n'était jusqu'à présent qu'à demi assumée dans le système goodmanien. Le temps apparaît désormais comme le devenir des choses, ou encore comme la durée structurée des choses, constituée à partir des durées des parties de la chose respectivement en relation. Cette révision nous permet de parvenir au résultat que nous recherchions : on peut considérer superficiellement qu'une totalité dure pendant une somme de moments, mais on peut concevoir plus profondément que la durée de cette totalité est liée aux devenirs respectifs de ses parties, et que le devenir du tout est constitué par les devenirs convergents des parties. Une totalité apparente, si elle est concrète, est dès lors réellement le reflet d'une structure; elle apparaît comme la traduction d'un processus, constitué par d'autres processus qui en forment les parties; et puisque l'unité d'une totalité concrète provient des relations respectives qu'entretiennent ses parties en devenir, le devenir des parties assure la constitution de la structure du tout.

VERS UNE LOGIQUE DES INDIVIDUS À LA WHITEHEAD

On peut trouver chez Whitehead l'esquisse d'*une méréologie des processus* assez proche de celle que nous voulons proposer. Dans les *Principes de la connaissance naturelle* est en effet développée une logique des relations entre les touts et les parties des événements, fondée sur la relation primitive d'extension ou de recouvrement : l'événement *y* est une partie de l'événement *x* s'il est recouvert par l'événement *x*, et ainsi « le passage d'une roue est une partie de l'événement qu'est le passage de la voiture » [1] ; Whitehead est en outre convaincu que l'existence au sens le plus général n'est pas donnée en une fois, mais qu'elle est un processus, et que par conséquent les entités individuelles sont des actualisations [2]. Or les problèmes rencontrés par Whitehead à propos de la durée des individus, ou du moins des êtres qu'il nomme des « entités actuelles », paraissent semblables aux nôtres : la difficulté est encore une fois de parvenir à penser, malgré la discontinuité des différents moments du temps, la continuité nécessaire des processus.

D'un côté, Whitehead défend une conception discrète du temps, composé d'événements se succédant, ce qui semble nécessaire puisque l'idée même d'individuation implique que les unités de devenir se constituant soient discrètes entre elles, qu'elles passent et se succèdent [3] ; d'un autre côté, la même idée d'individuation impose contradictoirement que l'on puisse penser une continuité des devenirs à travers le temps. L'unique solution pour permettre l'identité des individus dans le changement est alors de définir, dans le système des touts et des parties, des devenirs individuels discrets ; mais ceux-ci ne peuvent se constituer qu'à des degrés déterminés de réalité le long de l'enchaînement des parties et des touts, sinon toute partie quelconque d'un devenir individuel serait également un devenir individuel discret, et il n'y aurait plus de continuité possible. Ce qui revient au fond à introduire des éléments de base dans le système méréologique : Whitehead affirme ainsi que « les faits derniers sont, tous au même titre, des entités actuelles ; et ces entités actuelles sont des gouttes d'expérience, complexes et interdépendantes » [4]. L'image de la goutte

1. A. N. Whitehead, *Les principes de la connaissance naturelle*, Louvain-la-Neuve, Chromatika, 2007, p. 98-100.

2. A. N. Whitehead, *Procès et réalité. Essai de cosmologie*, Paris, Gallimard, 1995, p. 389. Voir D. Debaise, *Un empirisme spéculatif. Lecture de* Procès et réalité *de Whitehead*, Paris, Vrin, 2003, p. 56-57.

3. J. Vuillemin, *La logique et le monde sensible*, *op. cit.*, p. 66.

4. A. N. Whitehead, *Procès et réalité*, *op. cit.*, p. 69.

(*drop*), empruntée à William James, suggère que les entités actuelles de base, en devenir, possèdent une épaisseur temporelle indivisible, mais aussi qu'elles sont essentiellement reliées les unes aux autres, puisque les gouttes peuvent se mêler pour constituer d'autres gouttes, partiellement se confondre, ou au contraire, momentanément, se détacher[1]. Whitehead résout donc la contradiction entre discrétion et continuité en affirmant qu'entre les éléments processuels mais discrets du système peuvent exister des relations instaurant malgré tout une continuité à un degré supérieur du réel.

L'articulation ainsi obtenue entre contiguïté et continuité des devenirs individuels peut cependant être conçue de deux manières, selon que l'on accorde la priorité à l'atomicité des individus ou à leurs relations de dépendance. D'un premier point de vue, qui s'attache à la structure même du réel, la continuité des processus est secondaire, obtenue par abstraction, tandis que leur contiguïté est concrète, première; ce serait en effet se méprendre sur la nature véritable des relations entre les processus que de considérer qu'elles peuvent constituer un *continuum* unique. Un second point de vue, qui est celui des apparences, renverse les perspectives à propos de la temporalité, car la conscience sensible est primordialement confrontée à la processualité de la nature, et considère dès lors le temps comme le « passage de la nature »[2]; à partir de cette épaisseur de durée, nous construisons pourtant des entités telles que les points et les instants, mais seulement par « abstraction extensive », afin de démêler l'écheveau trop complexe pour nous des relations entre les événements[3]; c'est ainsi que nous finissons par croire que la réalité est constituée de ces « particules-événements » que nous avons isolées, et notre croyance est d'autant plus forte qu'elle est l'effet de la théorie puissante et implicite de la « bifurcation de la nature »[4] : l'hypothèse d'une divergence entre la perception que notre esprit nous donne de la nature, et la réalité de la nature elle-même, nous fait ainsi croire que l'épaisseur de durée que nous percevons est subjective par rapport à l'objectivité de l'ordre des instants, alors même que c'est l'ordre des instants qui est en réalité constitué par abstraction à partir de la durée concrète. Or une telle distinction entre une temporalité subjective perçue et

1. Pour l'analyse de cet élément doctrinal de Whitehead, voir D. Debaise, *Un empirisme spéculatif*, *op. cit.*, p. 117-123.

2. A. N. Whitehead, *Le concept de nature*, Paris, Vrin, 2006, p. 92-93.

3. *Ibid.*, p. 120.

4. La critique de la bifurcation de la nature, héritée de la philosophie classique, est un des éléments les plus connus de la philosophie de Whitehead, développé particulièrement dans le *Concept de nature*.

une temporalité objective absolue n'a pas lieu d'être : pour Whitehead, le problème de la dissociation de ces deux points de vue vient de ce que l'on néglige classiquement le fait « qu'il existe deux sortes de fluence, la première est la *concrescence*, que Locke définit comme la "constitution interne réelle d'un existant particulier", la seconde est la *transition* d'un existant particulier à un autre »[1]. Dès lors, la continuité du devenir d'un individu n'est pas à confondre avec la continuité interindividuelle de la nature en général; pour expliquer la première, Whitehead recourt à la notion de « concrescence », et pour la seconde, à celle de « préhension », puisque la préhension est ce qui relie l'individu à la nature.

Mais le terme de « concrescence » est inséparablement lié, dans *Procès et réalité*, d'une part au terme d'« entité actuelle », que nous avons déjà assimilé à l'« individu », d'autre part à la théorie des « préhensions ». Dans le chapitre préliminaire consacré à l'exposé et à la définition première des notions de la « philosophie de l'organisme »[2], Whitehead affirme que « le monde actuel est un procès, et le procès est le devenir des entités actuelles », de telle sorte que celles-ci sont « les choses réelles dernières dont le monde est constitué », proposition qui permet d'identifier les « entités actuelles » aux individualités concrètes de niveau élémentaire d'un système des touts et des parties; or Whitehead soutient ensuite que « l'analyse d'une entité actuelle en ses "préhensions" est le mode d'analyse qui révèle les éléments les plus concrets de la nature des entités actuelles », ce qui implique d'une part qu'il y a quelque chose de concret dans la constitution de ces individualités, et d'autre part que leur constitution, ou « concrescence », n'est définissable qu'une fois supposée et explicitée la théorie des préhensions, dont l'ambition est d'expliquer la subsistance de multiplicités à côté des individualités. Or le terme de « préhension » renvoie étymologiquement à l'idée d'une capture, par un nouvel individu, des éléments qui le composeront, et au-delà désigne l'appropriation d'une entité par une autre, ou encore l'intégration d'un élément constitutif à l'intérieur d'une nouvelle existence[3]. La concrescence se constituant ainsi par successives préhensions, le devenir d'un individu est constitué d'une série d'opérations bien particulières de mises en relation avec des réalités appropriées. Les parties constitutives ne sont ainsi pas arbitrairement « préhendées » par le tout en devenir, sans sélection ni choix, mais au

1. A. N. Whitehead, *Procès et réalité*, *op. cit.*, p. 342.
2. *Ibid.*, chap. II, « Le schème catégorial », p. 68-85.
3. D. Debaise, *Un empirisme spéculatif*, *op. cit.*, p. 70.

contraire sont soumises à une forme de « crible »[1], sont « capturées » en fonction d'une *orientation d'appropriation*. Whitehead précise en effet qu'« il y a deux espèces de préhensions : a) les "préhensions positives" qui sont appelées "sentirs"et b) les préhensions négatives dont nous dirons qu'elles excluent du "sentir" »[2]; c'est donc structurellement que le sujet refuse de s'approprier un élément qu'il commence à préhender et qu'il « choisit » d'exclure en fonction de son devenir propre. Une entité actuelle se définit dès lors comme un centre de préhensions, comme une réduction de pluralités à l'unité.

Comment définir finalement le passage de la multiplicité à l'unité[3]? Comment comprendre l'intégration de la pluralité des éléments initiaux, sans pour autant qu'il y ait destruction de cette pluralité au sein de la nouvelle entité en train de se constituer? La solution à ce problème vient, dans la pensée de Whitehead, du fait qu'il n'y a pas pure extériorité entre les parties initialement disjonctives qui se rassemblent ensuite pour constituer la nouvelle unité. Au contraire, la concrescence de la nouvelle entité se fonde sur les relations qu'entretiennent les entités de départ entre elles. C'est cet ensemble de relations qui permet les préhensions de la nouvelle entité, positives comme négatives, et son individuation. L'unité totale ne parvient qu'à la fin, lorsque l'individu est déjà totalement actualisé, lorsqu'il est achevé, déjà prêt à être préhendé pour d'autres actualisations; alors il y a « *self-enjoyment* », satisfaction. La « satisfaction » est donc à la fois le degré le plus concret de l'individualité, la fin du processus d'actualisation par les préhensions, la complétude de l'unité, et « le résultat séparé du procès, perdant par là l'actualisation de l'entité atomique, qui est à la fois procès et résultat »[4]; ce qui signifie que tout en étant au stade le plus concret de son existence, c'est-à-dire en quelque sorte déjà morte, l'entité satisfaite ne peut être isolée des processus futurs dans lesquels elle sera préhendée. Il semble donc dans ce cadre qu'on ne puisse déterminer une entité individuelle dans son unité la plus achevée, sans tomber dans une certaine abstraction, puisqu'on sépare alors l'entité de son actualisation. Tout en atteignant, avec l'idée d'un processus de concrescence en voie d'achèvement, une explication de l'existence d'entités actuelles individuelles et concrètes, on bute sur le paradoxe de l'inachèvement poursuivi

1. L'expression vient de G. Deleuze, *Le pli, Leibniz et le baroque*, Paris, Éditions de Minuit, 1988, p. 103.

2. A. N. Whitehead, *Procès et réalité*, *op. cit.*, p. 76.

3. C'est la question centrale pour Deleuze, *Le pli, Leibniz et le baroque*, *op. cit.*, p. 103 *sq*.

4. A. N. Whitehead, *Procès et réalité*, *op. cit.*, p. 162.

de l'individualité; à un processus d'individuation succèdent toujours d'autres, en relation avec le premier, car « la transition des choses, le passage de l'une à l'autre, est un fait omniprésent, inhérent au caractère même de ce qui est réel »[1].

Pouvons-nous désormais nous appuyer sur des reformulations et reconceptualisations inspirées de Whitehead pour achever la réforme du système du tout et des parties et prétendre avoir défini des individualités essentiellement concrètes à n'importe quel degré de ce système? Ce serait trahir, ou tout le moins forcer la pensée de Whitehead qui, tout en considérant que les entités actuelles constituent la réalité propre, l'échelle de l'existence elle-même[2], oppose néanmoins deux degrés de réel, situant les entités actuelles à un degré microscopique pour nous, et définissant un second degré, macroscopique, aux propriétés divergentes du premier[3]. L'échelle macroscopique comprend l'ensemble des éléments de notre expérience, que Whitehead appelle des « sociétés ». Or même si une « société » semble formée par les relations qu'entretiennent de multiples entités actuelles, le saut qualitatif du degré des entités actuelles au degré des sociétés semble empêcher de définir l'individuation de la même manière dans les deux cas[4]. Cependant, Whitehead définit les sociétés comme des « nexus d'entités actuelles », entendant par « nexus » « un ensemble d'entités actuelles dans l'unité de la relation constituée de leurs préhensions mutuelles »[5]. Autrement dit, les préhensions contribuent à l'unité des sociétés, tout comme elles constituent la concrescence de nouvelles entités actuelles, mais les sociétés apparaissent comme des être-ensemble de parties et non comme des processus de concrescence. Quelle est alors l'unité profonde des dits « nexus » ? Dans quelle mesure leur unification s'ajoute-t-elle à l'individuation des entités actuelles ou dans quelle mesure la prolonge-t-elle à un autre degré? Pour Whitehead, un individu non microscopique n'est jamais doté de l'individualité concrète que nous cherchons à saisir; cela ne signifie pas que les totalités ne soient que des « collections », ce qui impliquerait, comme chez Locke, que l'unité substantielle soit un postulat; car le principe d'unité des touts macroscopiques est immanent à leur société, puisque lié aux préhensions

1. A. N. Whitehead, *La science et le monde moderne*, Heusenstamm, Ontos Verlag, 2006, p. 100.

2. D. Debaise, *Un empirisme spéculatif*, *op. cit.*, p. 133.

3. A. N. Whitehead, *Procès et réalité*, *op. cit.*, p. 281.

4. *Ibid.*, p. 168-172.

5. *Ibid.*, p. 76.

réciproques des parties entre elles, et une société est ainsi un ensemble de relations qui entretiennent la persistance d'une forme commune. Mais l'individuation s'arrête au microscopique, et dans le macroscopique existent seulement des unités de totalité, fondées sur la persistance des relations entre les parties, et non sur la concrescence d'un tout. Attribuer une structure individuelle aux touts concrets, au-delà des relations qui unissent les parties de ces touts, n'est de toute façon plus la tâche d'une logique mais celle *d'une ontologie de l'individualité*.

Récapitulons. Dans le but de bâtir une logique cohérente prête à accueillir une conception nouvelle de l'individualité, c'est-à-dire émancipée de la catégorie de « substance », nous avons attaqué la logique substantialiste de deux côtés. Nous avons d'abord montré que notre usage courant des noms propres, tout comme d'ailleurs des noms communs, n'est pas forcément contredit par une interprétation métaphysique du monde qui refuse la position de substrats immobiles garantissant l'identité de la référence : en effet, les individus en constitution peuvent recevoir un nom et intégrer ce nom, par un geste d'appropriation, dans leur constitution en cours, sans que ce nom ne désigne rien de séparé ni d'achevé. Nous avons ensuite montré qu'une logique non substantialiste, une logique des touts et des parties, n'est pas forcément une logique des masses hostile à toute introduction d'unités ; au contraire, elle peut accueillir sous certaines conditions des unités concrètes qui sont la traduction dans le système d'authentiques individualités structurantes ; pour cela, on doit admettre que certains éléments du réel sont dotés de qualités qui leur permettent de se configurer en des touts les unifiant comme des parties, sachant que de telles configurations ne se forment pas seulement par ressemblance, ne relèvent pas seulement de l'apparence, mais revêtent un tour structurant ; en ce sens, la pluralité qualitative des temporalités individuelles permet de soutenir que le chevauchement des parties subsistant les unes avec les autres dote le tout ainsi obtenu d'une temporalité particulière, en fonction des configurations temporelles qui relient les parties. Bref, il est tout à fait possible, d'un point de vue logique, de concevoir des individualités qui ne soient pas des unités substantielles données, sans être pour autant des sommes arbitraires de parties ou de simples découpages contingents du concret ; ces individualités sont apparues comme *des touts structurés temporellement par leurs parties*. Ainsi, on peut interpréter, dans une telle logique, la vie d'un animal comme un tout s'individuant et se constituant à partir de différentes parties temporelles, par exemple à partir des événements qui marquent cette vie et dont les traces demeurent sur le corps de l'animal ou dans son comportement bien après qu'ils sont survenus. De même, on peut interpréter la vie d'une personne humaine comme constituée par une suite d'épreuves, de rencontres, d'actions, fondement de l'idée moderne et individualiste selon laquelle une personne doit, en travaillant sur elle-même, en faisant des choix, se dépasser progressivement, jusqu'à réussir, ou échouer, à accomplir son identité, à être ce qu'elle revendique d'être[1].

Bien entendu, les considérations précédentes, parce qu'elles se cantonnent au domaine de la logique, restent pour le moment insuffisantes pour parvenir à une définition métaphysique de l'individualité. D'une part en effet, nous devons répéter qu'on ne peut rien conclure de la logique à l'ontologie, même si la compatibilité de la logique à l'être même des choses apparaîtrait comme une heureuse et souhaitable rencontre. D'autre part surtout, même si l'on accepte l'orientation donnée à la pensée par les résultats logiques obtenus, il demeure, avant toute tentation d'en tirer des conclusions métaphysiques, un obstacle majeur, d'ordre ontologique, ou pourrait-on dire « ontophysique » : on peut certes comprendre logiquement que des parties puissent se chevaucher et fusionner en un tout dans la mesure où elles ont la capacité temporelle de subsister ensemble; autre chose est d'en déduire que ces parties sont réellement constituantes d'une totalité individuelle concrète; pour parvenir à ce dernier résultat en effet, il faut leur accorder une propriété individuante, ou au moins une disposition à fusionner ensemble pour produire un individu concret. Autrement dit, si les parties sont de nature temporelle, ou bien elles viennent compléter et enrichir le tout mais en s'inscrivant en lui, et dans ce cas le tout leur préexiste, ce qui rend finalement vaines les tentatives pour congédier la catégorie de substance, car on se trouve alors face à un individu à qui il arrive un certain nombre de choses, qui a une histoire, mais dont l'individualité n'est pour autant pas dépendante de cette histoire; ou bien les parties ont quelque chose de réellement constituant et *font le tout*, c'est-à-dire qu'il n'y a pas de tout avant la fin de son histoire, mais dans cette hypothèse il s'agit de faire face à une alternative ardue, soit pour montrer que certains éléments du réel, contrairement à d'autres, possèdent une puissance constituante qui permet l'émergence d'individualités, soit pour établir qu'une certaine succession d'éléments produit une individualité tandis qu'une autre succession n'en produit pas, comme si parfois

1. Dans *Les embarras de l'identité*, V. Descombes analyse cette revendication problématique d'identité, particulièrement caractéristique des individus modernes, à travers une référence aux remarques de Hegel sur le roman d'apprentissage.

dans le réel la parataxe devenait syntaxe[1]. Pour le moment cependant, notre enquête a seulement permis d'accéder à la pensée possible d'une individualité dotée de trois caractéristiques: *être non substantielle*, *être concrète*, dans la mesure où on ne peut en rester à une logique des apparences pour la décrire, on doit au contraire faire référence à ce qui se situe au-delà de l'apparence, à une structure, *être en devenir*. La tâche désormais est de justifier ces trois caractéristiques.

1. Je dois cette analogie à des remarques fructueuses de S. Chauvier.

CHAPITRE III

LA PERSONNE : SON INDIVIDUALITÉ, SON IDENTITÉ

LA PERSONNE HUMAINE COMME PARADIGME POUR UNE DÉTERMINATION DE L'INDIVIDUALITÉ

Nous avons supposé, ontologiquement, qu'une compréhension juste de l'individuation implique de déterminer le lien entre certains processus constitutifs et l'unité qu'ils viennent constituer; nous avons constaté, méthodologiquement, que les individus se divisent en genres d'êtres irréductiblement divergents, que l'individualité n'est pas un universel, encore moins une propriété unique, et qu'il est ainsi nécessaire de l'aborder « par une démarche de subsomption », en partant d'un modèle particulier qu'il s'agit d'étendre. Or à première vue, les personnes sont les individus que nous connaissons le mieux, puisque nous sommes des personnes, et les actions sont les processus qui pour nous sont le plus simplement accessibles, puisque nous agissons; il existe en outre un lien, à préciser, entre les notions de « personne » et d'« agent ». La personne, individu privilégié pour nous, conscient de lui-même, « l'individu » par excellence du langage commun, peut dès lors servir de *paradigme pour la détermination de ce qu'est en général la constitution des individus*, d'autant plus qu'on la considère ordinairement comme auteur de ses actions.

Cependant, a-t-on le droit d'entreprendre, sans précaution de méthode, l'établissement d'une ontologie des personnes, avant de s'être interrogé sur la valeur ontologique du concept même de « personne » ? Que sont les personnes et s'agit-il d'individualités ? Le concept de « personne » a historiquement évolué, et sa portée semble avant tout sociologique, juridique, donc anthropologique, ce qui devrait interdire d'en faire le concept-clef d'une ontologie. Dans sa recension des acceptions du mot « personne », Marcel Mauss distingue en gros quatre moments principaux dans l'histoire du concept[1]. Dans un premier moment, pour des sociétés peu organisées politiquement ou structurées en clans ou en tribus, comme les indiens Pueblo, Hopi ou d'autres, la personne est conçue comme *le nom* d'un rôle, ou d'une fonction, qui peut passer d'un individu à un autre, mais figure une partie de la totalité du clan ou de la tribu; la personne est ainsi abstraite de l'être humain, elle est certes portée par lui mais sans s'identifier à lui, puisqu'elle se transmet par successives réincarnations. Dans un second et crucial moment, la société romaine *individualise* la personne, c'est-à-dire fait correspondre la personnalité et l'individualité humaine, sans toutefois la *concrétiser* pour autant : si la personne est originairement, à Rome, un « masque » lié à une famille, à des rituels, à une confrérie, elle devient par la suite une série de droits ou de privilèges attachés à ce masque et qu'un homme a la possibilité de porter et de revendiquer; la personne s'identifie dès lors au sujet d'imputation, puisqu'elle permet l'attribution de responsabilité ou la revendication de droits, mais paradoxalement, ce sujet est totalement *abstrait*, pur suppôt ou encore pure unité. Comme le note Hegel dans son analyse de la pensée juridique romaine en opposition à la pensée éthique stoïcienne, « le droit de la personne n'est attaché ni à un être-là plus riche ou plus puissant de l'individu en tant que tel ni, non plus, à un esprit vivant universel, mais bien plutôt au pur Un de son effectivité abstraite »[2]. Ainsi définie, la « personne » est une notion contradictoire : en tant que substrat, elle est unité, mais sans devenir l'unité concrète d'un individu. Un individu peut toujours revendiquer des droits, mais qui est le porteur concret de ces droits? Les deux dernières définitions de la personne que Mauss pointe dans son article ne font que renforcer la difficulté : d'un côté, la personne définit le caractère moral, ce qu'on nomme en français, au sens courant, la « personnalité d'un individu » ; d'un autre côté, si on la considère en un quatrième sens, plus récent et cartésien, la personne désigne un être psychologique, une conscience de soi. Mais ces deux dernières significations ne résolvent en rien la dualité implicite entre l'unité dite « personnelle », qui semble instituée superficiellement par un travail humain, qu'il s'agisse d'un sujet de droit, d'un caractère singulier, ou encore d'un sujet cartésien conscient de son intériorité, et l'unité de l'être individuel concret

1. M. Mauss, « Une catégorie de l'esprit humain : la notion de personne, celle de "moi" », dans *Sociologie et anthropologie*, Paris, P.U.F., 2010 (12e éd.), p. 333-362.

2. G. W. F. Hegel, *Phénoménologie de l'esprit*, Paris, Vrin, 2006, p. 416.

à qui l'on attribue la personnalité. Faut-il accorder à Hegel, une nouvelle fois, que la personne est seulement une « abstraction individuelle », qui « se trouve déterminée de telle sorte que l'individu est quelque chose en soi, non en conformité avec son être vivant, avec la plénitude de son individualité, mais en tant qu'individu abstrait » [1] ? Subsiste dans ce cas une différence fondamentale entre la personnalité d'un individu, produite par une individualisation sociale, et l'individualité de cet individu, constituée par un processus d'être singulier; si bien que l'étude des personnes pourrait ne rien nous apprendre de l'individuation proprement dite.

Plus précisément, il y a, dans le constat de cet écart manifeste entre « personnalité » et « individualité », deux difficultés différentes. La première est métaphysique, il s'agit de savoir si l'individu humain se résume au déroulement de sa vie, c'est-à-dire si l'on connaît complètement un homme par sa biographie la plus fouillée, par ce qu'il a fait et ce qui lui est arrivé, par les actions dans lesquelles il s'est trouvé impliqué, bref, selon le mot de Hegel, si « le sujet, c'est la série de ses actions » [2], ou alors si l'unité de l'être humain, son individualité concrète dans ce qu'elle a d'à chaque fois singulier, est logiquement et ontologiquement antérieure au cours de son existence, si bien qu'un individu serait quelque part déjà donné avec son originalité dans chacune de ses actions. La deuxième difficulté concerne plus directement l'approche que nous adoptons de l'individualité : notre accès à nous-mêmes nous semble immédiat, c'est l'évidence du « je pense », du « c'est moi », *l'évidence de l'unité du sujet* révélée lorsque nous nous livrons à la réduction phénoménologique husserlienne, c'est-à-dire lorsque nous suspendons notre croyance dans l'existence du monde objectif et que ne subsiste alors que le « moi pur » et l'ensemble des phénomènes du monde qui valent pour lui [3]; l'unité du « moi transcendantal » dégagée par Husserl permet ainsi de fonder l'unité du sujet psychologique dans le monde, tout comme d'ailleurs l'unité du monde, même si concrètement nous expérimentons davantage la diversité des états psychologiques et la variation des sentiments tout au long du temps que l'unité figée en nous d'une conscience [4]; or nous prétendons ici qu'une telle unité subjective, même érigée par la réduction phénoménologique en source de l'unité du moi psychologique, voire du monde objectif,

1. G. W. F. Hegel, *Leçons sur la philosophie de l'histoire*, Paris, Vrin, 1963, p. 245.

2. G. W. F. Hegel, *Principes de la philosophie du droit*, Paris, Vrin, 1975, § 124, p. 163.

3. E. Husserl, *Méditations cartésiennes*, Paris, Vrin, 1992, § 8.

4. C'est sur ce constat que Hume ouvre son analyse de l'identité personnelle (*Traité de la nature humaine*, vol. 1, Paris, Flammarion, 1995, I, IV, 6).

ne s'identifie toujours pas à l'individualité concrète que nous cherchons à déterminer dans la personne; autrement dit, nous supposons que ce n'est pas en envisageant la personne comme sujet conscient que nous pouvons parvenir à saisir son unité concrète, et même que l'unité subjective à laquelle nous avons si facilement accès, peut-être illusoirement, ne fait que voiler l'unité qui fait réellement de la personne un individu. Tout ceci explique que nous cherchions à prendre, pour étudier l'individualité, la personne comme paradigme, non pas cependant en tant que sujet conscient, mais bien plutôt en tant qu'*agent*, c'est-à-dire comme auteur de ses propres actions et participant à d'autres actions. La justification principale de la perspective que nous adoptons est l'hypothèse que les individus se constituent à partir de processus constituants, et qu'ainsi l'agent se réalise comme individu à partir de ses actions, et de ce qui lui arrive.

Dans cette perspective, un premier problème se pose d'emblée, à propos de l'*attribution des actions* à tel ou tel agent, problème qui peut se formuler en termes de causalité, mais également d'imputation. Quel est le lien d'acteurs à une action dont ils sont partie prenante? Quelles sont les règles possibles et légitimes d'imputation d'une action à un agent? Que penser des processus décrits seulement sur un mode impersonnel, de ces actions qui, ne trouvant pas leur agent, demeurent de purs « événements » ? Un deuxième problème s'ajoute si nous prenons en compte le fait que le cours de la conscience joue un rôle effectif dans la constitution des personnes, non seulement de leur « personnalité », de leur caractère, de leurs inquiétudes et de leurs espoirs, mais même de leur individualité en tant que telle, si l'individualité est bien cette propriété qui unifie concrètement le tout d'un être. L'action n'implique-t-elle pas représentation, et donc médiation par la conscience? Un sujet, conscience morale, ne s'*approprie*-t-il pas ses actions, ou bien pour s'en flatter, ou bien pour s'en blâmer, ou encore pour construire le récit de sa vie et l'image qu'il a de lui-même? Notre recherche dans ce chapitre n'est donc pas seulement méthodologique, mais conduit à des incursions en philosophie de l'action, à propos de l'agent, en philosophie des normes, à propos de la personne, en philosophie de l'existence, à propos du sujet.

LE SUJET HUMAIN ET CE QU'IL EST, CE QU'IL FAIT, CE QUI LUI ARRIVE

Les personnes humaines sont par principe des sujets de conscience, qui supposent pour eux-mêmes assez immédiatement, nous venons de le dire, l'unité de leur conscience. Donald Winnicott, dans son ultime ouvrage *Jeu et réalité*[1], présente un modèle de description du sujet qui a le double avantage théorique, premièrement d'échapper au dualisme entre l'unité psychique et le monde qui lui fait face, en considérant l'unité du sujet comme une constitution en progrès, deuxièmement d'être applicable au-delà de la seule question du sujet, puisque la construction du soi passe par son activité et que c'est finalement l'individualité entière qui est engagée par elle.

Ce qui intéresse principalement Winnicott dans son livre semble être le lien entre le développement du psychisme singulier d'un individu et ce qu'il nomme, de manière nouvelle, « l'espace potentiel ». Ou, plus exactement, Winnicott essaie de comprendre ce qui lie une certaine zone, située, pour parler en termes topologiques, entre le sujet et le monde objectif, et la créativité même du sujet. Winnicott définit l'espace potentiel de manière dynamique. Cet espace est dit « potentiel » parce que le bébé est à l'origine dans un état de fusion omnipotente avec sa mère; la mère « suffisamment bonne », selon l'expression connue, est à l'origine totalement adaptée aux besoins de son enfant; le nourrisson n'est donc pas, psychiquement et même biologiquement parlant, individué, il ne se distingue pas du sein de sa mère parce que le sein est toujours là lorsqu'il en a besoin[2]. Puis une série de frustrations nécessaires brise la fusion entre le nourrisson et son environnement, qu'il réduisait au sein maternel; il découvre l'existence du monde extérieur. Le nourrisson souffre alors d'une désillusion, mais qui ne se traduit pas par une rupture nette entre une aire subjective, dans laquelle il resterait omnipotent, et une aire objective qui résisterait à son agressivité et subsisterait malgré lui; pour Winnicott, le dualisme entre le sujet et l'objet, entre la conscience et le monde, est beaucoup trop simpliste; il faut en effet concevoir, entre l'interne et l'externe, un domaine intermédiaire, celui des objets et des phénomènes dits « transitionnels ». Les phénomènes et les objets sont qualifiés de « transitionnels » non pas parce que ce serait leur nature d'être transitionnels, c'est-à-dire d'être une étape provisoire du développement du sujet, mais simplement parce qu'ils

1. D. W. Winnicott, *Jeu et réalité. L'espace potentiel*, Paris, Gallimard, 1975.
2. *Ibid.*, p. 20.

permettent au petit enfant de passer d'un état d'union avec la mère à un état d'extériorité et de séparation[1]. Un espace se crée entre la mère et le petit enfant, espace où les objets fétiches, telle la peluche que l'enfant aime et torture à la fois, viennent s'intercaler, et qui repose fondamentalement sur la confiance qu'a l'enfant dans la mère désormais séparée de lui[2]. L'espace potentiel se définit ainsi, pour le sujet humain, comme un espace à remplir; or il ne cesse jamais d'être rempli tout au long de la vie. Le sujet y *joue*, c'est-à-dire qu'il y déploie son imagination et ses fantasmes, et surtout il y exerce sa créativité. L'être humain reste d'ailleurs, du moins dans nos sociétés, créatif tout au long de sa vie, car seule la créativité, prise au sens large, justifie que la vie vaille la peine d'être vécue[3]. Toute l'expérience culturelle et sociale, comprise dans la créativité, n'est ainsi que l'extension de l'espace où figuraient originellement les objets transitionnels[4].

Une telle analyse, ici hâtivement retracée, peut poser trois difficultés dans le cadre d'une étude de l'individualité des personnes. La première difficulté se cantonne à la psychanalyse: à supposer que la théorie des objets transitionnels s'avère exacte, a-t-on le droit de conclure de la nature médiate de ces objets à l'existence topologique d'un espace intermédiaire entre une intériorité et une extériorité, entre une unité close et un milieu ouvert? L'usage d'un vocabulaire des lieux ou l'établissement d'une nouvelle topique sont-ils adéquats ici? Et pouvons-nous dire en particulier, tout en maintenant la métaphore spatiale, que le jeu, la créativité, ne sont ni exactement dedans ni exactement dehors[5]? Winnicott cherche surtout à opposer deux termes fixes à un intermédiaire en création. Il y a d'un côté fixité du monde extérieur, c'est-à-dire de nos relations aux objets et des relations des objets entre eux; il y a d'un autre côté fixité de la réalité psychique intérieure, parce que cette réalité psychique est un héritage biologique et historique, et aussi parce qu'un certain « degré d'intégration » a permis l'établissement d'un *soi* formant assez vite une unité. Cette unité est maintenue par une « membrane » délimitant un dehors et un dedans, et qui semble pouvoir justifier l'usage d'une métaphore spatiale; cependant, entre ces deux fixités subsiste une aire variable[6]. Winnicott n'en dit pas davantage; pourtant, si la métaphore spatiale permet de comprendre

1. D. W. Winnicott, *Jeu et réalité*, *op. cit.*, p. 26.
2. *Ibid.*, p. 152.
3. *Ibid.*, p. 99-101.
4. *Ibid.*, voir par exemple p. 139.
5. *Ibid.*, voir par exemple p. 146.
6. *Ibid.*, p. 147-148.

l'opposition entre un dehors et un dedans figés, elle devient bien plus mystérieuse lorsqu'il s'agit de concevoir un intermédiaire souple entre les deux.

Une deuxième difficulté, davantage théorique, et qui nous fait sortir de l'observation psychothérapeutique, apparaît alors; imaginons que nous puissions dire, en menant les suggestions de Winnicott à leur terme, que la créativité de l'être humain se déploie dans le temps, comme une série d'actions, tandis que son unité, conçue comme un dedans qui s'opposerait au monde, se déploie dans l'espace; ne pourrait-on pas en conclure que c'est la créativité propre à l'individu qui fait son unité, qui le constitue, dans la mesure où c'est elle qui isole peu à peu l'individu du monde des objets et des autres sujets? Bref, le sujet ne crée-t-il pas son individualité même dans cette aire intermédiaire, variable selon les individus, que Winnicott identifie comme l'espace potentiel? Et ne faudrait-il pas finalement poser une tierce réalité, en mouvement, engageant une série d'actions individuelles particulières, pour justifier l'individuation du sujet par différenciation des objets du monde? Le modèle aboutirait ainsi à définir l'individualité en termes de *constitution d'une unité par une série d'actions se déployant dans un espace préconstruit*.

Il doit néanmoins résister à une troisième et dernière difficulté : a-t-on le droit, méthodologiquement, de conclure à partir d'une proposition théorique telle que celle de « l'espace potentiel », qui a pour but de décrire le comportement de certains sujets dans une société donnée, et dans le cadre d'un travail thérapeutique, à une loi de constitution de l'individualité humaine en général? Autrement dit, la description du sujet proposée par Winnicott peut-elle servir de paradigme pour une pensée philosophique de l'individualité des personnes, surtout si les individus qui intéressent prioritairement le travail psychanalytique sont précisément ceux qui butent pathologiquement sur le jeu de construction de l'espace potentiel?

Il apparaît dès lors nécessaire d'opérer un éclaircissement catégoriel, car nos remarques à propos de la conception winnicottienne du sujet ont eu tendance à confondre, apparemment, plusieurs pans du réel, ou du moins plusieurs manières de le décrire. Première raison de ce brouillage, il est certes question ici de psychisme, mais pas vraiment de conscience, encore moins d'unité consciente, de subjectivité ou d'intériorité manifestes, puisque le sujet n'est pas encore achevé tant qu'un espace de créativité demeure pour lui ouvert et puisque le procès de sa constitution commence généalogiquement bien avant l'apparition de la conscience de soi; le terme « sujet » ne désigne donc rien d'autre qu'un être humain développant son psychisme. Deuxième raison, l'être humain, s'il se construit par sa créativité, c'est-à-dire par des projections concrètes ou des projections d'action, s'avère tout autant sujet pratique que sujet psychique, agent que conscient; sa constitution implique en ce sens toutes ses dimensions, tout autant ses pensées, conscientes ou refoulées, ses structures psychiques, que ses actions, ses passions, ses frustrations, elle concerne son individualité entière. À cela enfin s'ajoute la personnalité que l'on projette sur son comportement, et qui entre en jeu dans la perception que le sujet a de lui-même.

Si l'on suit la piste esquissée par Winnicott dans le domaine de la psychanalyse et que l'on cherche à l'étendre, en vue d'une détermination embrassant plus complètement l'être humain, il faut se pencher précisément sur cet espace intermédiaire qui s'ouvre entre le sujet et le monde, et dans lequel le sujet agit d'une certaine manière, jugée « créative ». Il ne s'agit pas pour nous de prendre position sur ce que soutient Winnicott et de décider si la créativité se confond réellement avec l'activité de jouer, qui est « *playing* » plutôt que « *gaming* », c'est-à-dire invention et non application de règles préétablies, si par conséquent le domaine du jeu est celui dans lequel se fait de manière privilégiée « l'expérience » du monde, ce qui permet un détachement du « soi » par rapport aux objets mondains, si enfin la « relation » du sujet à l'objet s'en trouve transformée en « utilisation » de l'objet, qui était déjà là mais paradoxalement devient enfin « créé » par le sujet[1]; retenons simplement qu'il est dans cette perspective question de construction du sujet par l'intermédiaire de son activité créatrice dans le monde, que ce sont certaines actions particulières qui permettent au sujet de se construire en portant sur des objets qui se trouvent psychiquement investis par lui d'une valeur affective forte, et enfin que ce sont ces actions particulières par lesquelles le sujet se trouve davantage *engagé*.

1. Voir la discussion des thèses de Winnicott dans l'article de J.-B. Pontalis, « Naissance et reconnaissance du "soi" », dans *Entre le rêve et la douleur*, Paris, Gallimard, 1977, p. 159-189.

LE SUJET HUMAIN ET L'APPROPRIATION DE SES ACTIONS

Si l'on reformule désormais ce modèle d'accès à l'unité subjective dans les termes d'une logique de l'action, puisqu'il est plus précisément question pour notre propos du rapport du sujet, en tant qu'agent, à ses actions, l'engagement du sujet dans ce qu'il fait, outre qu'il s'exprime à travers les divers rôles qu'un sujet peut jouer dans ce qui a lieu, se décline sous différentes modalités, dont on peut rendre compte ou bien par une simple « attribution » de l'action à un sujet, et il est alors considéré comme agent, ou bien par une « imputation » de l'action à un sujet, et il est cette fois considéré non seulement comme agent mais comme responsable de ce qui a eu lieu, ou bien encore par une « appropriation » de l'action, lorsque le sujet se considère lui-même comme le complet auteur de ce qui s'est passé.

Les procédés d'attribution et d'imputation sont proches à première vue; tous deux impliquent la mise, par le discours, d'un fait, d'une propriété, d'une action, *sur le compte* d'un individu, sujet ou objet, tous deux servent à affirmer qu'une entité relève ontologiquement d'une autre entité comme étant son *attribut* : c'est le propre de ce chat de miauler si fort, c'est le propre de Socrate d'avoir été chauve et sage, c'est le propre de Benjamin Franklin d'avoir fondé la Société américaine de philosophie. On note toutefois que l'imputation, à la différence de la simple attribution, est un procédé discursif qui s'inscrit dans un cadre de *normativité* et s'accompagne implicitement d'un éloge ou d'un blâme; elle concerne donc avant tout les personnes, que l'on peut tenir responsables de ce qu'elles ont fait, dans un contexte juridique ou moral. Là où, dans l'attribution, le discours et son objet restent extérieurs l'un à l'autre, le discours ne faisant que rendre compte d'un lien entre un attribut ou un processus et une entité, extérieurement à ce qui a réellement lieu, dans l'imputation au contraire, l'extériorité entre le discours et son objet se fait moins claire puisque le jugement de valeur qui rattache l'action à la personne vient toucher celle-ci, modifier son image, la mettre en cause; quand on impute une action à une personne, celle-ci doit en effet *en répondre*.

« Toucher » la personne, ou même la « modifier » : n'accordons-nous cependant pas trop de pouvoir au discours d'imputation lorsque nous suggérons qu'il modifie effectivement le réel ? Bien sûr on peut soutenir, tout à fait banalement, que l'imputation d'actions change la perception que l'on a d'une personne par la découverte de ce qu'elle a fait, lui confère un nouveau visage, mais ici on parle seulement *a posteriori*, une fois que l'action a été faite, que la personne a agi, le discours ne faisant que décrire le changement, prendre en considération l'aspect de personnalité révélé dans l'action. Il y a cependant davantage d'effet dans l'imputation si elle permet de prendre la mesure d'un changement chez une personne ou de révéler un aspect de son caractère, latent jusqu'ici, conduisant les autres à s'adapter à cette révélation, ou encore, lorsqu'une personne prend conscience, après avoir agi, d'un trait de sa personnalité qu'elle ignorait jusqu'à présent et dont la conscience va désormais influencer ses choix pratiques; et on peut encore accorder davantage d'efficacité à l'imputation lorsque la logique de la responsabilité force une personne à subir concrètement les conséquences de son action, sanction, peine, remords par exemple. N'est-ce pas dans ce dernier cas que l'on peut légitimement dire que l'imputation contribue à la construction de la personne en tant que telle?

Cependant, en admettant que la logique d'imputation modifie les personnes, de quel genre de modification parle-t-on, celle d'une identité, d'un faisceau de descriptions, d'une personnalité abstraite, ou réellement d'une entité concrète? Il est évident que pour imputer une action, il faut d'abord avoir individualisé la personne, c'est-à-dire l'avoir identifiée, reconnue, définie; l'imputation est-elle pour autant porteuse d'un pouvoir individuant? Mieux, dans quelle mesure la logique ascriptive se différencierait-elle au fond de la logique descriptive? Après tout, les propositions descriptives que nous énonçons ont, elles aussi, le pouvoir de nous suggérer des modifications du réel et nous conduisent à agir, même les propositions tautologiques ou « frivoles » dont parle Leibniz et qui ont, dans certains contextes, lorsqu'il s'agit de rappeler une évidence utile à l'action présente, une force de transformation du réel[1]; comment rendre compte alors de la *performativité* supplémentaire dont serait dotée la logique d'imputation, qui contribuerait non seulement à modifier le réel en général, mais à constituer effectivement ces êtres particuliers que sont les personnes?

Pour le comprendre, nous pouvons compléter le couple des notions « attribution » et « imputation » par un troisième membre, l'« appropriation ». En effet, l'imputation de l'action à un agent, parce qu'elle produit des effets de réel et acquiert par ses conséquences un caractère inéluctable, entraîne logiquement, du point de vue de l'agent, une appropriation[2]; dans ce cas, l'agent n'est plus seulement tenu, au sein du discours, comme une entité préexistante, rétrospectivement identifiée

1. G. W. Leibniz, *Nouveaux essais sur l'entendement humain*, IV, 8, § 5.

2. Jusqu'au point où l'innocent, face à la logique de l'imputation, finit par s'accuser de ce dont on l'accuse, selon l'idée d'A. Camus dans *La chute*.

comme l'auteur de l'action, mais il se modifie de lui-même à chaque nouvelle identification puisqu'il inclut dans la représentation qu'il a de lui-même les actions qu'on lui impute. Bref, l'imputation telle que nous l'avons envisagée jusqu'à présent demeure un processus de *rattachement* de l'action à une *personne prédéfinie*; l'appropriation, quant à elle, mouvement de faire sien et de se compléter soi-même en agrandissant son domaine d'être, apparaît véritablement comme un processus d'*inclusion* de l'action dans un *espace personnel en train de se constituer*, pour reprendre une nouvelle fois la conceptualisation proposée par Winnicott. Et une telle reformulation a son importance, car on peut lui accorder une portée ontologique.

Cependant, le terme « appropriation » revêt deux significations qui paraissent contradictoires dans leurs conséquences. Premièrement, l'appropriation est l'action de faire sien, au sens de s'arroger la propriété de quelque chose; mais si on la définit ainsi, elle apparaît comme un simple cas d'attribution, bien particulier toutefois : quand je dis que j'ai déplacé les bornes de mon terrain pour m'approprier un bout du champ de mon voisin, je ne veux pas dire que ce bout de champ *se rapporte* à moi-même comme l'attribut d'un sujet se rapporte à ce sujet, je n'inclus pas le bout de champ en moi, je n'en fais pas un élément de ma personne, sauf en cas d'attachement délirant à la terre; je veux signifier plus exactement qu'à ce bout de champ on peut conférer une certaine valeur, qui consiste en un droit d'usage et de jouissance, et que par ailleurs ce droit *se rapporte désormais* à moi comme son bénéficiaire. Dans cette première acception, contrairement au cas général de l'attribution pour lequel l'élément attribué dépend de l'élément attributaire et constitue un tout ontologique, ainsi la calvitie de Socrate n'est pas extérieure à Socrate, l'appropriation maintient une extériorité entre la chose appropriée et son propriétaire. La seconde acception de l'appropriation semble conduire au résultat opposé, car « faire sien » ne signifie pas seulement s'arroger la propriété sur quelque chose d'autre, mais également *rendre inhérent à soi*. Les deux acceptions impliquent donc que l'action d'appropriation est réfléchie, dans la mesure où le sujet rend toujours la chose propre à lui-même et jamais à quelqu'un d'autre; mais le second sens exige beaucoup plus que le premier. On passe dans le premier cas par un mécanisme ascriptif pour rapporter une chose à une « personne » dont la valeur ontologique reste indéterminée; on postule dans le second cas une *unité d'être* qui intègre en elle, de manière active, l'objet de l'appropriation; on maintient dans un cas une distance entre la chose appropriée et le sujet qui s'approprie, puisque le lien entre les deux est normatif et abstrait; on institue dans l'autre cas une unité d'inhérence, ou comme cela vient d'être suggéré, un *espace personnel unifié et concret*.

La difficulté dans l'idée d'« espace personnel » tient ainsi au fait qu'un objet matériellement extérieur à la personne, « mon œuvre » par exemple, puisse entrer dans la constitution personnelle; comme le souligne Aristote, « celui qui a produit une œuvre s'identifie à son œuvre d'une certaine façon »[1], c'est-à-dire en un sens intègre son œuvre en lui-même. Cependant, on ne peut comprendre cette métaphore de l'*espace personnel* comme désignant un lieu aux limites identifiables par un système de coordonnées et qui relèverait d'un sujet *en propre*; ce serait définir le sujet par sa seule matérialité physique. Certes, un livre ou un tableau sont physiquement extérieurs à leur auteur, mais cela ne signifie pas qu'ontologiquement un auteur soit un gros agglomérat de chair occupant un espace et qui ne puisse ingérer un petit amas de papier ou de peinture extérieur à lui; si on définissait d'ailleurs un sujet comme un agglomérat, rien ne s'opposerait en méréologie à ce que l'on constitue une unité d'ordre supérieur rassemblant deux amas hétérogènes, même distincts par le lieu ou le temps[2]; or une définition des sujets comme des unités physiques homogènes semble bien trop réductrice pour une ontologie des personnes. Si un sujet s'approprie véritablement des objets extérieurs, ses œuvres ou ses actions, et s'il se constitue dans cette appropriation, c'est de manière *diachronique*, processuelle, davantage que physique ou spatiale qu'il convient d'envisager un tel mouvement; « espace » veut d'abord dire ici « intermédiaire », et le « corps personnel » va ainsi bien au-delà du corps physique. On doit donc distinguer une « appropriation » seulement symbolique et abstraite, qui maintient l'extériorité entre l'élément approprié et la personne envisagée comme unité préalable et bien délimitée, d'une « appropriation » véritablement concrète qui intègre l'élément approprié à la personne, envisagée cette fois dans la pluralité effective de ses actions et de ses œuvres.

On se souvient que dans le fragment des *Pensées* intitulé « Qu'est-ce que le moi ? »[3], Pascal développe l'idée que les autres ne m'aiment jamais pour ce que je suis, mais pour des qualités « périssables ». Son propos général est d'appeler au retrait loin des valeurs mondaines, qui se fondent

1. Aristote, *Éthique à Nicomaque*, Paris, Vrin, 1990, 1168a7-8. V. Descombes cite et commente cette idée d'une identification de l'auteur à son œuvre dans *Les embarras de l'identité*, *op. cit.*, p. 169-171.

2. Voir le chapitre précédent.

3. B. Pascal, *Pensées*, fragment 323 (Br.) ou 688 (Laf.).

sur des qualités seulement « empruntées », qu'elles soient physiques ou intellectuelles, puisqu'elles ne me caractérisent pas, je peux les perdre et demeurer moi-même; en ce sens, Pascal invite le lecteur à un véritable exercice de *désappropriation*, pour qu'il ne se constitue pas faussement à partir de ce qui ne lui appartient pas et n'en vienne à s'aimer outrageusement pour ce qu'il n'est pas[1]. Car le drame de la personne ainsi conçue est qu'elle se trouve prise entre deux contradictions, d'une part vouloir être aimée en exhibant des qualités qui ne sont pas suffisamment appropriables pour devenir soi, d'autre part être bien consciente que ces qualités ne font pas authentiquement le « moi » tout en revendiquant d'être aimée coûte que coûte, même « abstraitement ». Ce fragment nous montre qu'à travers le problème de l'appropriation, c'est la définition même de la personne qui est en jeu : la concevoir comme un « moi », un substrat métaphysique, est pour Pascal une erreur, puisque la métaphysique est incapable de trouver un tel substrat et tombe dans l'abstraction; c'est d'un point de vue moral qu'il faut juger et délégitimer la prétention des sujets, dictée par l'amour propre, à se constituer en personnes complètes[2]; mais se confirme alors l'idée que l'unité personnelle, aussi blâmable soit-elle, n'est pas donnée à l'origine, et se constitue par différentes appropriations de qualités et d'actions, plus ou moins réussies, tout au long de la vie individuelle. Dans cette perspective, la personne n'est pas une unité ontologique déjà faite au départ, mais elle trouve son unité *dans le temps*; chaque appropriation, ou peut-être désappropriation, d'idée, d'action ou de caractère recèle ainsi une force constituante concrète.

Qu'est-ce donc qu'une personne si on l'envisage en tant qu'individu? Nous sommes parvenus à trois définitions, divergentes conceptuellement, sans doute compatibles entre elles, et par là-même toutes trois porteuses de la même ambiguïté : premièrement, la personne est un « agent » qui a développé un lien singulier aux actions dont il est concrètement l'auteur; deuxièmement, la personne est un « sujet » qui s'est constitué en individu à partir de ce qui lui est arrivé et particulièrement des actions qu'il a menées; troisièmement, la personne est une « individualité » dont l'origine est normative, sociale mais qui n'en demeure pas pour autant artificielle ou symbolique car elle se constitue effectivement comme être concret.

1. V. Descombes, *Les embarras de l'identité*, *op. cit.*, p. 160-165.
2. V. Carraud, *L'invention du moi*, Paris, P.U.F., 2010, p. 37-38.

Les trois définitions ont recours, tour à tour, aux concepts différents de « sujet », d'« individu », d'« agent » ; elles paraissent néanmoins formulables les unes dans les autres, leur clef unifiante étant en somme l'idée que la personne est fondamentalement un agent, qui entretient un lien spécial avec certains événements du monde pouvant être qualifiés comme des « actions », et se nourrit de ces événements pour se constituer, devenir ce qu'il est. Mais par ailleurs une profonde tension traverse le concept de « personne » ; la personne apparaît, prise dans son individualité, à la fois comme le résultat d'un processus concret, dont il s'agit de comprendre la nature, qui est lié à l'agentivité et peut être restitué grâce à une biographie complète, et à la fois comme une unité logique, artificielle, sociale et donnée dès l'origine, puisque la logique d'imputation, qui fait qu'à un agent peuvent être rapportées ses actions, nécessite la position d'un sujet d'imputation, et une biographie doit narrer, d'un bout à l'autre, ce qui est arrivé *à* un sujet identifié. Tout le problème est donc de passer, par une explication cohérente, d'une logique sociale de la personnification, qui exige que l'on individualise des sujets parce qu'ils ont, en société, des comptes à rendre, à une métaphysique des individus personnels, qui exige que des sujets s'individuent par leurs actions, par ce qu'ils font et subissent.

Brève logique de l'événement et de l'action

Mais la recherche d'une telle explication cohérente passe par des précisions liminaires qui relèvent de la théorie de l'action : d'abord il s'agit de distinguer, parmi les événements, ces événements particuliers qui sont des actions et sont ainsi susceptibles d'avoir des auteurs et d'engager l'agentivité ; ensuite, il s'agit de qualifier précisément le rapport d'un agent à ses actions, pour mieux comprendre en conséquence le mécanisme de l'appropriation, ainsi que l'émergence de la personnalité à partir des actions.

Cependant, la différence entre ce qui arrive, ce qui survient, et ce qu'un agent fait arriver ou survenir est-elle bien déjà la différence fondamentale qui distingue les actions des autres événements ? Mieux, la différence entre actions et événements est-elle réelle, ce qui permettrait de définir les événements comme des « actions incomplètes », ou bien seulement logique ? Deux interprétations sont en effet envisageables : l'une, ontologique, dirait qu'un événement est une action sans sujet, privée d'agent, dont le paradigme est le pur processus impersonnel décrit dans des phrases du type : « Il pleut » ; V. Descombes se demande ainsi à propos de tels énoncés

« impersonnels » s'ils sont vraiment composés d'un prédicat sans sujet, ou s'ils renvoient plutôt à un sujet indéterminé, le monde par exemple, ou inconnu[1]; l'autre interprétation, se cantonnant à la logique, dirait qu'un événement est la description incomplète d'un processus dont la description complète est une action, et le processus en lui-même ne s'identifie alors ni à une action ni à un événement, même s'il n'est exprimable que sous une des deux formes.

Une remarque fameuse de Wittgenstein, à propos du vouloir, introduit une distinction apparemment claire entre les mouvements volontaires des agents humains, ou actions, et leurs mouvements involontaires, qui demeurent de purs événements. « Mais n'oublions pas ceci : quand "je lève le bras", mon bras se lève. D'où ce problème : que reste-t-il donc quand je soustrais le fait que mon bras se lève du fait que je lève le bras ? »[2]. Si « je lève mon bras », alors on peut dire que c'est *quelque chose que je fais*, tandis que si « on me lève le bras », on doit plutôt dire que c'est *quelque chose qui m'arrive*; or dans les deux cas, il y a un fait commun, qui est « le fait que mon bras se lève ». La manière dont Wittgenstein pose le problème semble permettre d'identifier un mouvement corporel unique, mais qui est au fondement de deux processus différents, dont on aurait tendance à qualifier l'un d'« action » et l'autre d'« événement » ; au-delà de la simple constatation qu'il y aurait ainsi un point commun entre l'action et l'événement, entre ce qu'un individu fait et ce qui lui arrive, il convient dès lors de se demander ce qu'il faut ajouter au mouvement physique seul pour qu'il y ait une action; bref, si l'action est « un événement plus quelque chose », il reste à identifier quel est ce « quelque chose ». Malgré tout, la formulation de Wittgenstein est ironique, en permettant de pointer l'incohérence de la position philosophique traditionnelle, qui dédouble le mouvement volontaire en une volonté suivie d'un mouvement, comme si la différence entre ce que je fais et ce qui m'arrive tenait en un acte mental de volonté causant mes actions, comme si le mouvement de mon bras, extérieur à moi-même, résultait pourtant d'une décision interne à ma conscience[3].

1. V. Descombes, *Le complément de sujet. Enquête sur le fait d'agir de soi-même*, Paris, Gallimard, 2004, p. 33-34.

2. L. Wittgenstein, *Recherches philosophiques*, Paris, Gallimard, 2004, § 621, p. 228.

3. Nous nous appuyons sur l'introduction de B. Gnassounou au recueil *Textes clefs de philosophie de l'action. Action, raison, délibération*, Paris, Vrin, 2007.

Wittgenstein nous confronte ainsi à l'opposition de deux théories philosophiques. La première défend l'idée que la différence entre actions et événements se trouve dans la genèse causale des mouvements corporels : si l'action est « un événement plus autre chose », c'est qu'elle n'a pas pour cause un événement banal mais un événement tout à fait particulier, par exemple un événement mental dans l'esprit de l'agent; la différence entre action et événement est dans ce cas réelle. Le second camp soutient à l'inverse que cette différence est avant tout liée à notre interprétation ou à notre connaissance des processus; ainsi Wittgenstein, en reprenant dans la *Grammaire philosophique* le même exemple du bras qui se lève, différencie les mouvements involontaires et les mouvements volontaires, parce qu'on observe les premiers tandis qu'on fait directement les seconds[1]; pour l'agent, il y a connaissance immédiate du mouvement, pour ceux qui ne sont pas l'agent, il y a expérience ou observation du mouvement; dès lors, ce n'est pas l'absence ou la présence d'un élément réel, comme un état mental, qui permet de fonder la différence entre mouvements volontaires et involontaires, mais une différence de contexte et de rapport du sujet, ou du locuteur, au processus qui a lieu.

Harry Frankfurt[2] développe deux arguments convaincants contre la théorie de la différence causale entre actions et événements. Le premier argument porte sur la temporalité de notre connaissance de l'action : si la différence causale était réelle, je saurais que j'agis, non pas en étant en train d'agir, mais en connaissant la cause passée de mon action; or les choses ne se passent pas ainsi, je n'ai pas besoin de la pensée consciente que je suis en train d'agir pour savoir immédiatement que j'agis si on me le demande, et il serait bizarre que j'aie besoin de la conscience de ce qui s'est passé avant d'agir pour savoir que je suis actuellement en train d'agir et non de subir un événement; on n'a pas l'impression, dans l'immédiateté du lien entre l'intention et le mouvement corporel, qu'il y ait besoin d'introduire la conscience intermédiaire d'un lien de cause à effet entre le passé et le présent. Le deuxième argument est constitué d'un contre-exemple, inspiré de Davidson, « le cas d'un individu qui a l'intention de renverser son verre au cours d'une réception pour donner à ses complices le signal d'attaquer les convives, et qui croit, vu ce qu'ils avaient convenu, que le fait de renverser le verre aura cette conséquence; or tout ceci le rend fort nerveux, sa main tremble et son verre se renverse ». La théorie causale de l'action

1. L. Wittgenstein, *Grammaire philosophique*, Paris, Gallimard, 1980, § 97, p. 152-153.

2. H. Frankfurt, « Le problème de l'action », dans M. Neuberg, *Théorie de l'action*, Liège, Mardaga, 1991, p. 241-251.

postule que l'identification de l'action suppose la présence d'un processus particulier qui en est la cause ; or dans le contre-exemple, l'intention d'agir est bien présente, sans pour autant être la cause du processus, qui n'est du coup pas une action mais un événement. Sans doute la théorie causale de l'action se méprend-elle sur la notion d'« intention » ; non seulement une intention d'agir ne débouche pas toujours sur une action, mais surtout un événement mental ne cause peut-être pas un événement physique de la même manière qu'un autre événement physique, comme s'il n'y avait qu'une seule causalité. Mieux, si l'analyse de l'action à travers le schème de causalité produit des résultats peu satisfaisants, c'est sans doute qu'il n'est pas adéquat de décomposer l'action en parties telles que l'intention ou le mouvement physique et que l'action n'est pas une somme d'événements causalement liés, mais une toute autre réalité, autrement structurée.

Admettons ainsi désormais que les actions se différencient des simples événements dans la mesure où elles ne deviennent compréhensibles et ne peuvent être expliquées que dans leur contexte et en référence à l'attitude d'un agent : est-ce que ce résultat ne nous conduit pas, loin de renoncer à différencier les actions des autres événements au sein d'une ontologie des processus, sous le prétexte que la seule différence pertinente serait descriptive puisque un *même* mouvement peut être aussi bien décrit dans son contexte (« Pierre lève le bras ») que décontextualisé (« un bras se lève »), à poser au contraire la question de l'implication des sujets dans les processus, et à se demander si une différence réelle entre actions et événements ne vient pas de ce que, dans le premier cas, des sujets jouent un rôle constituant, tandis que dans le second cas, le processus se fait essentiellement sans sujet ? Le problème reste cependant que la question de la différence réelle entre actions et événements n'est pas tranchée tant que l'on ne sait pas s'il existe des processus qui sont réellement sans sujet (et dans le cas contraire toute description d'un simple événement ne ferait que négliger l'intervention du sujet), ou même si les processus sont au fond dépendants ontologiquement d'individus qui les accomplissent (et dans le cas contraire toute description d'action ne fait que rajouter des sujets, personnifier l'impersonnel, pour des raisons mythologiques par exemple).

Est-il nécessaire, pour décrire adéquatement des processus, de faire à chaque fois référence à des sujets, ou bien convient-il de distinguer les processus décrits sans sujet et les processus décrits avec sujet ? Cette question, parce qu'elle repose sur la catégorie de « sujet », a manifestement quelque chose de grammatical ; Vincent Descombes s'intéresse à elle dans plusieurs chapitres de son livre *Le complément de sujet*[1] et lui donne une réponse inspirée des théories du grammairien Lucien Tesnière[2]. La première chose à faire est d'éclaircir la question en se débarrassant du terme ambigu de « sujet », d'origine métaphysique, pour lui substituer le terme d'« actant ». Selon la définition large de Tesnière, « les actants sont les personnes ou choses qui participent à un degré quelconque au procès »[3]. Maintenant, la réponse au problème passe par la détermination de deux éléments grammaticaux : la valence des verbes, qui dépend du nombre d'actants qui participent à chaque procès décrit, et la voix grammaticale ou « diathèse », qui varie en fonction du rapport instauré par le procès entre les actants. Le terme chimique de « valence » est inspiré à Tesnière par une ressemblance entre le verbe et « un atome crochu » : de même que les atomes, il existe des verbes monovalents, qui décrivent par définition des procès avec un seul actant (« Alfred dort »), des verbes bivalents (« Alfred frappe Bernard »), des verbes trivalents (« Alfred demande le livre à Charles ») et même des verbes tétravalents (selon un exemple donné par V. Descombes : « Daniel fait donner par Charles le livre à Alfred »). Et contrairement à la valence atomique, il existe en outre des avalences[4] qui caractérisent les verbes dits « impersonnels ». Tesnière rejette le qualificatif d'« impersonnel », dans la mesure où le verbe « pleuvoir » dans « Il pleut » est à la troisième personne, et préfère parler de « verbe sans actant ». Ce dernier cas nous intéresse évidemment en priorité car les processus où l'on ne fait pas référence à un sujet sont ordinairement décrits par des verbes avalents.

Or il paraît difficile de prétendre que la description « Il pleut » n'est pas la description complète et adéquate d'un processus ; pourrait-on soutenir en effet qu'en disant simplement « Il pleut », sans référence à un actant, on ne replace pas dans son contexte le mouvement physique simple qui est celui de la masse des gouttes en train de choir ? Certes non. On peut pourtant faire deux remarques. La première, généalogique, est de Tesnière lui-même :

> On explique quelquefois les verbes impersonnels comme dérivant d'anciens verbes à un actant, lequel est aujourd'hui sous-entendu, et l'on fonde cette considération sur l'expression grecque : Ζεύς ὕει, « Jupiter pleut », ὁ θεὸς ὕει, « Le dieu pleut ». Il est possible, en effet, qu'à l'époque où l'animisme des primitifs peuplait la nature entière d'esprits, lesquels

1. V. Descombes, *Le complément de sujet*, *op. cit.*, chap. IX-XII, p. 84-114.
2. L. Tesnière, *Éléments de syntaxe structurale*, Paris, Librairie C. Klincksieck, 1959.
3. *Ibid.*, chap. L, p. 105.
4. *Ibid.*, chap. XCVIII, p. 239 et 240.

étaient considérés comme les agents de tous les phénomènes qui s'y déroulaient, et qui n'étaient au fond que la personnification des forces de la nature, et surtout chez les Grecs, dont l'imagination était féconde et esthétique, on ait pu attribuer véritablement les phénomènes météorologiques à des agents personnifiés [1].

Dès lors, on peut ajouter une seconde remarque, plus générale et anthropologique : l'avalence des verbes est une possibilité pour exprimer certains phénomènes sans référence à des actants, mais ces mêmes phénomènes peuvent toujours être décrits, dans certains contextes sociaux ou culturels, à l'aide de verbes d'une valence supérieure. On peut toujours remplacer : « Il pleut » par « Le ciel pleut », « Dieu fait pleuvoir le ciel », « Dieu donne la pluie à la terre », « Dieu fait donner par le ciel l'onde à la terre », etc. : il n'y a là aucune impossibilité grammaticale. Et on sent bien que chaque locuteur, ou plus globalement chaque culture, effectue un *choix ontologique* à partir des possibilités grammaticales qui s'offrent. Dans *Les deux sources de la morale et de la religion*, Bergson propose une explication des personnifications que nous avons tendance à faire là où nous nous retrouvons pourtant devant un événement qui semble, en l'analysant, impersonnel : ainsi William James, vivant le tremblement de terre de San Francisco de 1906, ne peut s'empêcher d'en parler comme d'un « être individualisé », suivant le même penchant que les primitifs de Lévy-Bruhl à voir des forces vivantes dans les éléments naturels[2]. Jusqu'à l'enfant qui, en frappant la table contre laquelle il s'est cogné, accorde à l'objet inerte un « élément de personnalité » suffisant pour décider d'une sanction, même s'il ne serait sans doute pas prêt à reconnaître derrière cette personnalité fragmentaire un sujet complet[3]. Bergson interprète ces cas de personnification instinctive comme une tendance naturelle, vitale, de l'instinct à ressurgir dans des situations où le rapport à l'environnement est rendu trop virtuel par l'intelligence; mais ce qui est d'abord intéressant pour nous dans tous ces exemples, c'est la manière, que la cause en soit l'instinct ou non, dont se dessine une individualisation symbolique mais efficace, déterminant *une ontologie symbolique des personnes*.

Ici en effet, un tiers terme s'introduit dans le dualisme affirmé jusqu'à présent entre logique et ontologie : *deux ontologies* semblent bien être en jeu, l'une variant selon les cultures et s'établissant en fonction des

1. *Ibid.*, p. 239-240.

2. H. Bergson, *Les deux sources de la morale et de la religion*, Paris, P.U.F., 1932, p. 159 *sq*.

3. *Ibid.*, p. 130.

possibilités de nos structures logiques, l'autre s'imposant directement à partir des objets de notre expérience. Or il semblerait que ces deux ontologies, quoique se plaçant sur un plan différent du réel, ont, dans le cas des personnes, une égale effectivité : la seconde cherche à correspondre à ce qu'il y a, tandis que la première découle d'une forme de miracle qui rend effectif ce qui originellement relève de nos représentations ; nous identifions un ou des actants dans une action en fonction de certaines règles, et dès lors ces actants deviennent effectivement des personnes, des individus, se mettent à exister au regard de normes. Comment comprendre un tel miracle ? À noter d'ailleurs que tous les actants ne deviennent pas des personnes : certes, la pratique médiévale et surtout moderne des procès d'animaux est demeurée célèbre, depuis le cas de la truie de Falaise, humanisée d'ailleurs lors de son supplice, jusqu'aux actions intentées contre les nuées de sauterelles ravageuses[1] ; on conçoit cependant mal le procès d'une pierre détachée de sa montagne ou celui d'un pot de fleurs tombant de sa fenêtre, et la mémoire de pratiques qui nous paraissent si étranges a plutôt tendance à démontrer, au rebours, qu'un tel mouvement de personnification est normalement réservé pour nous aux agents humains. Le mouvement d'individuation des personnes sous l'égide d'un système de normes a ainsi quelque chose de proprement anthropologique, et ce, d'une double manière : subjectivement, ce sont avant tout des hommes que nous reconnaissons comme des personnes et individualisons en personnes ; objectivement, ce sont d'abord des hommes qui s'individuent en personnes, ce qui suggère d'une part que les autres êtres individuels ne s'individuent pas selon ce mode d'individuation particulier, d'autre part que la personnification ne s'avère pas réellement individuante dans le cas d'entités qui ne sont pas des personnes humaines, par exemple les personnes morales, les allégories, voire les entités collectives.

Pour rendre compte de cette ontologie propre aux personnes humaines, qui semble inclure un mode particulier d'individuation, nous sommes finalement conduits à effectuer, par provision, une quadripartition parmi les processus : premièrement, il existerait, même si cela reste encore hypothétique, des processus sans actant, que l'on pourrait qualifier de « purs événements », et qui donc n'engagent aucune individualité que ce soit, par exemple un orage ou une explosion ; deuxièmement, il y a des processus auxquels participent certes des actants, mais plutôt au titre de choses, si bien que ces actants ne s'en trouvent pas personnifiés ni individués, et ces processus n'ont rien d'individuant, par exemple lorsqu'on considère une

1. Voir M. Pastoureau, *Bestiaires du Moyen Âge*, Paris, Seuil, 2011.

pierre qui roule dans un chemin; troisièmement, on trouve des processus qui semblent se distinguer des précédents dans la mesure où ils participent à l'existence d'individus qu'ils contribuent ainsi à individuer, sans pour autant que les individus soient actifs dans cette individuation, tel est le cas d'une blessure qui marque la vie d'un être vivant à tel point qu'il en gardera toujours la cicatrice, des mouvements involontaires dont parle Wittgenstein, ou encore d'événements qui déterminent le cours de mon existence personnelle mais que je subis sans en être l'auteur; quatrièmement enfin, il existe des processus qui méritent absolument le nom d'« actions » dans la mesure où ils dépendent d'auteurs à qui on les impute, qui se reconnaissent en eux, et de tels processus sont bien évidemment tout à la fois individuants et personnifiants pour leurs auteurs. En somme, la question est de savoir ce qui fait la différence entre les trois premiers cas, dans lesquels il est question d'« événements », et le quatrième cas dans lequel il s'agit d'« actions », voire de déterminer un critère de différenciation; mais encore, il s'agit de comprendre pourquoi certains processus engagent des actants et d'autres non et pourquoi certains processus individuent les actants qui sont engagés en eux, sur le mode de la personnification, et d'autres non.

BRÈVE ONTOLOGIE COMPARÉE DES ÉVÉNEMENTS ET DES SUJETS (DEUX CONTROVERSES)

Quels sont les éléments qui peuvent rendre une somme de processus, pour un individu qui s'est trouvé impliqué en eux, *constituante*, à tel point que l'on puisse dire que cet individu s'est fait à partir de ces processus, que ce soit sur le mode de la personnification ou sur un autre mode d'individuation ? Avant d'analyser le cas particulier des personnes et de leur mode d'être individuel propre se pose ici une question d'ontologie pure : si certains processus sont constituants d'individualités, faut-il opposer, comme résultant de deux modes d'êtres contraires, processus et individus, ou bien à l'inverse faut-il concevoir les processus comme des individualités qui contribuent à la constitution d'autres individualités de rang supérieur, et les individus eux-mêmes comme des êtres processuels constitués par des processus de rang inférieur à eux ? Bref, doit-on adopter une ontologie dualiste, qui distingue deux genres d'entités, ou bien une ontologie moniste, qui reconnaisse seulement, dans un même genre d'entités, deux degrés ? Une personne pourrait être dans ce dernier cas pensée comme un devenir, comme une processualité, à condition de la confondre avec le cours de sa vie, et dès lors les événements qui déterminent ce cours de vie seraient conçus comme des parties processuelles d'une processualité supérieure. Cependant, la réponse à cette question d'ontologie est déterminée par la dépendance ou l'indépendance des processus vis-à-vis des individualités qu'ils contribuent à constituer : si les processus sont des entités ontologiquement indépendantes en effet, comment pourraient-ils être des parties constituantes d'autres entités ? Mais comment concevoir à l'inverse, si Robespierre fut marqué de manière décisive par la mort de Danton, que la mort de Danton ne soit pas ontologiquement indépendante de l'individu Robespierre, puisque c'est Danton, et non Robespierre, qui mourut ce jour-là ? Bref, les événements sont-ils positivement des individus, auquel cas ils doivent être dotés d'individualité mais aussi posséder une autonomie, une singularité, et une certaine unité ?

Dans un débat devenu classique, Donald Davidson défend, contre les conceptions d'Anthony Kenny, l'idée que les événements sont des entités indépendantes[1]. Le débat vise à pallier les défaillances de l'analyse ordinaire des verbes d'action, incapable de différencier les rôles d'agent et de patient, de sujet et d'objet, et qui, selon Kenny, confond l'expression de l'action et l'expression de la relation. On considère ainsi « ordinairement » que dans la phrase « Brutus tue César », le prédicat d'action relie deux éléments, de la même manière que dans la phrase « Brutus est plus grand que César », le prédicat de relation relie deux éléments. Kenny comme Davidson estiment en gros qu'une telle analyse est fautive, parce que le prédicat d'action, contrairement au prédicat de relation, est à « polyadicité variable » : « Brutus tue César avec une dague » correspond en effet à la même action que « Brutus tue César » tandis qu'une relation dyadique n'est jamais équivalente à une relation triadique. Mais Davidson n'est plus d'accord avec Kenny lorsqu'il s'agit d'expliquer les raisons de cette différence entre les phrases de relation et les phrases d'action ; pour Kenny, la différence vient de ce qu'une phrase d'action telle que « Brutus tue César » se paraphrase en « Brutus *fait en sorte que* César soit tué » : contrairement aux éléments des phrases de relation, qui sont égaux en

1. D. Davidson, « La forme logique des phrases d'action » et « L'individuation des événements », dans *Actions et événements*, Paris, P.U.F., 1993, p. 149-171 et p. 219-243 ; A. Kenny, *Action, Emotion and Will*, Londres, Routledge & Kegan Paul, 1963. Le débat est restitué clairement par R. Ogien dans l'article « Plaidoyer pour l'événement quelconque », dans J.-L. Petit (dir.), *Raisons Pratiques 2. L'événement en perspective*, Paris, Éditions de l'EHESS, 1991, p. 203-228.

importance, le sujet de la phrase d'action peut être distingué par l'analyse, ce qui explique la paraphrase; Davidson réfute ce point de vue, non pas parce qu'il estime que les rôles d'agent et de patient ne doivent pas être distingués, mais au contraire parce qu'il pense que Kenny ne les distingue pas assez : « Brutus *fait en sorte que* César soit tué » ne dérive pas de « Brutus tue César » parce que Brutus a pu commanditer l'assassinat sans le commettre lui-même, le rôle précis de l'agent est donc perdu dans la paraphrase. Dès lors, Davidson substitue une explication très différente à celle de Kenny : la particularité de la phrase d'action se justifie par le fait que le prédicat d'action contient une place de plus que ce qu'on croit d'ordinaire. En effet, le prédicat d'action de la phrase « Brutus tue César » n'est pas dyadique mais triadique : les arguments de ce prédicat sont non seulement « Brutus » et « César », mais aussi l'événement qu'est « le meurtre de César par Brutus ». L'élément qu'est l'action est donc un des termes de la phrase d'action.

Une telle analyse logique nous montre premièrement que l'idée d'une polyadicité variable des verbes d'action est utile pour comprendre comment plusieurs descriptions peuvent être données de la même action et justifie l'idée qu'un événement peut être décrit avec un nombre variable d'actants, sans que soit remise en cause l'identité de cet événement; deuxièmement, à l'horizon du débat entre Davidson et Kenny s'impose l'exigence de dégager le rôle prépondérant de l'agent au cœur de ce qu'ils nomment des « événements » car Davidson, contrairement à ce que lui reproche Ricœur dans *Soi-même comme un autre*, ne semble pas constituer une « sémantique de l'action sans agent »[1]; troisièmement, pour autant, l'idée que « chaque verbe d'action a une place d'événement » et admet un événement comme objet est pour Davidson une bonne raison de favoriser une ontologie des événements, ce qui pose évidemment le problème de l'articulation de cette ontologie à une ontologie des individus. Pour Davidson en effet, le rapport du spécifique à l'individuel est le même pour les événements et les individus : de la même manière que la phrase « Il y a un moustique dans la pièce » ne fait pas référence à un être culicidé singulier, de la même manière la phrase « Doris fit chavirer son canoë hier » ne fait pas référence à un événement chavirant singulier. Autre argument, de même que les phrases « Socrate est philosophe » et « Socrate est petit » réfèrent *au même* être, car on peut dire que le sujet des deux phrases est identique, de même, les phrases « L'infâme dictateur à vie a été liquidé au Portique de Pompée » et « Aux Ides de Mars, le divin César a été frappé par

1. P. Ricœur, *Soi-même comme un autre*, *op. cit.*, p. 108.

soixante sénateurs» réfèrent *au même* événement, car on peut dire que l'objet événementiel des deux phrases est identique. Or, comme le proclame Davidson :

> Quine a lancé : «Pas d'entité sans identité» (…). Mais la devise suivante est bien plus évidente : «Pas d'identité sans une entité» – et son homologue linguistique l'est aussi : «Pas d'énoncés d'identité sans termes singuliers»[1].

Davidson a-t-il pour autant démontré la nécessité qu'il y aurait de prendre les processus comme éléments primitifs du réel ? C'est-à-dire : à supposer qu'il faille considérer les événements, objets de référence de nos verbes d'action, comme des entités, sont-ce pour autant des entités indépendantes, c'est-à-dire des éléments fondamentaux de notre ontologie ? Après tout, les arguments logiques ne suffisent pas, et il semble que les accidents aussi puissent être des termes de la phrase d'action comme par exemple : «Le rhume de Socrate l'a conduit tout droit chez le médecin» ou «Le peintre a donné une teinte rouge au mur». Le problème est donc plutôt de distinguer, par des critères précis, les entités indépendantes et les entités dépendantes d'autres entités fondamentales. Dans «L'individuation des événements», Davidson défend ainsi les raisons logiques de prendre les événements comme des entités, et se lance brièvement dans une controverse avec Strawson à propos de la dépendance des événements aux objets ou aux sujets[2].

Strawson mène dans *Les individus*, à propos des processus, une assez longue analyse, relativement sinueuse et aux conclusions réservées, mais qui mérite d'être restituée[3]. Évidemment, les critères de Strawson pour décider de l'indépendance des entités événementielles ne sont pas les mêmes que ceux de Davidson : pour déterminer notre ontologie, Strawson ne se fonde pas sur les exigences du langage courant mais sur notre pratique épistémique ordinaire. Les objets principaux de notre ontologie sont ceux que nous pouvons identifier directement et publiquement dans le monde. Il faut ainsi distinguer les particuliers que nous identifions directement, et ceux que nous identifions par référence à d'autres

1. D. Davidson, «L'individuation des événements», art. cit., p. 220-225.

2. *Ibid.*, p. 233-236.

3. P.F. Strawson, *Les individus, op. cit.*, p. 50-64. Strawson est assez vague dans le choix des termes qui correspondraient chez Davidson aux événements : «I shall speak, for example, of *events* and *processes*, *states* and *conditions* on the one hand ; and of material bodies, on the other. I shall use these termes loosely. (…) In general, I shall not claim that my distinctions are very clear, etc.» (version originale, p. 46).

particuliers. Les premiers sont les corps matériels et les personnes, éléments fondamentaux de notre ontologie; mais faut-il classer les processus parmi les seconds? La pureté du système nous inviterait à tirer cette conséquence, mais dans les faits, certains événements sont identifiables par eux-mêmes, sans référence à des corps matériels, et rien ne s'oppose donc à ce qu'on dise qu'il s'agit d'entités indépendantes; parmi ces événements, Strawson donne l'exemple des explosions ou des éclats de lumière; dans d'autres cas, les événements ne sont pas identifiables directement mais à partir d'autres événements, sans référence donc aux corps matériels, en construisant par récurrence des sortes de séries à partir d'un premier événement identifiable directement : c'est le cas du cycle des jours et des nuits, ou d'une série d'explosions, par exemple des attentats, qui permet une identification relative à la série. La question de l'autonomie épistémique de certains événements paraît en tout cas réglée, et sur ce point, Davidson donne son plein accord[1].

Maintenant, peut-on tirer, de l'exemple de certains processus, une leçon sur le statut ontologique des processus en général? Strawson émet sur ce point une réserve, liée au pouvoir identifiant des séries de processus constituées par les observateurs. Le problème est l'identité entre deux séries constituées par deux observateurs différents : si l'on prend la série des jours et des nuits, qui sert de fondement à notre système de datation, alors celle-ci est largement universelle et publique; en revanche, une série de batailles sera délimitée de la même manière par deux généraux qui ont les mêmes conceptions tactiques, mais pas forcément par un « pékin » qui pourra inclure d'autres batailles dans la série; autrement dit, les processus particuliers, du moins ceux que l'on identifie en série, remplissent le premier critère pour être des entités fondamentales au sens où on peut les identifier directement, mais pas forcément le second critère car la constitution des séries identifiantes relève de critères privés tout autant que publics, c'est-à-dire que leur identification s'avère, pour certains sujets qui n'ont pas les moyens d'une identification immédiate, dépendante d'identifications plus fondamentales. En somme leur identification n'a pas forcément lieu dans un schème universalisable, public et cohérent[2]. Là encore, Davidson approuve.

La discorde vient finalement de la conclusion de Strawson. Il définit deux grandes classes de processus, « d'une part, par exemple, des événements et des processus qui, selon la manière dont nous les concevons et

1. D. Davidson, « L'individuation des événements », art. cit., p. 233.

2. P. F. Strawson, *Les individus*, *op. cit.*, p. 58-59.

les nommons, doivent être nécessairement des événements ou bien des processus *de*… ou exécutés ou subis *par*… des corps matériels (ou des choses possédant des corps matériels) et, d'autre part, des événements et des processus qui ne sont pas de cette nature»[1]. Si l'on veut pouvoir soutenir que les processus sont, comme les corps particuliers, des entités autonomes, alors il faut pouvoir dire que les processus relevant des deux grandes classes ci-dessus sont directement identifiables. Or cela semble être le cas, contre toute attente, des événements qui sont *par* les corps ou *des* corps. Strawson prend l'exemple des morts ou des naissances : évidemment, « une naissance » est toujours « la naissance d'un animal » et quand on dit : « c'est une naissance », cela implique toujours qu'on identifie un corps vivant et qu'on veut dire « il y a un animal dont c'est la naissance » ; mais réciproquement, quand on dit : « c'est un animal », n'implique-t-on pas tout aussi nécessairement qu'il y a eu une naissance qui était la naissance de cet animal ? Il y aurait ainsi une relation de dépendance symétrique entre les processus et les corps qui permettrait de conclure à une ontologie duale des processus et des particuliers. Cependant, avant de tirer cette conclusion, le constat que l'identification directe des processus, quoique envisageable, est plus limitée que celle des corps particuliers nous invite à la prudence ; Strawson reconnaît finalement une certaine asymétrie dans la relation entre les particuliers processuels liés à des particuliers corporels et ces particuliers corporels. La preuve avancée est relativement brève et elliptique :

> (…) il y a, après tout, une certaine asymétrie dans la relation entre le concept d'animal et le concept de naissance. Il est vrai que « c'est un animal » implique « il y a une naissance qui est la naissance de ceci ». Mais cette implication admet la paraphrase suivante : « ceci est un animal » entraîne « ceci est né ». Or, tandis qu'il peut sembler raisonnable de soutenir que notre concept d'animal serait différent si nous ne pouvions pas exprimer l'implication sous cette deuxième forme, il semble cependant raisonnable, aussi, de nier que notre concept d'animal serait différent s'il nous manquait simplement les moyens d'exprimer l'implication sous sa première forme[2].

Bref, nous pouvons penser à un animal comme individu sans penser à sa naissance comme événement particulier, alors que nous ne pouvons pas penser à ce qui lui arrive sans penser à lui, preuve que finalement, pour notre ontologie, la catégorie de « corps particulier » est plus fondamentale

1. P. F. Strawson, *Les individus*, *op. cit.*, p. 50.
2. *Ibid.*, p. 57.

que la catégorie d'« événement particulier ». Davidson, toujours armé de ses arguments logiques, conteste cette conclusion, non pas finalement en venant sur le terrain de Strawson, mais en rappelant l'exigence d'admettre les événements dans l'ontologie si l'on veut donner leur signification complète aux phrases d'action[1]. Puisque les prédicats d'action font référence aux événements, ce que nous a révélé l'analyse logique, alors ce serait appauvrir le sens de ces prédicats que de ne pas admettre les événements comme entités indépendantes.

S'il nous paraît difficile de trancher entre les deux positions, peut-être est-ce parce que les deux prétendent fonder des résultats ontologiques sur des enquêtes qui concernent notre connaissance ordinaire des choses ou la structure ordinaire de nos phrases, mais qui ne portent pas elles-mêmes sur ce qu'il y a. Pourtant, la position de Strawson ne se résume pas à la question de la dépendance épistémologique des processus aux corps; il développe également, au cours de son raisonnement et en filigrane, une réflexion sur le statut ontologique des processus, qui vaut également d'être retenue. D'abord, il apparaît qu'il est difficile de distinguer, même grossièrement, les processus des corps matériels[2] : certains objets ont en effet un statut ambigu, par exemple les champs, qui sont bien matériels mais ont une unité corporelle arbitraire, ou les rivières, qu'on pourrait considérer comme des processus matériels, même si Strawson les classe du côté des corps. Ensuite, si cette division des processus et des corps est dans certains cas délicate, alors il semble que nous ayons besoin d'un critère ontologique de différenciation; on pourrait ainsi dire que les processus sont limités dans le temps – une explosion affecte très brièvement plusieurs corps autour d'elle – tandis que les corps sont limités dans l'espace – un corps dure, mais il est cantonné à son lieu –. Strawson commence par adopter une position de ce genre, avant de montrer que là encore certains cas sont ambigus, par exemple « la croissance et la vieillesse d'un homme durent aussi longtemps que l'homme », et l'érosion d'une falaise est un phénomène de longue haleine[3]. Enfin, Strawson prend au sérieux l'objection qui dirait que le contraste entre les processus et les corps matériels est « douteux » ; mais si l'on ne distingue plus, parmi les objets de notre ontologie, les processus et les entités corporelles, de quoi est alors composée notre ontologie ? Elle est composée d'entités homogènes, qui par définition ne sont ni des corps ni des processus, mais, selon Strawson, des « choses-processus » à quatre

1. D. Davidson, « L'individuation des événements », art. cit., p. 235.
2. P. F. Strawson, *Les individus*, *op. cit.*, p. 50.
3. *Ibid.*, p. 62.

dimensions, les processus successifs représentant les trois premières dimensions, et la chose, la série des processus qui se succèdent dans le temps, représentant la quatrième.

Strawson sous-entend que l'ontologie ainsi rénovée se rapprocherait beaucoup de celle de Leibniz car elle considérerait le mot « César » comme le nom d'une série d'événements, ou d'une biographie, et non d'une entité substantielle. Mais il peut alors s'objecter à lui-même que dans la réalité nous distinguons l'histoire de la vie d'un individu, sa biographie, de l'individu qui a cette vie; or une nouvelle logique, qui ferait abstraction de la distinction entre processus et individus, ne peut être valide qu'à condition que tous les contenus des ontologies qui admettent cette distinction soient traductibles dans les termes de cette nouvelle ontologie; ce n'est pas le cas en l'occurrence et l'ontologie des choses-processus n'est ainsi pas satisfaisante pour nous; il convient d'en conclure que les événements et les processus se distinguent réellement, et que les premiers sont plus fondamentaux que les seconds. Il semble néanmoins que la démonstration soit fautive sur ce point, en commettant une erreur que Strawson lui-même pointe pourtant dans d'autres passages des *Individus* : si l'on renonce à une distinction en effet, il faut prendre garde à se situer en deçà de la distinction et ne pas réintroduire subrepticement un de ses termes tout en abandonnant l'autre[1]; ici, prendre au sérieux l'objection selon laquelle la division entre processus et corps particuliers est superflue impose d'introduire un concept homogène antérieur à la division; or Strawson tente au fond, par l'intermédiaire des « choses-processus », de penser les corps en termes de processus; la catégorie de « chose-processus », qui n'élimine pas la notion de processus, paraît ainsi mal formée.

Pour autant, ne suffirait-il pas, au-delà d'une catégorisation ambivalente, de reconnaître que les processus, tout comme les entités que Strawson nomme des « particuliers » ou des « choses », sont des « individus » ? Ce que nous cherchons, c'est en effet une notion qui exprime à la fois la matérialité concrète des choses et des processus, leurs limites dans l'espace ou dans le temps, et leur unité numérique : trois attributs que l'on peut rattacher fondamentalement à *l'individualité*. Nous serions alors autorisés à penser que les éléments constituants de l'individu sont des processus, et que les corps particuliers ou les personnes, comme unités individuelles, traduisent d'une certaine manière, à chaque moment, l'achèvement des processus qui viennent les constituer. Un signe d'ailleurs confirme cette hypothèse : à propos du concept de « chose-processus »

1. Voir un exemple de cette maxime : *Les individus*, *op. cit*, p. 224.

défini comme « série de processus » ou « histoire d'une vie », Strawson note qu'il s'agit d'un concept incomplet par rapport à celui de « chose » ; car ne faut-il pas, pour rassembler divers processus en une série, postuler qu'il y a unité de cette série, par exemple unité des événements d'une vie, et dès lors rétablir l'unité ontologique qu'on a voulu retrancher en éliminant le concept de « chose » ? Et n'est-ce pas dès lors l'unité de l'individu vivant, ou de la personne qui a sa vie, qui vient unifier les séries de processus ? En somme, le concept d'« individu » peut être ici mobilisé par une ontologie soucieuse de décrire notre expérience du réel, en vue d'indiquer une *proximité d'être* entre les « particuliers », choses ou personnes, auxquelles nous devons accorder une processualité malgré leur permanence, comme tend à l'indiquer Strawson, et les « processus » qui, malgré le problème de leur unité, sont individualisables, comme le montrent à la fois Davidson et Strawson; ainsi l'introduction de la catégorie d'« individu » permet l'unification des deux ontologies à première vue hétérogènes et dont l'articulation paraissait auparavant problématique; il n'en reste pas moins que les particuliers et les processus ne sont pas des individus au même titre, seuls les premiers paraissent complètement individuels, c'est-à-dire dotés d'une unité intrinsèque, tandis que les seconds, même s'ils sont identifiables de manière indépendante, ne semblent acquérir d'unité complète qu'en venant s'achever dans la constitution d'un particulier.

BRÈVE THÉORIE DE LA PARTICIPATION DES AGENTS À LEURS ACTIONS

Les processus sont donc concevables, au sens large, comme des « individus », dans la mesure où on peut les individualiser, c'est-à-dire déterminer leurs limites. Toutefois la notion de « limite » est ici ambiguë : on peut comprendre qu'en cherchant les limites d'un événement ou d'une action, on essaie d'en voir les conséquences dernières au-delà desquelles on considère qu'il ne s'agit plus du même événement; on peut comprendre également qu'en essayant de définir un événement, on tâche d'en établir l'identité, par exemple lorsqu'on veut déterminer si deux descriptions qui paraissent différentes sont en réalité celles du même événement; on peut comprendre enfin que la limite d'un événement est le principe de son unité, son origine ou sa fin. Or, dans le cas qui nous préoccupe plus particulièrement, celui des actions, les deux premières compréhensions de la « limite » semblent nous reconduire à la troisième : dans la mesure où l'action est un processus qui part de l'intention de l'agent pour se déployer en un mouvement dans le monde, alors il existe un critère d'identité des actions tel qu'on peut parler d'une même action aussi longtemps que les conséquences du mouvement de départ, isolable logiquement, apparaissent comme la *suite concrète de l'intention de l'agent*.

Une conséquence immédiate et triviale de cette loi d'individualisation des actions est que la description d'une action doit introduire, pour être complète, outre les actants, un terme logique particulier qui est « l'agent », sujet premier du prédicat d'action, actant privilégié s'il en est; l'agent apparaît ainsi, en tant qu'origine de l'action, comme le critère de sa limitation et de son individualisation. Une autre conséquence, logique là encore, est que la description d'un processus n'est pas davantage complète si on y ajoute toujours plus de conséquences et d'actants, comme si le prédicat d'action était par nature non seulement polyadique mais « panadique » et que la seule action individualisable était *in fine* l'histoire de l'univers entier; il existe bien des descriptions complètes de processus singuliers, qui mentionnent l'ensemble des actants qui y sont impliqués.

Nous disons donc que l'action est individualisée par l'intention de l'agent : mais l'agent est-il ainsi à l'origine de l'action en tant que sa cause, par l'intermédiaire d'un processus mental qui serait l'intention, ou selon un autre rapport d'effectuation ? La question a une importance historique dans le cadre du débat sur l'intention, c'est ainsi que Davidson en particulier définit l'action par ses causes et ses effets; mais elle est également importante pour préciser la relation de l'agent à son action : il apparaît en effet problématique que l'agent soit à la fois la source de l'événement qu'est son action, et le résultat de son action, puisqu'elle viendrait le constituer. D'un côté, avant d'agir, l'agent possède une forme d'unité nécessaire pour qu'on puisse même parler d'« un » agent, il est en quelque sorte déjà constitué pour pouvoir effectuer son action; d'un autre côté, paradoxalement, chaque action s'avère constitutive pour l'agent en ce qu'elle a pour résultat, alors qu'elle semble initialement dirigée davantage vers l'extérieur de l'agent, vers les choses sur lesquelles l'agent agit, que vers l'agent lui-même, de modifier l'existence de l'agent, et par là même, on peut le supposer, de contribuer à l'achèvement de son individualité.

Selon Davidson, à la toute fin de son article « L'individuation des événements », « les événements occupent une position unique dans le système des relations causales entre événements, un peu de la même manière que les objets occupent une position unique au sein du système spatial des objets en général »[1], Davidson pensant avoir trouvé pour les processus un critère d'individuation à peu près correspondant à celui que Strawson a mis en exergue pour les corps : de même que les corps entretiennent entre eux des liens d'altérité en fonction de leur spatialité et de leur temporalité différente, de même les événements entretiennent entre eux des liens d'altérité en fonction de leur situation dans la chaîne des causes et des effets. Les deux solutions sont kantiennes : c'est à la causalité, premier concept pur de notre entendement, que revient de déterminer la place de chaque événement dans notre schème général des causes et des effets ; c'est à l'espace et au temps, intuitions pures de notre sensibilité, que revient de déterminer la place de chaque individu corporel dans notre schème spatio-temporel. Davidson semble cette fois se rallier à une conception purement événementielle, sans agent, des actions ; les événements se succèdent les uns aux autres parce que chaque événement est antérieur logiquement à certains événements (cause) et postérieur logiquement à d'autres (effet).

Cependant, lorsqu'on évoque une « intention » pour expliquer certains événements, alors on introduit une causalité très spéciale, faisant référence à un agent qui, en agissant intentionnellement, est cause fondamentale, ou au moins à des événements mentaux dont l'un est l'origine absolue de toute la série. Ce n'est pas un problème majeur pour Davidson, pour qui les événements mentaux sont de même nature que les événements physiques, ou pour qui, plus précisément, « le principe d'interaction causale porte sur des événements en extension et est par conséquent indifférent à la dichotomie mental-physique »[2]. La conséquence, assumée par Davidson, est alors que l'intention est envisagée en termes de simple cause et on débouche ainsi sur une antinomie : d'un côté, « là où il y a causalité, il doit y avoir une loi : des événements qui entretiennent des relations de cause à effet tombent sous des lois déterministes strictes » ; d'un autre côté, la réalité particulière qu'est l'intention oblige à dire qu'« il n'y a pas de lois déterministes strictes à partir desquelles on puisse prédire et expliquer la nature exacte des événements mentaux »[3]. Si Davidson parvient peut-être à résoudre son antinomie grâce à la théorie complexe du « monisme anomal », on voit qu'on pourrait éviter une telle contradiction en se gardant simplement de concevoir l'intention comme un simple événement, interne à l'agent tout en étant autonome de lui, et en la considérant à l'inverse comme une partie concrète

1. D. Davidson, « L'individuation des événements », art. cit., p. 240-241.
2. D. Davidson « Les événements mentaux », dans *Actions et événements*, *op. cit.*, p. 288.
3. *Ibid.*, p. 279.

de l'agent, inhérente à lui et le liant de ce fait intrinsèquement à l'action qu'il accomplit.

Nous ne souhaitons pas ici entreprendre une enquête aux horizons incertains sur la nature de l'intention, ce qui nous ferait largement sortir du cadre de notre propos; notons seulement qu'une définition pour nous satisfaisante de l'intention est celle qui permet de rendre compte du lien entre l'agent et son action, qui explique pourquoi l'agent sait que l'intention qu'il avait s'est réalisée ou non dans son action, et comment dès lors l'agent est en mesure de se sentir l'auteur de son action et de se l'approprier, avec toutes les variations possibles d'appropriation en fonction de la précision ou du flou de l'intention initiale, de sa réalisation ou non dans le monde extérieur, de la maîtrise ou non par l'agent des conséquences de son action. En ce sens, la très célèbre définition d'Elizabeth Anscombe, selon laquelle « en gros, l'intention d'un homme c'est son action » semble convenir[1]. Il faut évidemment relativiser cette formule choc en ajoutant immédiatement, comme le fait Anscombe : « mais bien sûr, c'est une façon *très* grossière de parler. Il est bon de l'exprimer cependant, comme antidote à la thèse absurde, soutenue parfois, selon laquelle l'action qu'un homme a l'intention de faire n'est décrite que par la *description* de son objectif ». La réponse que « l'intention c'est en gros l'action » possède ainsi une vertu polémique, en permettant d'écarter l'idée que l'intention serait « un mouvement intérieur d'une espèce particulière » qui précéderait ou accompagnerait le mouvement physique[2]; elle permet plus positivement de modéliser l'action en une sorte de vecteur-force dont l'intention serait la direction, éventuellement faussée dans quelques cas par d'autres forces contraires. Le principal est que l'intention apparaisse incluse dans le processus complet qu'est l'action et indétachable de ce processus. Tout autant que l'action est un déploiement ou un achèvement de l'intention, l'intention peut être comprise comme le début de l'action, l'initiation du processus pratique, sans qu'on puisse l'abstraire de l'action dont elle participe, sauf par une considération incomplète de sa nature; cette compréhension de l'intention s'avère suffisante pour notre enquête.

1. G. E. M. Anscombe, *L'intention*, Paris, Gallimard, 2002, § 25, p. 92.
2. *Ibid.*, p. 89.

Logique descriptive et logique ascriptive

Nous sommes désormais mieux en mesure de saisir la différence entre les actions et les autres événements : il ne s'agit pas d'une différence d'emblée ontologique puisqu'elle oppose avant tout deux types de discours ou deux types de descriptions des processus, mais d'une différence originellement logique qui prend néanmoins un tour ontologique en instituant des agents, des personnes. En effet, la description événementielle d'un processus ne fait pas référence à l'actant principal de l'action, même si elle peut éventuellement faire référence à des actants, par exemple lorsqu'on dit « Il pleut des cordes », tandis que la description d'un processus en termes d'action fait nécessairement référence à l'agent et à son intention ; et cependant, cette différence ne peut être réduite à de simples questions de choix de description, comme si nous étions face à deux options stylistiques ou rhétoriques[1] : en décrivant un processus comme un événement plutôt que comme une action, on en propose une explication différente, on fait un choix épistémologique ; en décrivant un processus comme une action plutôt que comme un événement, on exhibe le rôle de l'agent et par là-même on s'inscrit dans un système institutionnel, on établit une ontologie. Parler en termes d'événements, c'est chercher à expliquer un processus en fonction des processus qui l'ont causé et de ceux que lui-même cause, tandis que parler en termes d'actions, c'est chercher à expliquer ou comprendre[2] un processus en l'imputant à un des actants qui y ont participé et qui est identifié comme agent ; si l'on dit par exemple que « Jean mange un gâteau », volontairement bien sûr, ou bien on fait abstraction de l'agent pour l'explication de la phrase en considérant que Jean est un actant à l'égal du gâteau et que la cause de l'événement est un autre événement, c'est-à-dire l'intention de Jean ; ou bien on considère que l'action se comprend et trouve son unité à condition de l'imputer à Jean l'agent. On ne trouve donc l'agent comme terme explicatif d'un processus qu'en interprétant sa description selon la logique de l'action ; dans ce cas, cette description ne s'interprète pas causalement, *la phrase d'action étant par nature imputative*.

Dans la *Théorie pure du droit*, Hans Kelsen suggère, sans être le premier à le faire, une parenté originelle entre le principe d'imputation et le

1. Sur le modèle de la fable « Les deux Académies » que V. Descombes narre dans *Le complément de sujet*, *op. cit.*, p. 40-43.

2. Nous négligeons volontairement ici la différence entre « expliquer » et « comprendre ».

principe de causalité, ce qu'indique d'ailleurs étymologiquement la proximité entre les mots grecs « αἰτία » et « αἴτιος ».

> Il est plus que vraisemblable que [l'homme] primitif n'explique pas encore les phénomènes naturels d'après le principe de causalité. Ce principe, qui est le principe fondamental des sciences de la nature, représente comme celles-ci elles-mêmes, une conquête d'une civilisation relativement avancée. L'homme primitif interprète les faits qu'il perçoit par les sens d'après les mêmes principes qui déterminent ses relations avec ses voisins, c'est-à-dire d'après des normes sociales [1]

et donc d'après le principe d'imputation. Quelle que soit la vérité historique de cette généalogie et de cette articulation des principes épistémologiques, quelle que soit par ailleurs la tendance de Kelsen à tout vouloir lire à l'aune de la théorie du droit, cette remarque n'en est pas moins éclairante du rôle fondamental du mécanisme imputatif pour notre rapport au monde. Entre l'action et son agent s'intercale en effet, sous la forme d'une imputation de l'action à un agent prédéterminé, voire d'une imputation de l'action à soi-même dans le cas d'une appropriation, *un mouvement d'individuation par la norme*, mouvement qui vient, à partir d'une individualisation à portée réalisatrice, former la personne.

Or si cette imputation réalisatrice tire son origine d'une description individualisant un agent, c'est parce qu'une telle individualisation n'est elle-même pas seulement descriptive mais a déjà valeur normative. Ce n'est assurément pas la même chose de dire que Louis XVI fut condamné à mort par la majorité des députés, par la Convention nationale ou par le Peuple français : il ne s'agit pas seulement là d'une concurrence entre diverses interprétations d'un événement qui résulteraient de l'application à la réalité de visions relatives, comme si les hommes individualisaient différemment suivant la provincialité ou la subjectivité de leurs cultures, idéologies ou ontologies, mais bel et bien de *choix imputatifs*, résultant de systèmes de normes admises qui font que l'on attribue la responsabilité d'un événement, selon les règles de telle culture, telle société, tel système juridique, telle idéologie, et selon les circonstances, ou bien à l'individu qui l'a causé, ou bien à une entité collective, ou bien à un clan, ou encore à la fatalité. Si les actions, à la différence des autres événements, se trouvent ainsi *qualifiées* selon un système de normes, alors l'identification de l'agent, son individualisation obéissent par conséquent à certaines normes internes à ce système ; dès lors, la personnification qui en

1. H. Kelsen, *Théorie pure du droit*, Paris, Dalloz, 1962, p. 117-118

résulte découle de ces règles d'individualisation, souvent compliquées par toute une grammaire de l'action, qui permet de définir les rôles assignés aux agents, leur insertion ou non dans des collectivités, et qui admet plus ou moins de liberté des agents, de responsabilité, plus ou moins de culpabilité personnelle.

H. L. A. Hart a suggéré[1] que la fonction première des phrases d'action n'est pas de décrire des choses ou des faits, mais bien d'imputer la responsabilité de faits à des agents. En effet, tandis que certaines phrases, même formulées avec des concepts juridiques, sont des phrases purement descriptives, par exemple, dans certains contextes, « Voici la femme de R. », d'autres phrases, en particulier celles formulées à l'aide des concepts dits juridiques, sont des mélanges de faits et de normes; cela signifie que ces phrases du second type ont des conséquences concrètes en termes de faits, autrement dit, qu'elles sont « opératives » ou « performatives », et qu'elles s'apparentent ainsi à un jugement judiciaire. Or des phrases d'un tel type ne lient pas seulement des faits et des normes, mais elles désignent aussi des individus; d'après Hart, « les phrases "C'est moi qui l'ai fait", "C'est toi qui l'as fait", "C'est lui qui l'a fait" sont (...) essentiellement des expressions à l'aide desquelles nous *avouons* ou *reconnaissons* un dû, nous lançons des accusations, ou nous *attribuons* des responsabilités » ; aveu, reconnaissance ou confession d'un côté, imputation de responsabilité de l'autre, nous retrouvons ici les modes d'attribution, par imputation ou appropriation, qui semblent assurer la liaison de l'action à l'agent. Finalement, on peut être plus systématique en disant d'une part que ce qui vaut pour les concepts juridiques vaut également pour les concepts pratiques en général, et d'autre part en élargissant la distinction entre phrases *ascriptives* et phrases *descriptives* à la différence entre *phrases d'action* et *autres phrases*: pour Hart, une phrase d'action du type « X a fait Y » apparaît fondamentalement comme un jugement, qui attribue l'action à son auteur ou, si la phrase est négative, qui rejette la responsabilité quant à l'action, ou encore qui tente de donner des circonstances atténuantes et de diminuer la responsabilité de l'auteur[2]. On peut donc considérer le lien de l'action à l'agent à la fois comme un *lien ascriptif*, c'est-à-dire que l'agent

1. H. L. A. Hart, « The Ascription of Responsibility and Rights », dans A. Flew, *Logic and Language* (*First Series*), Oxford, Basil Blackwell, 1952, p. 145-166. Hart semble avoir par la suite renoncé à cette thèse, ou du moins ne pas avoir poursuivi sur la voie théorique esquissée dans son article.

2. P. T. Geach, dans son article « Ascriptivism » (*Logic Matters*, « Assertion », Oxford, Basil Blackwell, 1972, p. 248-254), critique l'idée que les phrases d'action sont par nature ascriptives, mais sans argument décisif.

de l'action est identifié par un mécanisme d'imputation qui a des conséquences concrètes pour l'agent (punition, remords, rupture de contrat…) et comme un *lien normatif*, dans la mesure où le locuteur qui prononce une telle phrase, même s'il s'agit d'un particulier, s'érige en juge, c'est-à-dire *qualifie*, et inscrit ainsi la phrase dans un cadre d'application de règles. Certes, dans le cas d'une description également il y a individualisation de sujets et application de concepts selon des règles, sauf qu'on ne peut parler pour autant de « qualification », car l'application des règles est relativement rigide; au contraire il s'agit, dans le cas de l'ascription, de « normes » dont l'application dépend des circonstances, davantage que de « règles ». Comparons « voici un cheval » et « voici un meurtrier » : dans le second cas, le concept, employé en contexte ascriptif, est considéré par Hart comme annulable (*defeasible*), ce qui veut dire que c'est un juge, officiel ou particulier, qui est maître de la *décision* d'application du concept, sans que cela relève évidemment de son pur caprice.

Demeure cependant le problème de savoir *qui* est fondamentalement concerné par le processus d'ascription : est-ce *l'individu qui a causé l'action*, qu'on nomme « l'agent », mais qui n'est pas forcément tenu responsable de son action, ou *la personne issue de l'imputation*, qui est à première vue un individu abstrait dont la définition peut varier suivant la diversité des degrés d'individualisation ? En effet, le sujet désigné par une imputation semble bien ne pas être principalement un agent mais une personne sociale, il existe même de nombreux cas où la dissociation est explicite et où on impute réellement l'action à une personne qui n'est pas l'agent : un exemple parmi d'autres, lorsqu'un enfant blesse un de ses petits camarades dans la cour de l'école, la pratique juridique française autorise les parents de l'enfant blessé à demander réparation pour le dommage à l'enfant fautif lui-même[1] ou, par transfert de responsabilité, à l'instituteur, ou bien encore aux parents de l'enfant s'ils vivent avec lui; bien évidemment, c'est l'enfant qui a commis l'acte dommageable, qui en est la cause, et l'action lui est en quelque sorte attribuée descriptivement; mais il est envisageable que ce soient d'autres personnes, son instituteur ou ses parents, que désigne *in fine* le processus d'imputation.

1. Voir par exemple : Cour de Cassation, Assemblée Plénière, arrêt « Fullenwarth » du 9 mai 1984. Selon la Cour, un tribunal n'est pas tenu de vérifier si l'enfant est capable de discerner les conséquences de ses actes pour lui attribuer une responsabilité civile. L'enfant peut dès lors très bien avoir à répondre personnellement et entièrement des conséquences de ses actes.

Quelles sont les conditions qui doivent être remplies pour que l'on puisse parler d'*ascription*? À l'origine, des actions ont dû avoir lieu, accomplies par des agents; ensuite, une *institution*, au sens très large, qu'elle soit privée ou publique, implicite ou explicite, officielle ou particulière, a dû entraîner, en fonction de normes reconnues par elle, la décision que telle action doit être imputée ou non à telle personne. Les cas sont ici très divers: « C'est mal d'avoir fait cela » est une imputation qui obéit à une norme morale, prononcée la plupart du temps par un particulier; « Il ne l'a pas fait exprès » est une attribution sans imputation, en fonction de certains critères, que ce soit devant un tribunal ou dans une maison; « Son crime était prémédité » est l'application d'une norme publique, devant la justice, qui aggrave l'imputation; « J'avoue devant vous tous mon forfait » est une auto-imputation qui débouche sur une appropriation et un besoin de confession; etc. Dans tous ces exemples, il y a référence à des normes pour qualifier l'action et la juger; ces normes permettent à la fois de désigner un agent de l'action (imputation au sens strict) et de déterminer un degré d'imputation en fonction de la qualité de l'action d'une part, et de l'implication de l'agent dans l'action d'autre part; la manière dont l'agent doit répondre de l'action détermine enfin la *personnalité* qui y est engagée.

Pourquoi butons-nous ici sur une différenciation forte entre « l'individu-agent » et « l'individu-responsable » alors même qu'il s'agit concrètement le plus souvent du même individu? On pourrait l'expliquer ainsi: l'ascriptivisme nous conduit à instituer la logique juridique comme paradigme pour comprendre la logique de l'action en général; lorsqu'on parle d'ordinaire d'une action, ce n'est pas pour la décrire, mais pour en déterminer les conséquences pratiques et jauger les responsabilités diverses qui s'y engagent; dès lors, l'ensemble du discours pratique se constitue en fonction de normes, ce qui signifie qu'entre l'action concrète, avec son agent concret, et la personne responsable s'intercale un processus de définition normative de l'action qui permet l'attribution de responsabilité. Autrement dit, c'est parce qu'en pratique une action est subsumée sous certaines normes, qu'en conséquence une personne apparaît au-delà de l'agent et que les figures de l'agent et de la personne peuvent, même si ce n'est pas normalement le cas, se différencier. C'est donc par une étude des différents cas de *subsomption de l'action sous la norme* qu'on peut comprendre comment émerge concrètement une nouvelle individualité, la personne. Cette émergence dépend de la détermination d'une intention, d'un engagement, d'un caractère; l'agent agit selon un ensemble de pensées, de souvenirs, de convictions, c'est-à-dire selon des éléments liés à son histoire personnelle : on peut d'ailleurs parler, pour un homme, de *ses* actions, parce qu'il agit selon des intentions très diverses et momentanées, entraînées par les circonstances, mais aussi parfois de *son* action, parce qu'on peut considérer de manière unitaire ses mouvements ; l'émergence de la personnalité comme unité individuelle se fait ainsi sur fond d'une pluralité de rôles et de personnages que chaque agent est amené à jouer dans chacune de ses actions.

La constitution de la personne à partir des normes qualifiant ses actions

Notons que l'individuation de l'agent par l'ascription revêt deux aspects. Premièrement, il y a déjà individuation d'une personne lorsqu'un agent est identifié sous une norme, c'est-à-dire lorsqu'on recherche, en fonction des normes en vigueur, *qui* a la responsabilité du fait qui est advenu ; on dote par là même ce « qui » d'une identité personnelle : « C'est X qui est responsable de cela, celui-là même qui avait déjà agi de manière identique par le passé ». On pourrait définir une telle individuation comme *identifiante*, parce que c'est telle personne, différente des autres, avec ses caractéristiques propres, que le geste d'individuation permet de montrer. Mais il y a aussi, deuxièmement, individuation d'une personne par la détermination du degré de responsabilité de l'agent dans l'action ; dans ce cas, on mesure d'un côté la gravité du fait, d'un autre côté la force de l'intention de l'agent, son engagement dans l'action. Si une erreur dans un contrat a été commise de bonne foi, si un crime était non prémédité, si la perte de contrôle d'un véhicule était liée à des circonstances extraordinaires, alors la responsabilité de l'agent est diminuée, et on pourrait dire que cet agent est « moins considéré » comme un agent que dans les cas d'entière responsabilité. Une telle individuation peut être dite *quantifiante*, dans la mesure où elle dessine la capacité d'action d'une personne, son implication dans l'action, son « espace d'action », au sens où peut se mesurer le degré de responsabilité que nous sommes prêts à attribuer à cette personne.

Toutefois, lorsque les processus ascriptifs aboutissent à constituer concrètement une personne, une telle constitution a une portée à la fois identifiante, puisqu'une unité individuelle est ainsi instituée, et quantifiante, puisqu'un pouvoir d'action de la personne, en fonction de ce qu'elle est, se trouve ainsi tracé. Comment l'expliquer ? Il faut considérer d'abord, au-delà de la référence aux normes, que c'est au fond la société, comme collectivité pourvue de règles, qui agit sur les personnes et contribue à leur constitution; or si les normes parviennent à individuer les personnes à la fois en les identifiant et en les quantifiant, c'est que l'action normative a pour fin première de réguler les actions des agents sociaux pour les intégrer à la société, les *normaliser*. Le concept-clef ici est bien celui de « normalisation » : l'individuation sociale apparaît comme une normalisation des individus par l'intermédiaire de normes générales concrétisées par leur propre individualisation. Ne devons-nous pas dès lors compléter la définition de la personne, qui ne serait pas seulement un individu social, mais mieux, un *individu social normal*? Dans une perspective politique, l'idée de « normalisation » permet plus particulièrement de rendre compte du *pouvoir effectif* que la société exerce sur les individus; on sait en effet que, selon l'hypothèse qui traverse l'œuvre de Michel Foucault[1], le travail de normalisation est la meilleure technique de pouvoir qu'ont trouvée les sociétés modernes pour contraindre les hommes. En retenant cette hypothèse, nous aboutissons dès lors aux formulations suivantes : le processus d'individuation sociale découle du pouvoir que les sociétés exercent sur les individus par l'intermédiaire des normes; ou encore, le pouvoir social parvient le mieux à contraindre les individus en les individualisant davantage, c'est-à-dire en les « normalisant », en les enserrant dans un réseau de normes. Si on suit en effet la pensée de Foucault, particulièrement telle qu'elle est lue par Deleuze[2], il existe avant tout dans le champ humain des rapports de force, donc des oppositions entre deux types d'actions, celles qu'on peut rapporter à la société et celles qui dépendent des individus; ces rapports de force, à cause du pouvoir de contrainte exercé par la société sur la multiplicité des individus, aboutissent à une limitation de la sphère d'action de ces derniers, et c'est cela qui constitue proprement l'individualisation sociale, tentative institutionnelle pour définir les sujets de l'extérieur, débouchant sur une individuation, c'est-à-dire sur la constitution de sujets sociaux à part entière, constitution d'ailleurs variable selon les sociétés et les époques. Foucault parle ainsi, pour les sociétés occidentales modernes, de « biopolitique » ou d'« exercice du pouvoir sur les corps », qui se trouvent corrigés, redressés par le processus de normalisation.

Les règlements disciplinaires qui fleurissent dans les maisons de redressement, dans les institutions scolaires ou pénitentiaires de toute l'Europe, entre le début du XVIIIe siècle et la fin du XIXe siècle, sont

1. Voir, de M. Foucault, *Surveiller et punir. Naissance de la prison*, Paris, Gallimard, 1975, et le cours au Collège de France de 1975 : *Les anormaux*, Paris, Gallimard/Seuil, 1999.

2. G. Deleuze, *Foucault*, Paris, Éditions de Minuit, 1986, p. 77 *sq*.

considérés par Foucault comme des manières nouvelles de travailler l'homme à travers le travail de son corps, de ses petites actions, de ses habitudes ; et si à partir du corps humain, c'est l'âme que l'on cherche avant tout à atteindre, c'est finalement une individuation à part entière qui en résulte puisque l'individu entier est visé[1]. En ce sens, la normalisation n'est rien d'autre que le processus complet et concret de la socialisation, *la personne apparaissant comme cet individu dont l'individuation biologique se poursuit en individuation sociale* ; en s'appliquant à un sujet biologique peu à peu socialisé, les normes en font une « personne » complète. Le moment moderne de l'histoire des idées, durant lequel le mécanisme de l'individuation sociale s'est transformé et accompli, paraît ainsi doublement révélateur, d'une part des possibilités inédites qu'ont découvertes les sociétés de réellement forger les individus, au moment même où en gros s'affirme l'individualisme dans l'idéologie, d'autre part, du rôle crucial de la pénalité, et donc du pouvoir judiciaire ou disciplinaire en général, dans la relation du tout social aux parties individuelles. La théorisation de ce moment nous fait néanmoins buter sur un paradoxe : en présentant le processus de « normalisation » ici décrit comme individuant, on semble négliger le fait qu'il est aussi effectivement désindividualisant. L'effet des normes contribue à construire la personne, renforce son individuation, mais d'un autre côté, par le même effet des normes, l'individu se socialise, c'est-à-dire perd de sa singularité, de son originalité.

Ce double effet contradictoire se retrouve dans la logique même de l'imputation : pour attribuer pleinement une action à un auteur, il faut évidemment tenir cet auteur comme « responsable » de l'action, sinon il sera relevé d'une partie de son autorité, comme l'enfant que l'on décharge de la responsabilité d'avoir blessé son camarade, sans doute parce que, même s'il l'a fait méchamment, il n'agit pas « en connaissance de cause » ; or n'est normalement tenu « responsable », sans donner pour le moment de définition trop précise à ce terme, ni celui qui s'écarte trop de la régularité des agissements d'une société donnée, dans ce cas le processus d'imputation se suspend et l'on bute sur le cas du « monstre », du « fou », de l'« asocial », dont l'existence passée suffit à expliquer des actes hors normes, ni celui qui au contraire agit absolument dans la norme, sans jamais en dévier, dans la mesure où la question de l'imputation ne se pose alors même pas, la responsabilité n'étant dans ce cas même pas interrogée. Autant le meurtrier qui commet le parricide mais contre un père qui fut son

1. M. Foucault, *Surveiller et punir*, *op. cit.*, p. 24.

terrible bourreau, ou l'assassin qui tue au moment où il subit une indomptable crise de démence, que le prudent qui conduit sa voiture sans aucune infraction, ou le conformiste qui évite de « faire des vagues » sous un régime autoritaire, ont toutes les chances de ne jamais être tenus responsables de leurs actes. La logique de la responsabilité s'exerce ainsi *dans un entre-deux*, entre une trop forte singularité qui la met en échec et une trop forte banalité ou désindividualisation qui ne la sollicite pas.

La personne est donc dotée d'une individualité identifiante parce que, par principe, elle n'est pas identique aux autres personnes, elle possède son identité, son rapport à la société est toujours original ; même l'individu qui serait le plus conformiste de tous finira un jour par adopter un comportement non parfaitement stéréotypé, par commettre des écarts, il suffit parfois d'aller dans une bourgade voisine où telle coutume est légèrement différente pour apparaître comme un étranger, et ainsi affirmer une quelconque différence. Mais la personne est également individuelle quantitativement, dans la mesure où la majorité reste dans le rang tandis qu'un petit nombre adopte un comportement en dehors de l'ordinaire ; il y a toujours des « excentriques », des « fous », des « provocateurs », des « criminels », catégories courantes, certes imprécises, mais qui permettent de désigner les quelques marginaux. Ce qui nous montre *in fine* que tout est question de degré d'écart par rapport aux normes, que la très grande majorité des individus se situe bien sûr dans la normalité, mais que les normes exigent, pour être des normes effectives, coutumières, morales ou juridiques, que la plupart se soumettent à elles et que quelques-uns s'y soustraient, et certains individus s'y soustraient parfois à tel point qu'ils récupèrent en quelque sorte leur pure individualité, faisant ainsi échec à la logique de normalisation et de socialisation.

L'IDENTITÉ DE LA PERSONNE DANS SES ACTIONS

Cependant, le paradoxe subsiste : l'individualité, considérée dans une perspective sociologique, apparaît en même temps comme l'affirmation ultime de la singularité contre les normes, et comme le résultat d'un processus de normalisation, de soumission aux normes. Dans un texte de la *Génération des animaux*[1], Aristote soutient, à propos de l'hérédité biologique, une thèse radicale : « celui qui ne ressemble pas aux parents est

1. Aristote, *De la génération des animaux*, Paris, Les Belles Lettres, 1961, 3, 767-a, 768-b.

déjà, à certains égards, un monstre : car dans ce cas, la nature s'est, dans une certaine mesure, écartée du type générique». Le concept de «monstre» («τέρας») sert à désigner celui qui s'éloigne tellement de l'espèce qu'il ne relève plus de l'espèce, et donc, dans la perspective hylémorphiste, ne relève plus d'aucune forme ni d'aucun concept; or Aristote affirme que c'est en théorie le cas de tout individu, puisque «quand il s'agit de la génération, ce qui a toujours le plus d'importance c'est le caractère particulier, individuel». L'individu, parce qu'au fond il ne se subsume plus sous l'espèce dans la mesure où, lors de la génération, la matière ajoute de l'indétermination à la forme spécifique, devient toujours quelque part un monstre, doit être pensé comme un écart. Le problème est évidemment de déterminer, si toute particularité est déjà de nature monstrueuse, comment se fait la délimitation entre une particularité malgré tout encore spécifique, normale, et une particularité vraiment monstrueuse, faute de quoi il n'y aurait plus du tout de normes spécifiques, ce que ne prétend bien évidemment pas soutenir Aristote. Ramenée à notre problème de la socialisation des individus, la question se reformule tout simplement ainsi : l'individu trouve-t-il son identité dans la normalisation ou la perd-il? C'est-à-dire, apparaît-il, au fur et à mesure des actions dont on le tient responsable, comme une singularité irrépressible, qui fait toujours échec à la logique sociale, ou bien son identité tient-elle justement à son insertion dans la sociabilité ? La logique de la responsabilité permet-elle de saisir l'individu rétif afin de le normaliser, même si ce n'est jamais jusqu'au bout, même si à la fin quelque chose de l'individuel échappe toujours à la société, ou au contraire la logique de la responsabilité s'applique-t-elle seulement à l'individu déjà normalisé, déjà canalisé, déjà reconnu comme «personne», et qui à ce titre n'est pas si rétif que cela aux normes?

On le voit, les notions de «normalité», d'«identité» et de «responsabilité» sont ici étroitement connectées, puisque la responsabilité sur une action n'est attribuée à une personne que par subsomption à une norme et qu'après attribution d'une identité sociale à un individu, ce qui permet de le traiter comme personne. La pensée sociologique de Gabriel Tarde apparaît dès lors particulièrement fructueuse pour comprendre ces connexions, car Tarde développe une théorie de la responsabilité[1] selon laquelle la détermination de la responsabilité d'un individu dans une action ne doit pas

1. G. Tarde, *La philosophie pénale*, chap. III, «Théorie de la responsabilité», Lyon/Paris, A. Storck/G. Masson, 1890, p. 83-147. Voir H. L'Heuillet, «La question de la responsabilité chez Gabriel Tarde», dans *Champ pénal / Penal field, nouvelle revue internationale de criminologie*, article en ligne.

se fonder sur la *liberté* de cet individu, fiction théorique, mais sur l'*identité sociale* de cet individu. Pour Tarde, l'idée de responsabilité est au fond simple, commune, et c'est une erreur de chercher à la fonder métaphysiquement plutôt que sociologiquement, comme si tout le monde ne s'accordait à dire d'ordinaire que le responsable d'une action est *son auteur*, sans ambiguïté possible; il n'y a généralement aucune difficulté à identifier l'auteur d'une action. Le lien entre la société et l'individu, par l'intermédiaire du processus imputatif, ne semble donc pas problématique; les difficultés commencent quand on essaie de substituer à une explication sociologique de la responsabilité une explication métaphysique qui s'appuierait sur la recherche d'une liberté pour fonder la responsabilité. Car si l'on veut que l'agent responsable soit toujours la cause de l'acte, alors on doit exiger que l'agent ait un libre-arbitre entier. On postule donc une causalité totale *ex nihilo*, ce qui pour Tarde est une conception d'origine théologique et plaquée sur le social. On ne fait dans ce cas en effet que tenter de transférer un attribut divin, la liberté dans la création, à l'homme; or on ne peut que buter dans cet effort sur une impossibilité, puisque l'homme, soumis aux lois de la nature, ne crée pas *ex nihilo*.

Tarde propose dès lors de revoir la notion de responsabilité en la définissant en regard de la loi sociale fondamentale qu'est *l'imitation* (ou « similitude sociale »). Pour lui, l'organisation sociale se fonde en effet sur deux grandes lois, qui trouvent leurs principes dans l'individu : le désir d'imitation d'une part, l'invention d'autre part. La société se constitue simplement par une imitation des individus les uns les autres, de proche en proche, et cette imitation se propagerait comme une onde, intacte d'un individu à l'autre, si elle n'était modifiée par une certaine dose d'invention. Nous sommes des individus sociaux parce que nous imitons les autres membres de notre société; de même, il existe des imitations entre les sociétés, de proche en proche, quoique plus relâchées qu'à l'intérieur des sociétés, et qui entraînent des similitudes[1]. Le principe de l'imitation est ainsi en deux temps : il suppose d'abord une innovation de la part d'un individu, et ensuite la reprise de cette innovation, son imitation, avec de plus en plus de déformations au fur et à mesure de l'éloignement du geste de l'individu initial. L'imitation est donc un processus qui se situerait entre une innovation, une rupture individuelle avec l'imitation, et d'un autre côté une déformation, qui fait dégénérer l'imitation en similitude. Dès lors que trop de différences s'instaurent entre les individus, par exemple lorsque

1. G. Tarde, *Les lois de l'imitation. Étude sociologique*, Paris, Félix Alcan, 1895, voir par exemple p. 52.

certains ne boivent plus que du soda alors que les autres ne buvaient que du vin, le sentiment d'une appartenance commune à la même société s'efface ; à l'extrême opposé, lorsqu'un individu à l'intérieur d'une société se montre trop créatif, innovant, alors les autres membres de la société ont du mal à se reconnaître en lui.

Sur ce point, Tarde a besoin d'introduire la notion d'*identité*, qui permet de définir les deux limites de la loi d'imitation, d'une part lorsqu'il y a innovation avant l'imitation, d'autre part lorsque l'imitation se perd à cause de divergences créatives éloignées. Il ne s'agit cependant pas de l'identité au sens classique, logique ou métaphysique, identité par rapport à soi-même qui ne pourrait être le fondement du lien social puisqu'elle renvoie à l'individu seul, mais d'une identité proprement sociologique, qui correspond aux similitudes d'un individu par rapport aux autres individus auxquels on le rapporte ; pour Tarde, ce n'est que sur le second sens de l'identité, et non sur le premier, qu'il est légitime de fonder la responsabilité. Pour être reconnu responsable, l'individu doit donc agir à l'imitation des autres hommes de sa société[1] ; la responsabilité acquiert ainsi *un sens relationnel* ; nous nous sentons responsables, dit Tarde, *envers* ceux qui font partie de la même société que nous, mais pour ceux qui ont des mœurs trop différentes des nôtres, des pratiques sociales trop dissemblables, nous n'avons pas tendance à fonder une responsabilité commune avec eux. L'attribution de responsabilité suit donc la reconnaissance d'une identité commune, et cette identité commune n'est elle-même que la manifestation d'un certain nombre de similitudes. En s'efforçant de penser ensemble la responsabilité et l'identité sociale, Tarde nous permet ainsi d'identifier le chaînon manquant entre le processus d'ascription de l'action, reconnu comme fondamental dans tout contexte social, et l'individuation de la personne sociale qui en découle ; il y a une action, et alors une personne est identifiée comme l'auteur responsable de cette action en fonction de lois d'identité et de similitude sociales, et *cette première individualisation de la personne est complétée par une véritable individuation, lorsqu'une sanction, ou plus largement une action quelconque, résultent de cette identification*.

Cependant, une définition relationnelle de l'identité permet certes de comprendre pourquoi une personne est identique à d'autres personnes, mais pas en quoi il pourrait y avoir une identité de la personne elle-même ; or il semble pourtant bien qu'on ait besoin de cette identité individuelle de la personne pour fonder l'imputation et demander des comptes à

1. G. Tarde, *La philosophie pénale*, *op. cit.*, p. 88.

la *personne même* à qui on impute l'action. Tarde avoue, à propos de la pénalité, que « la difficulté n'est pas de trouver des crimes collectifs, mais de découvrir des crimes qui ne le soient pas, qui n'impliquent à aucun degré la complicité du milieu. C'est au point qu'on pourrait se demander s'il y a des crimes vraiment individuels, de même qu'on pourrait se demander s'il y a des œuvres de génie qui ne soient pas une œuvre collective »[1]. À la limite donc, l'imputation doit s'étendre jusqu'où s'étend l'identité, c'est-à-dire jusqu'aux dernières vagues de l'onde de similitude. Tarde n'en reste pour autant pas là, puisqu'il choisit par ailleurs de développer une ontologie « monadologique » des individus sociaux[2]. « Toute chose est une société », « tout phénomène est un fait social », ces slogans impliquent qu'il faut comprendre chaque individu comme un rassemblement de moi, qui s'influencent mutuellement et tendent à se ressembler, sous la domination d'un moi unificateur, de la même manière qu'une société collective rassemble à un niveau supérieur des moi qui sont mus par un désir d'imitation. Le principe qui consiste à concevoir tout individu comme une association a dès lors un avantage méthodologique évident, dans la mesure où il permet de comprendre l'*identité individuelle* sur le modèle de l'*identité sociale*. La personne individuelle est à la confluence d'une identité individuelle et d'une identité sociale qui s'articulent en elle. L'identité individuelle se définit elle-même *de manière relationnelle* comme le rassemblement de différents états de la personne qui se ressemblent les uns les autres.

Les deux identités dessinées par Tarde ne s'opposent donc pas, mais se complètent et se renforcent. Sa conception de l'identité individuelle offre un autre avantage pour définir la *responsabilité individuelle* : on peut déterminer en effet une irresponsabilité de l'individu, en fonction d'un comportement anormal qu'il adopterait et qui ne serait pas similaire aux autres sentiments et instincts de sa petite société intérieure; la crise mentale d'un homme jugé irresponsable n'est rien d'autre pour Tarde que la succession d'un « nouveau moi, en général informe et non-viable, au moi ancien et normal » dominant, une absence de similitude d'une partie mentale de l'individu avec ses autres parties mentales[3]. À tous les niveaux, identité et responsabilité se subsument donc sous le concept de « similitude » ; « à tous

1. G. Tarde, « Les foules et les sectes criminelles », dans *L'opinion et la foule,* Paris, P.U.F., 1991, p. 140.

2. G. Tarde, *Monadologie et sociologie*, Le Plessis-Robinson, Institut Synthélabo pour le progrès de la connaissance, 1999, p. 58.

3. G. Tarde, *La philosophie pénale*, *op. cit.*, p. 119.

les niveaux» car pour Tarde il existe une forme de loi historique d'individuation: l'histoire de l'humanité est constituée de recommencements cycliques et chaque recommencement est marqué par un repli des hommes dans des sociétés très petites puis par un élargissement de ces clans à l'origine très solidaires, presque organiques, justifiant donc une responsabilité collective du clan lui-même, vers des sociétés plus élargies, où la responsabilité est plus abstraite et davantage individualisée[1]. Le degré d'individuation sociale est relatif au progrès de la civilisation; l'ouverture des sociétés justifie « le caractère de plus en plus individuel de la responsabilité » et « notre individualisme exagéré ».

BRÈVE REDÉFINITION DE L'IDENTITÉ PERSONNELLE

Admettons les conceptions de Tarde: l'individu responsable de ses actes est un individu proche de nous, qui appartient à notre société, partage la plupart de nos idées, de nos comportements, qui reste aussi fidèle à ses habitudes, ne trahit pas par une de ses actions ce qui définit aux yeux des autres son identité psychologique; bref, l'individu que nous reconnaissons comme une personne manifeste son identité, d'une part relativement à son caractère, sa personnalité, d'autre part relativement au caractère commun des membres de la société à laquelle il appartient. Nous sommes bien ici face à une définition de l'identité personnelle que l'on pourrait qualifier de « purement sociologique »; cependant, cette définition n'est en aucun cas satisfaisante, ou du moins complète, puisque, relative aux interactions imitatives entre les individus, elle ne permet pas de rendre compte de ce qui fait l'unité même de la personne, c'est-à-dire ce qui fait qu'une personne est seule et la même à travers toutes ses actions, en somme son individualité. Rappelons qu'il ne faut pas confondre « l'identité qualitative », qui pointe des similitudes entre différents individus ou bien différents moments d'un même individu, et « l'identité numérique », qui affirme qu'il y a un seul individu, une seule personne, dans différents moments ou différentes situations. D'où une question : l'unité individuelle d'une personne au long de son existence, qui l'empêche de se dédoubler ou de venir se confondre avec une autre, sans évoquer les cas de schizophrénie, de psychose collective ou d'esprit de foule, survient-elle à partir du moment où la société attribue l'identité personnelle à un individu donné, donc comme conséquence de la logique d'imputation, ou bien est-elle une condition

1. Pour une analyse plus détaillée : *La philosophie pénale*, *op. cit.*, p. 109-114 et 142-146.

nécessaire à la logique d'imputation, faute de quoi on ne pourrait rien imputer à personne puisqu'il n'y aurait même pas d'individualité? Dans le premier cas, les personnes relèvent d'une catégorie d'ontologie sociale, c'est-à-dire d'un réel humain institué, «subjectif»[1], qui s'ajoute au réel physique et biologique: les individus biologiques deviennent des personnes parce que leur est conférée une identité sociale, une individualisation s'ajoute à l'individuation primordiale; dans le second cas, les personnes sont des individus biologiques à l'origine, dont l'individuation s'est prolongée de telle sorte qu'ils sont devenus des individus sociaux: l'identité que leur accorde le discours humain n'est alors que secondaire par rapport à l'individualité ainsi constituée, même si le discours d'imputation a une efficace sur la constitution même de ces individus. Dans le premier cas, le discours sociologique que nous venons de reprendre à notre compte est suffisant pour expliquer l'individualité sociale, dans le second cas il est nécessaire de développer en sus une métaphysique des personnes. Dans le premier cas, l'unité des personnes s'explique par leur identité, dans le second cas par leur individualité.

Comment rendre compte de l'unité personnelle? Et déjà que reste-t-il de la personne, si on fait abstraction de la multiplicité des actions auxquelles elle participe? Faut-il supposer, pour assurer son unité, une substance pensante à la mode de Descartes, ou encore un flux continu de pensées à la mode de Locke? En accédant à la définition de la personne à travers la catégorie d'« agent », nous nous trouvons d'emblée confrontés à une pluralité d'actions et de rôles, comme si la personne entière n'était finalement que la sommation abstraite de ses actions, comme s'il fallait suivre l'intuition pascalienne d'une distinction radicale entre la pluralité concrète qu'est la biographie d'un individu et l'unité abstraite de la personne, surimposée à la réalité individuelle plurielle. Dans ce cas, le concept de «personne» s'avère *abstrait*, les personnes réelles ne trouvant leur consistance qu'à travers des discours relatifs et interpersonnels d'ascription, tenus en fonction de certains besoins sociaux. Pourtant, il existe vraiment des caractères, des personnalités fortes, des individus fidèles à eux-mêmes dans leur action; par ailleurs, l'attribution d'une personnalité unique, traduite déjà par un nom, a pour fin d'unifier les différentes interventions mondaines d'un même agent mais surtout d'ouvrir *a priori* la possibilité d'une réponse à la question: «qui a fait ça?». Tout cela tend à faire penser qu'une personne est bien une entité concrète, certes

1. «Subjectif», au sens de J. Searle dans *La construction de la réalité sociale*, Paris, Gallimard, 1998, ne veut pas dire « irréel » mais « dépendant de sujets ».

socialement identifiée, mais identifiée à partir d'un préexistant sans doute incomplètement individué, si bien que son individuation ne s'achève réellement que par la concrétisation complète en elle des structures sociales de pensée qui contribuent à la réaliser.

Résumons l'antinomie: la «personnalité» est-elle une catégorie abstraite ou concrète? Penche en faveur de l'abstraction le sentiment que l'individualisation définitive de la personne vient d'en haut, et se trouve arbitrairement imposée par les catégories mentales collectives à des réalités déjà individuées: ou bien, pour les personnes physiques, l'attribution de la personnalité respecte et reprend les limites qui distinguent les corps humains préalablement individués, et dans ce cas la personnification n'ajoute rien à l'individualité, ou bien, pour les personnes morales, l'attribution de la personnalité vise des entités dépourvues d'individualité, des groupements, des collectivités, des sociétés, et la personnification ne semble alors pas constituer d'individualités concrètes nouvelles mais juste des abstractions commodes pour nos activités sociales. En outre, les processus pratiques d'ascription achoppent quelquefois sur une difficulté à saisir une personnalité, un doute quant à l'irresponsabilité d'un agent, un décalage entre l'intention de l'agent et son action; si bien que l'ascription d'une action à un agent et l'identification d'une personne agente, par un juge ou un particulier qui s'institue juge, sont des actes certes décisifs socialement mais soumis à une certaine contingence, à des hésitations, des exceptions; bref, les traits de la réalité sociale semblent davantage symboliques, artificiels et de moins de poids, que ceux de la réalité physique ou biologique qui les précèdent et sur lesquels ils s'appuient. Et puisqu'enfin la personne est apparue comme une réalité «relative», c'est-à-dire déterminée par les relations qu'elle entretient avec les autres personnes et par les normes données d'une société, on peut penser qu'en vue de définir la personne, l'interpersonnalité compte autant que la personnalité, et que les frontières entre les personnes ne sont pas absolues ni définitivement individuantes. À l'impression que l'attribution d'une personnalité à un individu confère une unité supplémentaire au cours de sa vie et à l'ensemble de ses actions s'oppose le constat que la personnalité n'est pas un concept rigide, l'unité qu'elle confère étant par conséquent secondaire et contingente.

Une solution à notre antinomie consiste dès lors à affirmer, pour paraphraser Derek Parfit dans *Reasons and Persons*, que lorsqu'il s'agit de définir ces entités concrètes que sont les individus dotés de personnalité, *l'individualité «compte davantage que» la personnalité*. Dans le chapitre conclusif de son livre, Parfit plaide pour que «nos raisons d'agir deviennent davantage impersonnelles », application du devoir plus général qui est le nôtre d'avoir une pensée moins personnelle de nous-mêmes[1]. L'ambition finale de Parfit est avant tout éthique, il veut réviser la pensée utilitariste et reconsidérer la notion d'« intérêt » et l'approche individualisante que nous en avons, pour aller vers une éthique impersonnelle qui maximise non pas le bien des personnes, mais le bien général[2] ; or le travail éthique que Parfit appelle à mener doit, pour être cohérent, se fonder sur une révision de nos catégories conceptuelles de pensée quant à la personne, et donc également sur des hypothèses ontologiques nouvelles crédibles. Le souhait d'une dépersonnalisation prend dès lors une double dimension, éthique, mais aussi métaphysique. L'aspect éthique de la dépersonnalisation est un appel global à quitter un point de vue seulement personnel sur nos raisons d'agir et nos actions. Car les effets de nos actions, qui déterminent aussi leur utilité et donc leur valeur, ne sont pas mesurables seulement à l'aune des motifs d'agir que nous avons eus mais sont en lien avec les actions de nombreuses autres personnes ; la somme de ces actions, prises ensemble, produit des effets qui dépassent le point de vue personnel, particulièrement dans des sociétés élargies et ouvertes comme celles de notre humanité contemporaine[3]. Une des conséquences en est, pour Parfit, que non seulement nous devons renoncer à un point de vue *personnel* sur nos manières d'agir, mais également même parfois à un point de vue *interpersonnel* ; nous devons parfois renoncer à nos intérêts prioritaires pour nos proches, nos enfants, et adopter une perspective davantage généralisante, si la somme générale des intérêts l'exige. Surtout, Parfit défend une autre sorte d'impersonnalité, qui est cette fois métaphysique, et qui vient soutenir et renforcer sa révision éthique. L'idée principale de son raisonnement est bien connue : les personnes ne sont pas des entités séparées, distinctes de leur corps, de leurs cerveaux et de leurs expériences, c'est-à-dire de la série des faits mentaux et physiques connectés qui les composent ; or de tels faits peuvent être décrits de manière impersonnelle ; et si l'on adopte une description impersonnelle de ces faits, alors, dans certains cas, des problèmes liés à l'identité des personnes, par exemple à l'identité dans le temps, peuvent s'avérer sans réponse ; on doit en conclure que les

1. D. Parfit, *Reasons and Persons*, Oxford, Clarendon Press, 1987, § 150, p. 443-447.

2. P. Engel, « La théorie de l'identité personnelle de Parfit », dans J. Migasiński (éd.), *Podmiotowość i tożsamość*, Varsovie, Université de Varsovie, 2001, p. 121-129.

3. D. Parfit, *Reasons and Persons*, *op. cit.*, § 150, p. 443-444.

personnes ne sont pas des entités fondamentales parce que leur identité n'est pas forcément « ce qui compte » (« *what matters* »)[1].

Les célèbres cas d'indétermination de l'identité personnelle qu'expose Parfit relèvent il est vrai le plus souvent de la fiction : on ne peut déterminer si ma réplique après une téléportation sera encore moi, puisque le voyage par téléportation implique une opération de dématérialisation et rematérialisation qui respecte l'identité qualitative des faits physiques et mentaux, mais avec un nouveau corps, apparemment sans identité numérique[2]; on ne peut déterminer, dans le cas où mon cerveau, avec les faits psychiques qui en dépendent, est partagé entre ses deux hémisphères placés dans les deux boîtes crâniennes différentes de deux autres corps différents du mien (quoique semblables qualitativement), laquelle des deux nouvelles personnes ainsi produites je serai désormais[3]; on ne peut déterminer, si l'on parvient à inscrire les souvenirs de quelqu'un d'autre dans mon cerveau grâce à une intervention chirurgicale subtile, qui aura ces souvenirs à la première personne dans mon cerveau[4]. Il ne s'agit ici que de quelques exemples tirés des nombreuses situations plus ou moins complexes que Parfit recense ou forge; mais cet échantillon est illustratif des deux indéterminations théoriques fondamentales qui apparaissent lorsqu'on essaie de déterminer prioritairement la personne à travers la question de son identité. La première indétermination tient à l'articulation du corps et de l'esprit, de l'identité physiologique et de l'identité psychologique; elle est liée à une hésitation entre deux principes concurrents, ou bien la continuité des faits physiques ou bien la continuité des faits psychiques, pour fonder l'identité personnelle. La deuxième indétermination vient de la manière dont les éléments qui constituent la personnalité, les pensées, mais aussi les actions ou les traits de caractère, voire la posture physique, l'allure ou d'autres éléments corporels, peuvent être légitimement *appropriés* par la personne.

Si on arrive en effet à soutenir, sans tomber dans une contradiction logique à propos du concept de « personne », qu'une personne peut avoir « dans la tête », c'est-à-dire à l'endroit le plus intime et le plus caché, les souvenirs qui ont été ceux d'une autre personne, alors on doit en conclure qu'il faut définir à nouveaux frais l'idée d'une propriété de la personne sur

1. Cette thèse est développée dans la troisième partie de *Reasons and Persons*, *op. cit.*, § 75-118, p. 199-347.

2. Telle est l'expérience de pensée qui ouvre la réflexion de Parfit (*ibid.*, p. 199-201).

3. *Ibid.*, § 87.

4. *Ibid.*, § 80.

ses pensées ; et il est aussi possible d'en conclure, comme le fait Parfit dans sa thèse générale, que les éléments constitutifs de la personne, c'est-à-dire pour lui les faits psychiques reliés entre eux par un lien de continuité, sont fondamentalement impersonnels. Ce que semble vouloir suggérer Parfit, c'est qu'une attitude consistant à partager des éléments de personnalité, à ouvrir sa personnalité aux autres, et à rendre ainsi plus floues les limites entre sa personne et les autres personnes, est envisageable. En soutenant qu'il est bon de tendre vers une certaine dépersonnalisation des personnes, on indique finalement que le concept de « personne » a des conditions d'application qui sont *vagues*. Car les critères qui font que l'on va juger ou non que telle entité est une personne ne garantissent pas une réponse déterminée pour chaque cas ; surtout il peut y avoir discussion et désaccord sur ces *critères* eux-mêmes, comme en témoigne l'abondante littérature philosophique autour de l'identité personnelle, initiée à partir du texte canonique de Locke[1], et les discussions métaphysiques contemporaines particulièrement vives sur cette question[2].

Mais si le concept de « personne » est un *concept pratique relativement indéterminé*, alors la détermination de critères d'identité n'est pas avant tout « ce qui compte », comme le dit Parfit, pour définir les entités personnelles. En effet, si l'identité personnelle dépend, pour sa détermination, de nos structures de pensée et des procédures d'imputation que nous appliquons à la réalité, si plusieurs découpages possibles de la réalité sociale en personnes sont compatibles les uns avec les autres, avec un point de vue différent, et si, au-delà de cette relativité des identifications possibles, l'on s'attache à des questions d'ontologie de la personne, alors c'est la réalité présociale des personnes, et non leur unité postérieure, qui apparaît primordiale. Il est dans ce cas tout à fait juste de dire que l'identité de la personne « compte moins » que son individualité. Pour autant, il demeure contradictoire de soutenir que l'individualité de l'individu personnel serait essentielle et sa personnalité contingente, tout en supposant par ailleurs que le concept de personne est de nature ascriptive plutôt que descriptive, et que son application produit une individuation.

1. Il s'agit du chap. II, 27 de l'*Essai sur l'entendement humain*, *op. cit.*

2. On trouve une présentation sommaire des différentes positions à propos de l'identité personnelle dans P. Engel, *États d'esprit* (*Questions de philosophie de l'esprit*), Aix-en-Provence, Alinéa, 1992, p. 161-185 et dans S. Ferret, *Le philosophe et son scalpel. Le problème de l'identité personnelle*, Paris, Éditions de Minuit, 1993, p. 49-98.

Est-il justifié de renoncer à la recherche d'un critère d'identité personnelle ? Il le semble bien, si le concept de personne est relatif aux sociétés qui le mettent en pratique ; car, dans cette hypothèse, plusieurs critères d'identification des personnes dans une même situation peuvent être proposés, en fonction des exigences pratiques et idéologiques de la société où l'on se trouve ; il ne servirait dès lors à rien de vouloir « disputer » des critères d'identité, même si on pourrait prétendre en « discuter », parce que certains s'avèrent plus admissibles, utiles ou cohérents que d'autres. Et pourtant nous avons souligné auparavant que l'attribution de la personnalité venait parachever l'unité concrète de l'individu qui est une personne ; cela veut dire que l'application du concept de « personne » a une portée réalisatrice et que donc *l'identité de la personne n'est pas rien*. Se pose un problème métaphysique à part entière : d'où vient l'unité de l'individu personnel ? La personnalité est d'origine normative, et pourtant l'individu, par l'appropriation de ses actes, ou par tous les processus d'imputation qui font de lui l'agent de ses actions, devient *une personne une*, si bien que l'unité de sa personnalité renforce et achève son individualité ; en considérant un individu personnel, nous avons donc affaire à une unité concrète, *en acte*, qui est issue d'une individualité originaire, présociale et incomplète, et qui ne s'est complétée et achevée que sous le prisme de l'attribution de la personnalité. Il convient donc de distinguer deux processus d'unification, l'un abstrait, que l'on peut nommer « personnalisation », simple désignation d'une personne en contexte social selon des normes, et l'autre concret, la « personnification », constitution concrète d'une personne à partir de ce qu'elle a vécu de constituant. Ne faut-il pas admettre que, bien que l'individualité de la personne compte davantage que son identité pour définir la personne, l'identité de la personne, dans la mesure où elle contribue au processus de personnification tout autant que de personnalisation, compte également ?

En parlant d'une « identité » de la personne, nous nous référons à une caractéristique qui est d'abord *logique* : lorsqu'une chose unique est décrite de plusieurs manières, on peut dire que les différentes descriptions renvoient à la *même* chose, qu'on a fait de plusieurs manières référence à *une seule* chose ; mais une chose en elle-même n'est concrètement identique à rien, et si elle est individuelle, c'est qu'elle est dotée d'une *unité numérique*, fondement de son identité. Lorsqu'il est question d'identité personnelle, la notion d'« identité » n'est toutefois plus seulement logique, à cause de la valeur ascriptive que nous avons reconnue au concept de personne ; la reconnaissance d'une identité possède alors également une fonction *pratique*. Par ailleurs, afin d'*identifier* une personne comme l'agent d'une action, de lui imputer son action, on doit pouvoir aussi, pour reprendre la distinction fructueuse de Strawson[1], *réidentifier* la personne, être en mesure de dire que l'agent de l'action qui a eu lieu l'autre jour et l'agent de l'action qui a eu lieu aujourd'hui sont la même personne, dont on peut donner le nom. « Identification » et « réidentification » sont ainsi deux manières différentes d'identifier, même si elles sont toutes deux incluses dans le processus d'ascription, et il existe donc deux unités logiques différentes qui servent de fondement à ces deux modes d'identification. Ainsi, lorsqu'on cherche à déterminer, sur le moment, *qui* a commis telle action, on désigne un individu particulier, opposé en cette circonstance à d'autres individus, on identifie une unité parmi d'autres; lorsqu'on cherche à déterminer *si c'est bien cette personne qui* a commis telle action, on identifie cette fois plutôt ce qu'on pourrait nommer « l'*unité de caractère* » de la personne, à travers le temps; il s'agit alors de voir si la personne peut être réellement tenue pour responsable de l'action, donc de déterminer si elle était ou non consciente, dans son état normal, fidèle à ce qu'elle est d'habitude, etc.; le caractère de la personne apparaît comme le résultat d'habitudes prises, comme la « sédimentation » d'une succession d'actions répétées[2]. Tout autant que l'identification d'un individu parmi d'autres, la reconnaissance d'un caractère dans l'action, d'une manière de faire, d'intentions attendues, est au fondement de l'imputation.

En affirmant que, pour définir ce que sont les personnes, une enquête sur l'individualité compte davantage qu'une enquête sur l'identité, nous ne remettons pas en question l'importance pratique d'une recherche d'un critère d'identité personnelle : il y a des cas où nous avons du mal à savoir, même après avoir consulté des experts, si une personne qui a perdu l'esprit ou changé de personnalité est encore la même personne, il y a des maladies par lesquelles les individus se perdent tellement eux-mêmes que nous ne savons plus si l'application du concept de « personne » demeure même justifiée[3]; peut-être y a-t-il dans certaines de ces situations un indice que le mouvement d'individuation n'est pas toujours à sens unique, et que certains êtres tendent aussi à *se désindividuer*. Mais nous constatons qu'à chaque fois la tentative de déterminer s'il y a identité personnelle est dépendante de l'existence d'une individualité qui soutient l'identité; et ce, même s'il est apparu, de manière aporétique, que l'identification de la

1. P. F. Strawson, *Les individus*, *op. cit.*, p. 33 *sq*.

2. P. Ricœur, *Soi-même comme un autre*, *op. cit.*, p. 145-147.

3. Voir M. Malherbe, *Alzheimer, la vie, la mort, la reconnaissance*, Paris, Vrin, 2015, chap. V.

personne est assez arbitraire et relative aux normes d'une société donnée. Bref, on ne peut, dans notre perspective, concevoir l'identité de la personne indépendamment de l'unité de l'individu telle qu'elle se présente concrètement; l'enquête sur l'identité ne détermine pas tant la réalité concrète des personnes que la manière dont les individus sociaux abordent et construisent cette réalité.

Pour conclure sur ce point, la personne est apparue en un premier sens comme une unité individuelle dépendante pour sa constitution de nos schèmes conceptuels; mais en un second sens la personne est également apparue comme un donné concret, irréductible et individuel, et dont on ne peut faire abstraction dans notre description du monde, contrairement à ce que tend à soutenir Parfit: Parfit estime en effet qu'on pourrait décrire notre monde en se passant d'une référence aux personnes et en parlant à la place de séries d'événements physiques ou psychiques connectés, et ainsi la référence à une personne apparaît pour lui comme un fait linguistique davantage qu'ontologique. Or ce que nous voulons dire plutôt, sans qu'il y ait d'ailleurs de vraie contradiction avec la position de Parfit, c'est que, même si la personne est assimilable *in fine* à l'individu à qui on attribue la personnalité (il n'y a ici nulle dualité réelle), *cet individu n'est compréhensible ontologiquement dans son achèvement que si on le décrit en tant que personne*, puisqu'une individuation sociale complète son individuation première. La dépendance de l'identité à l'individualité ne signifie donc pas une forme d'élimination de la personne, comme s'il ne s'agissait que d'une fiction logique. En disant que la personne est fondamentalement un individu à qui on attribue la personnalité, on veut indiquer au contraire, à la manière de Strawson, que les personnes font partie des individus que nous rencontrons dans le monde, et même qu'il s'agit d'individus tout à fait exceptionnels, ce que Strawson pense également lorsqu'il écrit que les personnes sont, au même titre que les corps, des particuliers de base pour nos systèmes conceptuels[1].

1. P.F. Strawson, *Les individus*, *op. cit.*, p. 116.

PERSONNALITÉ ET INDIVIDUALITÉ

Cependant, la notion de personne demeure encore traversée par un dualisme logique apparemment irréductible entre un point de vue normatif qui permet de l'aborder comme un sujet d'imputation doté d'identité, et un point de vue métaphysique qui découvre son individualité concrète. Nous avons beau prétendre que le point de vue métaphysique compte davantage que le point de vue seulement normatif, car par la performativité du discours ascriptif une unité abstraite se concrétise, il nous reste à comprendre ce qu'est cette individualité, et surtout à relier les dimensions ascriptive et individuelle de la personne.

Sur ce dernier point, Bergson semble offrir, dans le cadre de sa métaphysique de la durée, la possibilité d'une articulation claire entre ce qu'on pourrait nommer, en extrapolant ses termes, « la personne sociale » et « la personne profonde ». Bergson distingue, dans l'*Essai sur les données immédiates de la conscience*, deux moi différents, qui existent tous deux réellement mais dont le second reste totalement ignoré par la psychologie classique, un moi qui « touche au monde extérieur par sa surface » et un moi intérieur qui « est une force dont les états et modifications se pénètrent intimement »[1] ; il différencie beaucoup plus tard, dans *Les deux sources de la morale et de la religion*, une personnalité en surface, des moi socialisés qui se trouvent « en continuité avec les autres personnes, semblables à elles, unis à elles par une discipline qui crée entre elles et nous une dépendance réciproque », et d'un autre côté un « équilibre d'un autre genre », qui se situe « au plus profond de nous-mêmes » et qui est bizarrement décrit comme « plus désirable encore que l'équilibre superficiel »[2]. Les remarques des *Deux sources*, et plus particulièrement la reprise de la métaphore de la plante aquatique, permettent de préciser la perspective psychologique de l'*Essai* en y ajoutant une analyse sociale : il n'y a au fond qu'un seul moi, qu'une seule personne, mais qui est toute en longueur et dont la surface est ballottée par les courants de la société. Cette surface du moi constitue « sa partie socialisée », celle qui justement fait de la personne un sujet d'action. Or l'erreur serait de vouloir socialiser l'ensemble de la personnalité, et de comprendre la partie intérieure du moi à l'aune de son extériorité ; cette erreur est doublement compréhensible, dans la mesure où les autres personnes ne voient de notre personnalité que ce qui en apparaît à

1. H. Bergson, *Essai sur les données immédiates de la conscience*, Paris, P.U.F., 2003, p. 93.

2. H. Bergson, *Les deux sources de la morale et de la religion*, *op. cit.*, p. 8.

l'extérieur, et dans la mesure où nous-mêmes, en tant que sujets d'action, sommes plongés constamment dans cette extériorité. Sauf qu'on conçoit faussement la personne entière comme tour à tour « déterminée par une sympathie, une aversion ou une haine, comme par autant de forces qui pèsent sur elle » [1], alors même que le moi profond échappe à tout déterminisme particulier ; au contraire tout s'y fond dans une masse compacte, et la personnalité profonde est unifiée, elle ne se décompose pas au gré des circonstances extérieures [2].

Il s'agit dès lors de comprendre comment se fait l'articulation entre les deux aspects du moi, entre la personne socialisée et la conscience la plus intime, la plus individuée, la plus mêlée. Bergson introduit à titre explicatif les notions physiques de « propagation » et de « répercussion » :

> ainsi se répercute, ainsi se propage jusque dans les profondeurs de la conscience cette extériorité réciproque que leur juxtaposition dans l'espace homogène assure aux objets matériels : petit à petit, nos sensations se détachent les unes des autres comme les causes externes qui leur donnèrent naissance, et les sentiments ou idées comme les sensations dont ils sont contemporains [3].

Bergson présente, dans ce fragment imagé, une forme de monisme du matériel et du psychique : le passage de l'extériorité matérialisée aux idées les plus intimes du moi conscient semble en effet se faire selon une continuité ininterrompue, depuis l'endroit où la vie psychique superficielle vient se solidifier en actions jusqu'à l'homogénéité de la vie consciente profonde ; le morcellement de l'action, qui est lié à la spatialisation de la matière, nécessite que la pensée se morcelle également, et pourtant la conscience peut aussi retrouver son unité. Or si l'esprit peut tantôt se replier sur lui-même dans sa conscience profonde tantôt au contraire se matérialiser, se diviser, en s'ouvrant vers l'extérieur, c'est que l'extérieur lui-même dépend des visées que l'individu adopte en tant que sujet d'action. Pour agir sur le monde, l'esprit a besoin de le diviser et de l'articuler, d'y trouver des points d'ancrage et de repérage ; ce sont ainsi les nécessités pratiques qui dictent la réalité psychique.

Qu'en conclure pour l'unité de la personne ? Ce qui intéresse Bergson dans l'*Essai*, c'est de montrer que si on ressaisit la personne dans son unité, elle apparaît capable d'actes libres, et tout le raisonnement cherche en

1. H. Bergson, *Essai sur les données immédiates de la conscience*, *op. cit.*, p. 123.

2. H. Bergson, « Le problème de la personnalité » (Gifford Lectures, Édimbourg, 1914), dans *Les études bergsoniennes*, t. VII, Paris, P.U.F., 1966, p. 98.

3. H. Bergson, *Essai sur les données immédiates de la conscience*, *op. cit.*, p. 94.

dernier ressort à établir l'effectivité de la liberté. Bergson s'oppose ainsi frontalement aux théories associationnistes qui considèrent que l'esprit entier est déterminé par la succession de ses sentiments : c'est parce que ces théories adoptent un point de vue seulement extérieur sur l'esprit, et le considèrent à travers ses divisions comme une succession d'idées, qu'elles tombent dans le déterminisme. À partir du moment au contraire où on ressaisit « toute l'histoire de la personne » [1], c'est-à-dire l'être humain dans son unité fondamentale, on peut échapper au déterminisme et comprendre qu'un acte « sera d'autant plus libre que la série dynamique à laquelle il se rattache tendra davantage à s'identifier avec le moi fondamental ». Autrement dit, l'être humain se situe fondamentalement dans la durée, et non dans cette temporalité spatialisée et divisée qui régit la matière ; or la vie dans la durée est par essence création libre ; en ressaisissant la vie de la personne dans son essence, on retrouve alors le mouvement créateur véritablement libre de la vie. « Nous sommes libres quand nos actes émanent de notre personnalité entière, quand ils l'expriment, quand ils ont avec elle cette indéfinissable ressemblance qu'on trouve parfois entre l'œuvre et l'artiste. » Les personnes n'agissent librement que lorsqu'elles échappent à leurs habitudes, au mouvement de division et d'extériorisation dans lequel elles sont entraînées par leurs actions quotidiennes, ou encore à l'invasion d'un sentiment particulier qui sert d'unique motif à une action et trahit la personnalité.

Bergson propose ainsi dans l'*Essai* une définition pratique de la personne, envisagée en fonction des actes dont elle est l'agent, même si par ailleurs il s'intéresse surtout au moi conscient et aux lois psychologiques qui déterminent l'action chez l'agent ; nous pouvons en gros en retenir une conception très neutre de la personne comme un « agent conscient », ou comme un « moi qui agit ». Or il apparaît que la vie toute entière de la personne est elle-même une immense action libre et créatrice, si bien que tout effort pour isoler des actions particulières de la vie dans laquelle elles se fondent comme dans un tout est une abstraction vaine et trompeuse, qui induit des erreurs théoriques et pose des problèmes pratiques et moraux. L'unité personnelle est, dans cette perspective, proprement individuelle, parce qu'elle est une orientation générale de vie, comme une action unique de la naissance à la mort [2] ; orientation unique que l'esprit humain, qui pense dans l'espace plutôt que dans la durée, se trouve incapable

1. *Ibid.*, p. 125 *sq.*

2. Cette définition de la personnalité s'intègre assez bien à l'ontologie biologique de l'*Évolution créatrice*.

d'individualiser précisément, et qu'il décompose plutôt en une somme de moments processuels particuliers qui représentent les actions et les intentions d'une personne à chaque moment de sa vie. Bien sûr, la somme des actions d'un individu ne correspond pas à la vie individuelle elle-même, elle n'en est que *l'abstraction*; et le passage effectif de la pluralité des actions et des événements qui affectent l'individu à l'unité de la vie individuelle n'est ni une sommation, ni un assemblement mais véritablement une *concrétisation*, une constitution. Ainsi s'esquisse une solution d'inspiration bergsonienne au problème de l'unité individuelle de la personne: certes il existe des unités concrètes, presque inaccessibles, en tant qu'individualités, aux esprits humains; mais comme les personnes ont également une existence sociale, la personnalité leur est attribuée selon certaines normes qui ne sont pas tant arbitraires que rigides, abstraites, liées à des besoins sociaux; pour autant le passage du concret à l'abstrait ou de l'abstrait au concret n'est pas un changement d'ordre et n'établit pas de dualisme irréductible: *l'existence d'individus s'impose à la pensée sociale, et en retour la pensée sociale modifie l'orientation de la vie des individus*. Pensons, comme illustration possible de ces passages complexes, à ce que purent vivre les déportés, brusquement soumis aux normes déshumanisantes de la logique concentrationnaire et confrontés dans leur conscience intime à la négation même de leur personne.

Malgré tout, la solution qui vient d'être formulée maintient encore un dualisme, certes déplacé sur le terrain éthique, entre la personnalité sociale de l'individu et son individualité même, ou plus précisément entre une attitude inauthentique que l'individu adopterait lorsqu'il cède à ses habitudes ou agit socialement, et une attitude authentique qui le caractériserait seulement lorsqu'il se ressaisit lui-même et agit fidèlement à ce qu'il est. Se trouve introduite ici une nouvelle opposition, entre une personnalité plus authentique et une personnalité plus abstraite, opposition qui ouvre une possibilité de choix d'action: Bergson ou Heidegger[1] semblent se rejoindre sur le fait que la personne peut agir de manière personnelle ou impersonnelle, et que le choix entre ces deux positions extrêmes est une question de degré d'engagement. Comme si la personne prise en société trahissait sa nature profonde, alors même que le concept de « personne » nous est apparu essentiellement social; comme s'il existait une authenticité et une inauthenticité de la personne, alors même que la socialisation de

1. M. Heidegger, *Être et temps*, *op. cit.*, § 71, « Le sens temporel de la quotidienneté du *Dasein* ».

l'individu, loin de s'opposer à son individualité, est apparue au contraire, en conformité avec elle, la parachever.

La nécessité de penser la personnalité et l'individualité comme complémentaires peut pourtant être étayée par la thèse de l'identité narrative telle que la présente Ricœur, dans *Temps et récit III* puis dans *Soi-même comme un autre*. Ricœur essaie d'introduire, à travers une réflexion sur le récit que la personne fait d'elle-même pour se ressaisir elle-même, un type d'identité plus fondamental, nommé « ipséité », qui a d'abord pour lui la vertu d'échapper aux apories traditionnelles de l'identité personnelle, mais qui semble également permettre de penser une construction de la personne à travers ce qu'elle dit de sa vie. Dès lors, à condition que l'on accepte de donner une telle importance, pour la constitution de l'individu, à la narration de soi, on peut tenter d'intégrer la thèse de l'identité narrative au sein d'une hypothèse métaphysique plus vaste : la réalité des personnes, c'est-à-dire l'orientation acquise par le processus qu'est leur vie, n'est pas fixée une fois pour toutes, car elle dépend bien sûr d'une série d'accidents et d'événements, mais aussi de la direction que la personne est capable de donner à sa vie ; c'est sur ce point que la thèse de l'identité narrative apporte un élément nouveau, puisqu'elle affirme que cette direction dépend de la compréhension narrative que la personne a de son identité.

Ricœur introduit la thèse de l'identité narrative dans les dernières pages de *Temps et récit III*[1], dans le cadre général d'une poétique du récit qui a pour ambition de résoudre l'antinomie qu'il a formulée dès le début de *Temps et récit I* entre deux types de temporalités, celle du temps cosmologique et celle du temps phénoménologique. Son point de départ est donc bien éloigné du débat sur l'identité personnelle, puisque le problème métaphysique posé concernait d'abord la nature du temps. Ricœur a ainsi développé l'idée qu'il peut exister un « tiers-temps », doté de son mouvement propre, qui permet de penser ensemble le temps objectif et le temps subjectif, et qui assure donc une solution à l'antinomie initiale ; or ce tiers-temps est apparu à l'analyse comme relevant du récit, comme étant un temps du récit, lui-même issu et forgé à partir d'un entrecroisement entre une temporalité historique (plus proche du temps cosmique que du temps subjectif) et une temporalité fictionnelle (plus proche du temps vécu que du temps objectif). Ce qu'essaie en effet de montrer Ricœur tout au long de *Temps et récit*, c'est que des procédés d'écriture communs ont rapproché

1. P. Ricœur, *Temps et récit, 3, Le temps raconté*, Paris, Seuil, 1985, p. 439-448.

peu à peu le récit d'histoire et le récit de fiction[1], contribuant à faire émerger cette troisième temporalité qui est la solution des deux autres. On peut dès lors parvenir à penser une union de l'histoire et de la fiction, et « le rejeton fragile » de cette union est justement « l'identité narrative », qui est définie comme « l'assignation à un individu ou à une communauté d'une identité spécifique »[2]. Très clairement, cette forme d'identité de la personne, ou d'un groupe ou d'une nation, est ainsi liée à l'ascription à cette personne de certains éléments de discours, et une telle ascription possède une fonction sociale. Reste néanmoins à comprendre pourquoi une telle identité instaure une temporalité privilégiée de la personne, et pourquoi le récit qui est fait de la vie d'une personne peut faire émerger une identité de cette dernière.

Ricœur affirme donc que le récit de la vie, sans doute s'il est mené de la bonne manière, suffit pour assurer l'unité réelle de la personne ; en effet, si toute mise en intrigue vient d'une « genèse mutuelle entre le développement d'un caractère et celui d'une histoire racontée », alors on ne peut pas raconter une histoire sans dégager des rôles, et il est nécessaire et suffisant d'établir une biographie pour dégager une personnalité effective[3] ; mais comment un récit seul pourrait-il avoir un tel pouvoir constituant ? Sur ce point, il convient de tenir compte d'un autre élément théorique développé par Ricœur, la distinction entre les deux sens de l'identité que sont « l'identité-*idem* » et « l'identité-*ipse* ». Parce que l'identité narrative relève de la seconde catégorie, de l'ipséité, et non de la première, de l'identité en tant que reconnaissance du même, elle échappe au problème traditionnel du critère d'identité personnelle, et ainsi l'aporie classique entre deux positions, celle qui fait l'hypothèse d'un substrat subjectif permanent qui constitue la personne tout au long de sa vie et la position contraire qui élimine ce substrat et ne maintient qu'une série de faits psychiques ou physiques qui se succèdent sans lien, est pour Ricœur évitée voire résolue. Au fond, l'identité narrative ne permet de résoudre l'aporie initiale de la dualité des temporalités que si elle échappe elle-même à l'antinomie entre la permanence de la personne et les changements constants de cette personne ; or elle ne peut y échapper que si on prend

1. P. Ricœur, *Temps et récit, 1. L'intrigue et le récit historique*, Paris, Seuil, 1983, p. 255-310.

2. P. Ricœur, *Temps et récit, 3., op. cit.*, p. 442. Ricœur reprend dans ce passage les thèses principales de *Temps et récit*.

3. P. Ricœur, *Soi-même comme un autre, op. cit.*, p. 171-172.

conscience que l'identité narrative est bien « ipséité » et pas « identité au sens d'un même ».

Ricœur conçoit l'ipséité comme « l'identité d'un soi-même », mais aussi comme une identité pratique, réflexive et dynamique, qui permet la « cohésion d'une vie » [1], la constance de la personne à soi en dépit de tous les changements qui l'affectent durant sa vie. L'ipséité se constitue par ailleurs à partir du récit que la personne fait d'elle-même. Par nature, un récit structure une succession d'événements, attribue des rôles, assigne des fonctions ; ce trait distinctif du récit qu'est la fonction d'identification des personnages s'applique aussi bien aux récits d'action qu'aux récits de vie. Une collection implicite de rôles est reconnaissable dans toute narration, structurée autour du partage fondamental, de la « dissymétrie essentielle » entre les agents et les patients [2]. Pour Ricœur, la catégorisation des différents types d'implication des actants dans l'action est ainsi d'origine narrative, ce qui nous fournit en passant une nouvelle explication des différentes modalités de l'agir. « Raconter, c'est dire qui a fait quoi, pourquoi et comment, en étalant dans le temps la connexion entre ces points de vue » [3]. Par le récit que chaque personne fait d'elle-même en développant des histoires véridiques ou fictives, une conscience de l'unité personnelle surgit donc, et cette conscience semble réellement constitutive d'une unification de la personne à travers sa vie. Ainsi l'appropriation par la personne d'une série d'actions rend concret ce qui au départ n'était que nominal, l'identification d'un agent, et complète l'individualité réelle.

Quelle peut-être l'efficacité de cette mise en récit de soi ? Supposons que toutes les personnes à un moment de leur vie font vraiment pour elles-mêmes ou pour les autres le récit de ce qu'elles ont vécu : y aurait-il des techniques du récit de soi meilleures que d'autres pour parvenir à une meilleure cohésion de soi ? Faudrait-il par exemple privilégier la confession augustinienne, ou la peinture de soi à la Montaigne, ou encore l'autobiographie détachée et ironique à la manière de Stendhal ? Ricœur est lui-même sensible au problème plus large du caractère fictif des récits, et au fait qu'il y a un fossé très grand entre la fiction et la vie [4]. Or c'est dans les récits de fiction, dans les possibles imaginaires sans nombre des romans, que les personnes peuvent trouver les outils narratifs pour faire le récit

1. P. Ricœur, *Temps et récit, 3*, *op. cit.*, p. 443.

2. Voir aussi P. Ricœur, *Temps et récit, 2. La configuration dans le récit de fiction*, Paris, Seuil, 1984, p. 78-87.

3. P. Ricœur, *Soi-même comme un autre*, *op. cit.*, p. 174.

4. *Ibid.*, p. 188.

d'elles-mêmes; nous nous imaginons beaucoup de choses sur nous-mêmes, et le discours que nous tenons sur nous est nécessairement en grande partie feint, mais marqué aussi par les œuvres de la culture que nous fréquentons. « Une vie examinée est, pour une large part, une vie épurée, clarifiée par les effets cathartiques des récits tant historiques que fictifs véhiculés par notre culture. L'ipséité est ainsi celle d'un soi instruit par les œuvres de la culture qu'il s'est appliquées à lui-même »[1]. Un des paradigmes de configuration de l'ipséité est sans doute la cure psychanalytique, dans laquelle le patient se retrouve lui-même à travers les récits oraux spontanés qu'il fait de lui. La dimension culturelle est prépondérante dans ce travail de configuration : voilà pourquoi les récits assignent des actions aussi bien aux individus qu'aux communautés ou aux nations, « individu et communauté se constituent dans leur identité en recevant tels récits qui deviennent pour l'un comme pour l'autre leur histoire effective » ; voilà pourquoi il n'est pas sûr que tous les individus à qui on attribue le statut de personne disposent des mêmes moyens de procéder à cette configuration d'eux-mêmes que permet le récit de soi. Le processus d'unification de soi par soi à travers le récit est ainsi complexe, instable, car pris entre histoire et fiction, il mène à un résultat varié selon les individus, sans toutefois que personne n'échappe à sa force constitutive.

Dans *Soi-même comme un autre*, Ricœur retravaille le lien entre identité narrative et ipséité : alors que dans *Temps et récit* les deux types d'identité paraissaient assimilés, ils sont maintenant distingués, même s'ils sont étroitement connectés; Ricœur identifie désormais deux éléments identitaires majeurs, le caractère et le « maintien de soi » ; c'est le second élément seul qui est assimilé à l'ipséité, tandis que l'identité narrative sert de pont entre l'identité-*idem* et l'identité-*ipse*[2]. Ricœur donne une valeur clairement morale au « maintien de soi », qui est une attitude qui sous-tend et permet des comportements moraux tels que le fait de tenir sa parole ou encore d'être constant dans ses amitiés[3]. En quoi ces faits de fidélité constitueraient-ils pour la personne une identité, soumise à une temporalité propre ? Ricœur propose une échelle des différents types de processus dans lesquels peut être impliqué l'agent humain, les plus courts étant les actions singulières des agents, qui viennent se connecter entre elles pour constituer des « pratiques »[4], liées à un apprentissage, à la mise en application de

1. P. Ricœur, *Temps et récit, 3*, *op. cit.*, p. 444.

2. P. Ricœur, *Soi-même comme un autre*, *op. cit.*, p. 143.

3. Voir par exemple *ibid.*, p. 148-150.

4. *Ibid.*, p. 182 *sq.*

règles précises, à des habitudes collectives acquises; et au-delà des pratiques on peut concevoir un degré plus élevé d'organisation des actions, qui correspond au projet global d'une existence et que Ricœur choisit de nommer «plan de vie». Le plan de vie a une dimension proprement éthique, parce qu'en concevant son existence de manière complète, la personne cherche à répondre à la question de la vie bonne. Il suppose en outre, pour pouvoir être même envisagé, que la personne parvienne à donner à sa vie une unité narrative, qui est « un mixte instable entre fabulation et expérience vive ». C'est évidemment dans ce plan de vie, avec sa temporalité élargie, que peut s'inscrire la fidélité à soi.

Ricœur rapproche finalement le maintien de soi d'un sens fort et moral de la responsabilité, en se référant à Levinas :

> le maintien de soi, c'est pour la personne la manière telle de se comporter qu'autrui peut *compter* sur elle. Parce que quelqu'un compte sur moi, je suis *comptable* de mes actions devant un autre. Le terme de responsabilité réunit les deux significations : compter sur... être comptable de ... Elle les réunit, en y ajoutant l'idée d'*une réponse* à la question : « Où es-tu ? », posée par l'autre qui me requiert. Cette réponse est « Me voici ! » Réponse qui dit le maintien de soi [1].

On retrouve ainsi contenues dans le «Me voici!», par lequel la personne se donne toute entière dans son unité concrète, deux caractéristiques de la responsabilité, au sens fort que lui donne Ricœur : d'une part toute la personne se trouve moralement engagée, ce qui signifie qu'à chaque fois que cette responsabilité est invoquée, c'est le projet de vie entier de la personne qui est en jeu, son ipséité, et la personnalité est ressaisie alors dans toute son unité; d'autre part un tel engagement de la personne est néanmoins toujours relatif aux autres, la personne est réellement dans ce cas un sujet de relations, elle ne peut être responsable de manière solipsiste. En témoignant de son existence, elle affirme l'unité de cette existence et en même temps s'affirme comme ouverte aux autres [2]. Si l'appropriation narrative de soi apporte une solution possible à l'antinomie à laquelle nous avons été confrontés, entre la superficie sociale de la personne, dans laquelle celle-ci est abstraitement instituée, et son individualité profonde concrètement unifiée, une tierce dimension de la personnalité ne s'en révèle pas moins, celle de la pluralité des relations aux autres. *La personne doit dès lors pouvoir être définie comme un sujet achevé de relations multiples.*

1. *Ibid.*, p. 195.
2. *Ibid.*, p. 351.

La personne comme sujet de relations

Dans un entretien à propos de la responsabilité[1], Ricœur précise qu'une telle notion souffre d'ambiguïté, parce qu'en un sens, on peut la concevoir comme « imputabilité », mais « en son sens fort, qui est aussi son sens vrai », la responsabilité, comme le dit Hans Jonas, « n'est autre que celle qu'on exerce à l'endroit de quelqu'un ou de quelque chose de fragile, qui nous serait confié. » Ricœur ajoute que « l'idée de prise en charge est (...) absolument centrale. Nous retrouvons alors le jeu entre structure personnelle et altérité, puisque c'est toujours d'un autre que je suis responsable, d'un autre qui de surcroît pourra éventuellement me demander des comptes ». Ricœur suggère ainsi qu'on peut rapporter de manière immédiate la notion de personne à la responsabilité, et par-delà la responsabilité, aux relations aux autres personnes. Une personne doit par définition répondre de ses actes, ce qui conduit à la définir par la fidélité à soi-même, mais elle doit en répondre envers et pour les autres, elle doit se maintenir devant les autres. Il apparaît donc légitime, à partir d'une telle détermination éthique de la personne, de la penser, au-delà de l'imputabilité qui en garantit la fonction sociale, comme un *être en relation*.

Cette conception éthique de la personne, comme être relatif aux autres, rejoint la compréhension sociologique de la personne : si l'identité, fondement de la responsabilité, est d'abord le fait pour un individu d'être semblable aux autres individus, si la similarité à soi-même est compréhensible d'abord comme une fidélité aux autres moments de soi-même, bref, si l'identité individuelle est un cas particulier d'identité sociale et si la personne n'est pas une monade isolée qui serait seulement reliée à l'univers par une position spatio-temporelle qui la distinguerait et la singulariserait, alors on peut comprendre effectivement que c'est en relation aux autres que la personnalité se construit. Pourquoi ne pas dès lors qualifier le fait social fondamental de « relation de ressemblance », non pas pour signifier qu'il serait purement extérieur aux individus et n'existerait que dans les esprits d'observateurs anthropologues, mais au contraire en admettant son effectivité, puisque chaque membre de la société produit un effort concret pour ressembler aux autres et se soumettre aux règles sociales communes ? *Il y aurait ainsi une relation fondamentale qui constitue les personnes, descriptible éthiquement en termes de « fidélité » et sociologiquement en termes de « ressemblance »*. L'opinion contemporaine dénonce souvent,

1. *Éthique et responsabilité. Paul Ricœur*, J.-C. Aeschlimann (dir.), Neuchâtel, La Baconnière, 1994, p. 24-25.

il est vrai, derrière une critique de l'individualisme ambiant, la tentation jugée narcissique de chaque individu de se démarquer au sein même de l'effort social de normalisation, la volonté inédite des personnes de se distinguer pour se distinguer, et d'affirmer ainsi arbitrairement leur identité singulière[1]; mais cet effort personnel de dissemblance s'intègre logiquement à la relation générale de ressemblance que tissent les personnes entre elles; c'est sur fond de l'effort social d'imitation des autres individus que certains individus peuvent chercher, un peu fictivement, à rompre avec les autres et à se différencier; or ces individus ne se construisent pas tant par leur démarcation que par leurs relations aux autres et à la société toute entière.

Il y a cependant ici un paradoxe logique, lié au fait que les personnes trouvent leur unité par leurs relations alors même que les relations semblent aller à rebours de leur singularisation et constituer une interpersonnalité; ce paradoxe nous invite à prendre au sérieux une intuition métaphysique, proposée par exemple par Frédéric Worms, selon laquelle ce sont les relations entre les individus qui sont les objets les plus fondamentaux de notre expérience, ce qui impliquerait qu'il n'y a aucune priorité ontologique entre les individus et leurs relations, et plus particulièrement entre les personnes et leurs relations[2]. F. Worms prend l'exemple de la « violation morale », qu'il érige en paradigme pour penser les relations interpersonnelles: la violation est paradigmatique parce qu'elle est justement ce qui rompt la relation « de l'intérieur de la relation elle-même et de manière irrémédiable, révélant ainsi rétrospectivement, qui plus est, la nature et la valeur morale de la relation »[3]; mais ce processus radical paraît également révélateur du « double primat spécifique de la relation et des individus »[4] car « ce peut être aussi bien un éloignement et un abandon qu'un rapprochement ou un étouffement excessifs qui détruiront aussi bien la relation que les individus ». Il faudrait donc dire, selon l'alternative classique entre la thèse des relations internes et la thèse des relations

1. On trouve des versions davantage raffinées de cet anti-individualisme contemporain dans les écrits de G. Lipovetsky, A. Finkielkraut, A. Renaut ou L. Ferry. Un résumé de ces positions est donné dans l'article de M. Castillo, « Les embarras de l'individualisme postmoderne », Göteborg, 1995, en ligne.

2. F. Worms, « Les relations entre individus comme fait primitif: de l'ontologie à l'éthique », *Philosophie*, n° 106, 2010, p. 74-85.

3. F. Worms, « Penser la violation : Relations morales et protection publique », *Esprit*, février 2000, p. 66-81.

4. F. Worms, « Les relations entre individus comme fait primitif: de l'ontologie à l'éthique », art. cit., p. 83.

externes[1], que les relations qui constituent réellement les personnes ne sont pensables ni comme des relations inscrites dans des individus et tendant vers d'autres individus, c'est-à-dire des éléments secondaires d'une ontologie individualiste, ni comme des relations dans un tout, c'est-à-dire des éléments premiers dont les individus seraient seulement les termes. Mais comment définir alors de telles relations qui ne soient ni antérieures ni postérieures à la constitution des personnes ?

La connexion nécessaire entre « personne » et « relation » semble en tout cas confirmée par l'histoire même du concept de « personne », en premier lieu chez Augustin dans les passages bien connus du livre VII du *De Trinitate*. Augustin établit un lien fort entre les notions de « personne », employée en contexte trinitaire, et de « relation », puisque c'est l'idée que le Père, le Fils et le Saint-Esprit sont des termes *relatifs* les uns envers les autres qui justifie qu'on parle pour ces réalités de « personnes » plutôt que d'« essences » (ce qui voudrait plutôt dire « trois Dieux »), ou d'« hypostases », à la manière des Grecs[2]. L'important pour Augustin est de distinguer la relation et l'essence, et en conséquence, au-delà de toutes les variétés lexicales, la « personne » et la « substance » ; on doit, pour essayer d'approcher le mystère de la Trinité, prendre en compte le fait qu'il y a en Dieu non seulement la substance, mais aussi la relation. « Même si être Père et être Fils sont deux choses différentes, il ne s'agit pas là d'une substance différente puisque ce n'est pas selon la substance qu'ils sont appelés ainsi, mais selon la relation, sans pourtant que la relation soit un accident puisqu'elle n'est pas muable »[3]. Les remarques théologiques d'Augustin à propos de la Trinité permettent ainsi de dégager une pensée originale de la relation, et cette détermination de la relation appelle naturellement pour lui l'usage du concept de « personne » pour désigner, en Dieu, les réalités en relation. La difficulté du texte augustinien vient toutefois de ce que n'est pas explicitée la nécessité d'un recours, à partir de la notion de « relation », au terme de « personne ». L'emploi de ce terme est en effet seulement justifié négativement : « quand on demande : "Trois quoi ?", les ressources verbales humaines souffrent d'une grande indigence. Quoi qu'il en soit, on répond "trois personnes", non pas tant pour dire précisément

1. B. Russell, *Histoire de mes idées philosophiques*, Paris, Gallimard, 1961, chap. V, p. 67-77.

2. Augustin, *La Trinité*, dans *Philosophie, catéchèse, polémique*, « Bibliothèque de la Pléiade », Paris, Gallimard, 2002, VII, 8 et 9.

3. *Ibid.*, V, 7. Ce passage est commenté par E. Housset, *La vocation de la personne. L'histoire du concept de personne de sa découverte augustinienne à sa renaissance phénoménologique*, Paris, P.U.F., 2007, p. 72-73.

cela que pour ne pas être réduit au silence »[1]. La relation mène donc à la personne, mais sans que le texte augustinien n'offre une clef pour définir précisément ce qu'est la personne. À cette première indétermination s'en ajoute d'ailleurs une seconde lorsqu'on essaie de conclure des personnes de la Trinité aux personnes humaines ; selon Thomas d'Aquin par exemple, l'unité de nature entre les deux ne peut être qu'analogique[2]. Dans une perspective chrétienne, le mystère de la Trinité rejaillit doublement sur l'incompréhensibilité du lien entre « personne » et « relation », puisque ce lien reste en partie inaccessible pour le cas des personnes en Dieu, et devient problématique lorsqu'on essaie de le penser pour le cas très différent des personnes humaines.

Au-delà de cet excursus historique et théologique, l'idée que la personne se constitue concrètement à partir des relations dans lesquelles elle est engagée ne peut avoir de sens et apparaître correcte que si la notion de « relation personnelle concrète » apporte un élément heuristique supplémentaire par rapport à la description de la constitution de la personne en termes de processus que nous avons proposée jusqu'ici. Dans *Les institutions du sens*[3], V. Descombes différencie les quatre types fondamentaux de relations suivants : « 1. Il n'y a pas une relation, mais seulement une possibilité de relations (*dispositions*) » et V. Descombes donne l'exemple lockéen du pouvoir qu'a la surface d'un objet de produire sur notre œil, dans certaines conditions de lumière, une certaine couleur ; « 2. Il y a une relation unilatérale : toute la réalité de la relation de A à B est dans le sujet A (*relations intentionnelles*) », par exemple dans le cas du sentiment qui s'éveille chez l'amant lors de la rencontre de l'être aimé ; « 3. La relation est de comparaison (*mesures, degrés*) », comme chez ces hommes imaginés par Rousseau dans le *Discours sur l'inégalité*, qui sortent peu à peu de l'état de nature en apprenant à se comparer les uns aux autres[4] ; « 4. La relation est fondée sur le fait que les termes relatifs (paternité, filiation) sont inséparables, non seulement dans notre représentation, mais dans la réalité des choses (*relations réelles*). » V. Descombes précise que « c'est seulement dans le quatrième cas que nous avons la connexion réelle permettant d'attribuer à chacun des termes reliés un caractère réel qui

1. Augustin, *La Trinité*, *op. cit.*, V, 10.

2. Thomas d'Aquin, *Somme théologique*, Paris, Cerf, 2000, Prima Pars, question 29.

3. V. Descombes, *Les institutions du sens*, Paris, Éditions de Minuit, 1996, chap. XVI et XVII.

4. L'idée que la société repose au fond sur un mécanisme de comparaisons est particulièrement manifeste au début de la deuxième partie du *Discours sur l'inégalité*, et semble structurer tout le propos de Rousseau.

dépende de la relation », ce qui est d'ailleurs contestable, dans la mesure où le troisième type de relation semble également réalisant, puisqu'il produit les comparaisons et imitations constitutives, comme nous l'avons vu avec la pensée de Tarde, du réel social à proprement parler, personnes comprises. Quoi qu'il en soit, comment comprendre les relations réelles comme engageant la réalité de plusieurs individualités ontologiquement indépendantes? V. Descombes propose une élucidation logique de ces relations en reprenant les analyses de Peirce : la relation réelle apparaît, si on analyse sa traduction logique, comme *un fait polyadique*. Autrement dit, s'il y a réellement un fait de relation, alors la proposition ne désigne pas une somme de termes mis en relation, par exemple une paire d'individus ou un trio d'individus, mais réellement une dyade ou une triade, c'est-à-dire une réalité d'un ordre supérieur, une réalité concrètement relationnelle[1]. Une relation réelle est donc un fait réel qui met en jeu plusieurs objets reliés, et par ce fait de relation, les objets reliés constituent un système logique unique du point de vue de leur relation; cela signifie que si on les décrit de ce point de vue, les objets reliés ne peuvent plus subsister indépendamment les uns des autres, ils ne sont plus alors des individus en tant que tels mais des membres inclus dans un système de relation. Ainsi esquissée, l'analyse logique dessine une articulation possible entre le niveau des individus pris dans la relation, indépendants concrètement les uns des autres, et le niveau de la relation elle-même. Logiquement, on voit en effet que les propositions qui décrivent des relations réelles décrivent des faits en y imbriquant plusieurs termes; ces termes désignent les *actants* des relations, qui participent concrètement à elles et sont réellement impliqués en elles.

Une telle formulation présente l'avantage de résorber logiquement la contradiction entre indépendance et dépendance ontologique des personnes, puisque les termes d'une relation ne sont pas indépendants quand on les envisage du point de vue de la relation, mais peuvent apparaître indépendants si on les envisage comme les sujets logiques d'autres propositions qui leur attribuent certains prédicats individuels; l'idée que les relations sont des faits polyadiques dont les individus sont des actants présente en outre le second avantage de rapprocher l'analyse des relations de celle des actions. Les relations comme les actions sont des entités qui peuvent être globalement considérées comme des *processus*, c'est-à-dire comme des entités indépendantes qui ont lieu dans le monde;

1. Voir V. Descombes, *Les institutions du sens*, *op. cit.*, p. 224-225 et C. S. Peirce, *Le raisonnement et la logique des choses : les conférences de Cambridge, 1898*, Troisième conférence, Paris, Cerf, 1995.

leur expression logique est polyadique dans la mesure où elles engagent d'autres entités également indépendantes, des *individus*; enfin il y a, au sein des relations comme au sein des actions, des rôles joués par les individus impliqués, c'est-à-dire des agents et des patients. Pour illustrer ce dernier point, une relation d'amitié suppose une égalité approximative des rôles entre les amis, faute de quoi elle n'existerait plus, donc une activité réciproque, tandis qu'une relation amoureuse est susceptible d'une dissymétrie, d'une souffrance d'un côté et d'une indifférence de l'autre, d'engagements et de réticences variables, donc de rôles différents des personnes prises dans la relation. Nous pourrions aller jusqu'à dire, analogiquement, que de même que l'on distingue les descriptions d'actions des descriptions d'événements selon qu'un processus est imputé ou non à un agent, on peut distinguer les descriptions de relations réelles des autres descriptions de relations selon que la relation est reconnue constitutive pour les personnes impliquées.

Les personnes, quel que soit leur degré de passivité ou d'activité dans une action ou une relation donnée, agissent donc les unes sur les autres, se modifient les unes les autres. Mieux, toute personne est modifiée dans son être, individuée, par une relation réelle qu'elle entretient avec une autre, même la relation à première vue la plus insignifiante, par exemple « un inconnu m'a fait un signe dans la rue » ; de la même manière l'implication d'une personne dans une action ou un événement quelconques suppose toujours une certaine *activité*, et ne peut jamais être pure passivité, car même celui qui n'est pas agent et subit un événement réagit à cet événement et y participe; c'est peut-être justement parce que toute personne est toujours au moins minimalement active dans un processus dans lequel elle est impliquée que ce processus est pour elle constitutif, après le nécessaire travail d'imputation et d'appropriation.

Nous avons finalement établi une distinction ferme entre deux propriétés des personnes, la personnalité et l'individualité. La *personnalité* est apparue comme la capacité dont sont dotées les personnes de se voir attribuer une participation à des actions et des relations, de s'approprier des actions et des relations, et de répondre d'elles; elle implique l'identité, car il faut bien que ce soit en gros la même personne qu'on identifie comme l'agent d'une action et qui réponde de cette action; l'institution de la personnalité est par ailleurs sociale et dépendante des structures de pensée d'une société donnée. L'*individualité* des personnes est apparue comme l'unité concrète dont elles sont dotées et qui leur permet d'être impliquées dans des actions, d'être des agents d'actions ou plus largement des actants de processus, événements, actions ou relations; cette individualité est déjà donnée ontologiquement avant la personnalité, mais de manière tout à fait incomplète, et sans aucune dimension sociale; cependant elle demeure encore incomplète jusqu'à la fin de la vie de la personne, parce que *l'individualité en tant que telle est l'achèvement du processus de constitution* qui unifie l'ensemble des processus dans lesquels la personne est impliquée.

Si la distinction entre personnalité et individualité est ferme, elle ne doit pas pour autant laisser croire que la première serait seulement symbolique tandis que la seconde serait réelle, que la seconde serait concrète tandis que la première serait abstraite. Le mécanisme de la responsabilité contribue en effet à constituer réellement l'individu personnel et il ne se réduit ni à l'abstrait ni au symbolique: que serait l'implication d'un agent dans ses actions si l'agent ne s'en reconnaissait jamais comme l'auteur ou si on ne le tenait jamais pour responsable de ce qu'il a fait? Il ne faut pas distinguer trop radicalement l'identification abstraite des personnes et le mouvement concret d'individuation d'entités qui ensuite sont reconnues comme des personnes; car si c'était le cas, le problème de la coïncidence entre les deux types d'unification, personnelle et individuelle, serait insoluble; plutôt faut-il admettre que la distinction entre personnalité et individualité des personnes est fondée sur une autre distinction, entre deux types d'individuations réelles. Les personnes sont bien des entités individuelles réelles, mais qui sont à la confluence d'un double processus d'individuation: d'une part *une individuation toujours achevée*, qui permet d'identifier des unités concrètes dans l'espace social et qui sert de fondement à l'attribution de la personnalité, ou plutôt qui sert de fondement à l'identification de personnalités plus ou moins complexes, depuis les individus biologiques jusqu'aux personnes morales; d'autre part *une individuation qui se poursuit toujours* et par laquelle la personne se constitue, sans être jamais totalement individuée, sans jamais trouver totalement son unité, jusqu'à la fin de sa vie.

Si nous nous attachons désormais aux individus et non plus au cas restreint des personnes, que pouvons-nous supposer sur l'individualité en général? D'abord, bien évidemment, la pensée humaine n'a aucune efficace sur la constitution des individus en général, comme elle en a sur la constitution des personnes en particulier. L'identification de personnes en contexte social contribue à la constitution réelle de ces personnes; en revanche, l'identification d'individus dans le monde permet aux hommes de se repérer parmi les réalités qui les entourent, mais a une valeur seulement épistémique, demeure dans le discours et n'a pas vocation à atteindre le réel, sauf peut-être dans le cas particulier des objets artificiels. Lorsqu'il s'agit d'individus qui ne sont pas des personnes, le discours humain ne peut ainsi produire que des *individualisations*, des reconnaissances d'individus, mais pas d'*individuations*, des constitutions d'individus. Ce que peut en revanche essayer de faire un travail de définition métaphysique de l'individualité, c'est de tenter de retrouver en tout individu la dualité qui traverse manifestement l'individualité des personnes. L'étude des personnes a en effet révélé que ces entités unifiaient deux caractéristiques, la personnalité et l'individualité ; mais elle a permis également d'établir une deuxième distinction, ontologique, entre l'*unité* donnée à l'individu par une individuation déjà achevée et la *préindividualité* qui subsiste dans l'individu parce que son individuation se poursuit.

CHAPITRE IV

ÉTABLISSEMENT D'UNE ONTOLOGIE DES INDIVIDUS

Nous avons successivement mené trois développements qui tous trois invitent à une conversion de la pensée à propos de l'individuel. Dans un premier moment, nous avons suggéré que l'individu n'est pas seulement cet homme égoïste, prisonnier de son individualisme, que les sociétés modernes ont engendré et que nos contemporains fustigent, mais qu'une autre compréhension de l'individualisme peut être promue, compatible avec les exigences sociales de solidarité; la défense de cet « autre individualisme » passe par une requalification métaphysique de l'individualité, conçue comme une propriété de mise en relation tout autant que de séparation, et invite ainsi à renoncer à l'approche hylémorphiste qui conçoit l'individu comme s'écartant de l'espèce et échappant à toute conceptualisation. Henri de Gand, critiqué par Duns Scot[1], est peut-être le cas extrême de cet hylémorphisme qui n'aborde l'individuel que de manière négative et déceptive, en le concevant comme du spécifique rendu imparfait par une double privation : pour Henri en effet, l'individuel souffre tout à la fois d'une « privation de divisibilité en soi », au sens où rien d'individuel ne peut se diviser en éléments homogènes assez semblables au tout pour porter le même nom que lui, et d'une « privation de l'identité à un autre », au sens où rien de l'individuel ne peut être commun. Dans un deuxième chapitre, nous avons mené, d'un point de vue logique, une critique de la catégorie de substance, et libéré ainsi les individus d'un carcan logique, l'exigence d'identité, qui leur interdisait toute possibilité de fluence; nous

1. J. Duns Scot, *Le principe d'individuation*, *op. cit.*, q. 2.

avons montré que les individualités, malgré la rigidité de nos manières de les identifier, ne sont pas forcément données une fois pour toutes; l'abandon de la substance a par ailleurs mis au jour la nécessité logique d'introduire, à titre compensatoire, des unités structurées pour rendre compte de l'expérience, et nous avons pu heureusement envisager une logique cohérente dans laquelle ces unités se trouvent construites de manière non substantielle mais processuelle, justifiant ainsi de la continuité des touts à travers l'articulation de leurs parties. Dans un troisième temps, nous avons pensé l'individu à travers le paradigme de la personne, et plus particulièrement de la personne conçue comme agent; une personne est définie par le fait qu'on peut lui imputer des actions dont elle est reconnue l'auteur; elle n'est bien évidemment pas, au long de son existence, seulement impliquée dans ses propres actions, mais également dans les relations qu'elle entretient avec les autres personnes, et plus largement dans l'ensemble des événements qui lui arrivent ou par lesquels elle est concernée; l'individuation des personnes apparaît alors comme un processus unique de constitution et d'unification, à partir d'autres processus que sont les actions dans lesquelles les personnes sont impliquées, et avec une double dimension : sous un premier aspect, l'individuation personnelle est toujours achevée, et sert de fondement à l'identité de la personne; sous un second aspect, l'individuation personnelle est en voie d'achèvement tout au long de l'existence de l'individu et se confond *in fine* avec l'individualité complète; en tout cas, la réalité même des personnes est processuelle.

La démarche des trois chapitres précédents s'avère au fond négative, ou correctrice : il s'est agi, à chaque fois, de briser des interdits spéculatifs et de permettre d'envisager l'individu autrement, sans pour autant parvenir à un résultat effectif. L'individu est apparu ouvert aux relations, et non replié sur lui-même, en construction tout au long de sa durée d'existence, et non rigidement donné dès l'origine, s'individuant et se désindividuant du début à la fin selon l'unité qu'il se donne progressivement, et non pas doté d'une identité intangible. En montrant la voie pour une nouvelle détermination de l'individuel, nous sommes malgré tout demeurés dans l'hypothétique, le probable ou du moins l'apparent. Il reste désormais à montrer, en nous appuyant sur les recherches précédentes, que nous pouvons parvenir à établir une ontologie positive des individus, à dire ce qu'ils sont, à dire ce que nous sommes.

INDIVIDUS CONCRETS ET ABSTRAITS

Partons d'un constat, qui éloigne d'emblée notre essai d'ontologie d'un quelconque nominalisme : dans la mesure où toutes les réalités que l'on rencontre empiriquement ne sont pas dotées d'individualité, l'individualité apparaît comme la propriété d'entités localisées. *Ontologiquement, il n'y a donc pas seulement des individus*; la mer par exemple se présente comme une masse d'eau. Le fait que l'individualité apparaisse comme une propriété localisée de l'être n'entraîne d'ailleurs aucun paradoxe, puisque l'individuation possède comme vertu primordiale de donner des limites aux entités individuées, spatiales ou non, de les démarquer du reste du réel. Dans la mesure où, au sein des flots, nous n'individualisons pas des mers de manière définie, il n'y a pas d'individualité concrète dans l'entité marine; d'un autre côté pourtant, nous donnons différents noms aux mers et aux océans, nous les situons géographiquement et leur reconnaissons des caractéristiques; *nous individualisons parfois des réalités qui ne sont pas réellement individuées*.

La détermination de l'individualité repose ainsi sur la distinction fondamentale entre les réalités qui sont réellement individuelles parce qu'elles sont dotées d'une propriété particulière définissable, et les réalités qui, sans être dotées de cette propriété, sont néanmoins individualisables, entre les *individus concrets* et les *individus abstraits*. Le mot « individu » est d'ailleurs davantage qu'homonyme dans les deux cas, si bien que nous devons affirmer qu'il existe bien *deux sortes d'individualité*, comme l'exemple des personnes, dont l'individuation est à la fois concrète et logique, nous conduit à le penser. Cependant, là où, dans le cas des personnes, l'application des procédures conceptuelles humaines d'individualisation a pour conséquence une individuation concrète, cette application ne semble être dotée dans les autres cas d'aucune performativité : pour les réalités qui ne relèvent pas de nos systèmes de normes pratiques ou sociales, nos mécanismes logiques d'individualisation ne produisent aucune conséquence effective, et les individualités sont de nature abstraite. La première question que nous devons résoudre est alors de comprendre pourquoi nous individualisons, pourquoi nous identifions des individus non concrets, au-delà des êtres qui sont réellement dotés d'une propriété d'individualité.

Une réponse, d'inspiration bergsonienne, consiste à soutenir que nous individualisons des choses au-delà des individus effectifs parce que nous voulons soumettre le monde autour de nous à nos normes, pour pouvoir agir sur lui. Cette réponse repose sur l'idée que nous entretenons une

UNE HYPOTHÈSE SUR LE LIEN ENTRE INDIVIDUALITÉ ET IDENTITÉ, ET SA CRITIQUE

L'individualisation et l'individuation apparaissent donc comme deux processus bien différents, surtout lorsqu'on envisage le cas d'autres individus que les personnes. Dans le cas des personnes, l'individualisation, qui se fonde sur des critères d'identité, joue un rôle effectif dans l'individuation, et les deux processus sont concrètement mêlés; dans le cas des autres individus en revanche, on peut distinguer nettement le processus d'identification abstraite d'un individu qu'est son individualisation par un agent extérieur, du processus de constitution concrète qu'est l'individuation interne à l'individu. L'individualisation apparaît tout à fait *secondaire* par rapport à l'individuation, du moins si on intéresse à l'ontologie des individus. Cependant, cette secondarité peut se concevoir de deux manières possibles: ou bien l'individualisation d'une chose est indépendante de son éventuelle individuation, parce que la première est seulement subjective, selon notre point de vue, tandis que la seconde est objective, réelle et concrète, mais dans ce cas se pose le problème de la concordance entre individualisation et individuation; ou bien *l'individualisation est secondaire parce qu'elle dérive de l'individualité même de l'objet individualisé.*

Nous voudrions soutenir cette deuxième interprétation, qui permet d'accorder à l'individualisation une valeur de révélateur d'individualité; mais cela implique de montrer au préalable que les critères d'identité d'une chose sont secondaires et dépendants de l'individualité de cette chose, et par conséquent d'expliquer pourquoi l'individualisation d'une chose ne repose parfois sur aucune individualité réelle, et aussi pourquoi nous ne sommes pas en mesure d'individualiser l'ensemble du réel, par exemple ce qui nous apparaît comme irréductiblement massique. Pour le cas des personnes, il est apparu que l'identité « compte moins » que l'individualité, parce que l'identité dépend de l'individualité; en étendant ce constat à l'ensemble des individus concrets, nous supposons que l'individualité est le critère prioritaire permettant l'identification, et nous proposons alors la règle selon laquelle *l'absence d'un critère évident d'identité pour une entité prouve qu'une telle entité est dépourvue d'individualité réelle et que ses critères d'individualisation sont abstraits.* Dès lors pouvons-nous entreprendre de déterminer les différents genres d'êtres individuels, et de distinguer ainsi, dans le réel, ce qui est individué et individualisable, ce qui est individualisable sans être individué, et ce qui n'est ni individué ni individualisable.

Contre notre hypothèse de travail que l'identité, en cause dans l'individualisation, est dépendante et tout à la fois révélatrice de l'individualité donnée par le réel, nous rencontrons d'emblée un argument de Frege : pour Frege, l'idée que « l'unité » d'une chose, c'est-à-dire son identité, vienne de son « indivisibilité », c'est-à-dire de son individualité, pose plusieurs difficultés insurmontables, dont la principale est qu'elle rend impossible toute unité de compte, et donc tout nombre et tout calcul numérique[1]. La définition du nombre bute en effet sur le paradoxe que l'unité exige à la fois la différence et l'identité[2]. Elle exige bien la différence puisqu'il faut qu'il y ait des choses différentes pour qu'il y ait pluralité; « 1+1+1+1+1 » signifie alors, selon la solution de Baumann, « 1+1'+1''+1'''+1'''' » ; mais le problème est que « 1+1'+1''+1'''+1'''' » veut dire en somme « a+b+c+d+e », car les indices ont « comme seul effet (...) de détruire l'identité »[3], si bien qu'il n'y a plus de sommations possibles mais seulement des collections d'objets. On est conduit à en conclure qu'il faut faire abstraction de toute différence et que l'unité exige seulement l'identité; mais s'il y a seulement identité il y a unité, si bien que « 1+1=1 », ce qui est un non-sens. Une solution serait de penser que le paradoxe provient d'une exigence abusive de tout ou rien : ou bien on inclut en idée toutes les propriétés des objets dans le rassemblement, si bien qu'ils y entrent complets, et alors on ne peut plus compter mais seulement collectionner, ou bien on prend en compte la seule propriété d'unité de l'objet en faisant abstraction de tout le reste, et on ne conserve alors pour le compte qu'une propriété commune à une diversité d'objets, de telle sorte qu'on est juste réduit à affirmer l'unité abstraite de la propriété d'unité. Une manière de sortir de la difficulté pourrait consister à dire que l'unité est une seule et même propriété, mais individualisée dans les différents objets, et que c'est grâce à cette individualisation qu'on peut compter, puisque les unités abstraites sont qualitativement identiques mais numériquement différentes. Pour Frege, cette solution n'est cependant pas correcte logiquement car « l'unité » ne peut pas être la propriété d'une chose, puisque désigner une chose comme « une » n'apporte aucun complément de détermination.

> Pris seul, « un » ne semble pas pouvoir être prédicat. Ce qui apparaît plus nettement encore avec le pluriel. Si on peut réunir « Solon était sage » et « Thalès était sage » en « Solon et Thalès étaient sages », on ne peut pas dire

1. G. Frege, *Les fondements de l'arithmétique*, Paris, Seuil, 1969, § 33, p. 161.
2. *Ibid.*, § 39, p. 168.
3. *Ibid.*, § 36, p. 164-165.

«Solon et Thalès étaient uns». Ce qui serait possible si «un» était une propriété possédée par Solon et Thalès [1].

Le dernier argument est cependant compréhensible de deux manières différentes : d'un côté, il rend manifeste avec éclat l'hétérogénéité logique entre les prédicats ordinaires et le terme « un » lorsqu'on les attribue à des sujets, puisque un prédicat ordinaire peut se mettre au pluriel dans certaines conditions alors qu'il est contradictoire de mettre «un» au pluriel; mais d'un autre côté, on pourrait reformuler la phrase paraissant incorrecte « Solon et Thalès étaient uns » en une phrase visiblement correcte, quoique technique, « Solon et Thalès étaient dotés d'unité individuelle », ou encore, « Solon et Thalès étaient des individus » ; auquel cas, ce sont deux sens du mot «un», comme unité de nombre pour compter des objets ou comme unité structurelle de l'objet lui-même, qui se trouveraient différenciés, la seconde «unité» pouvant tout à fait se concevoir comme une propriété de l'objet. Pourtant, Frege refuse que la présence de cette seconde unité dans une chose puisse valoir comme critère d'attribution de la première unité à cette chose, autrement dit, refuse de fonder l'unité de compte sur l'individualité. Il affirme au contraire que «la délimitation, l'indivision, l'insécabilité ne peuvent pas servir à caractériser ce que nous exprimons par le mot "un"» [2]. La raison en est qu'il est erroné de rapporter le nombre aux choses, la solution bien connue de Frege consistant à supposer que le nombre ne dépend pas des choses mais des concepts : « donner un nombre, c'est énoncer quelque chose d'un concept » [3].

La première conséquence qui se déduit immédiatement de cette dépendance de l'unité de nombre vis-à-vis du concept de la chose est que l'attribution du nombre varie suivant le concept et non suivant les individus réels. On peut ainsi indifféremment dire « c'est un groupe d'arbres » et « ce sont cinq arbres» ou encore «voici quatre compagnies» et «voici cinq cents hommes»; les deux phrases dans les deux exemples désignent à chaque fois la même réalité car, dit Frege, « les individus ne changent pas, ni le tout ou l'agrégat», sans qu'elles donnent pour autant le même nombre à la réalité qu'elles désignent, en fonction du concept sous lequel chaque phrase la subsume. Mais que veut dire que rien ne change du réel dans les deux cas, que signifie l'affirmation de Frege selon laquelle ni les individualités ni les totalités ne sont concernées par l'attribution du nombre? Elle semble bien suggérer d'abord qu'il existe des individualités qui sont

1. *Ibid.*, § 29, p. 159.
2. *Ibid.*, § 45, p. 175.
3. *Ibid.*, § 46, p. 175.

indépendantes de nos manières de compter et de l'application de nos concepts, comme nous le soutenons, et même que d'une certaine manière ces individualités peuvent naturellement être totalisées, puisqu'il est dit qu'un groupe d'arbres a une réalité, tout comme les arbres individuels de ce groupe pris un à un. D'un autre côté, les deux exemples donnés par Frege paraissent diverger quelque peu : en effet, la différence entre « groupe d'arbres » et « cinq arbres » n'est pas réellement conceptuelle mais seulement numérique, le terme « groupe » renvoyant au fond à un concept vague dont nous usons lorsque nous n'établissons pas précisément un nombre, un concept en ce sens dépendant de nos procédures ordinaires de compte et compatible avec elles[1] ; dans le second cas en revanche, l'attribution d'un nombre différent à la même réalité semble bien provenir d'une subsomption sous deux concepts, « compagnie » dans un cas, « homme » dans l'autre; mais on pourrait tout aussi bien considérer que, si dans l'exemple « homme » signifie « soldat », alors « compagnie » est également un concept de compte ou de regroupement, car ici une compagnie est manifestement une unité de cent vingt-cinq hommes. Sachant que des concepts comme « compagnie » ou « groupe » apparaissent précisément comme servant à compter les individus, il est manifeste que l'attribution du nombre dépend de l'individualité des choses, puisque la définition des concepts qui permet la numération en est elle-même dépendante.

Ce n'est bien sûr pas de cette manière que Frege comprend finalement l'attribution du nombre. La solution qu'il donne au paradoxe de l'unité consiste à dire qu'un concept est « l'unité par rapport à laquelle on détermine le nombre cardinal qui appartient à ce concept ». Le nombre ne dépend pas pour lui de l'individualité et le critère de l'identité d'une chose n'est pas son individualité, mais l'unité numérique qui est donnée à cette chose par sa subsomption sous un quelconque concept : ainsi un homme est une unité sous le concept « soldat », mais un cent vingt-cinquième d'une unité seulement sous le concept « compagnie ». Or la solution de Frege doit être prise au sérieux, car elle a ceci de satisfaisant qu'elle permet à la fois de comprendre *l'identité* des unités tombant sous un concept, dans la mesure où chaque unité est identique aux autres du point de vue de sa subsomption, la *distinction* des unités, dans la mesure où il y a plusieurs choses comptées,

1. Les termes français « groupe d'arbres » et « arbres » traduisent les termes allemands « Baumgruppe » et « Baüme » ; « Baumgruppe » a, c'est vrai, l'apparence d'un terme singulier, mais le concept de « Baumgruppe » ne diffère pas pour autant de celui de « Baum » ; l'exemple prend cependant un autre tour dans la traduction anglaise d'Austin, qui utilise les termes « copse » et « trees », et semble donc introduire une véritable différence conceptuelle.

et l'*indivisibilité* des unités, dans la mesure où le concept n'admet aucune autre division de ses éléments pouvant constituer un nombre cardinal fini.

Plus précisément, on voit que cette solution implique à la fois *une relativité de l'identité par rapport au concept sous lequel est subsumé le réel, et une dépendance de l'identité vis-à-vis de ce concept.* L'identité suit en effet de l'unité, parce qu'on peut désigner comme « identique » la compagnie engagée dans telle manœuvre puis dans telle autre, sans pour autant que les cent vingt-cinq hommes qui la composent soient identiques entre eux, et sans même évoquer le problème plus complexe de savoir si la compagnie reste la même alors que ses membres sont tués au combat et renouvelés ; par ailleurs, on peut dire que toute entité qui se subsume sous un concept est identique relativement à ce concept, parce que le concept est lui aussi doté d'unité. Au contraire, si nous soutenons que l'identité est dépendante de l'individualité, alors il nous faut montrer que l'unité individuelle d'une entité est davantage primordiale et concrète que son unité numérique, que l'identité, c'est-à-dire la référence à une même entité dans toutes les propositions qui décrivent un processus dans lequel cette entité est impliquée, n'est pas relative au concept employé, mais à l'individualité de l'entité, bref, il nous faut montrer qu'en un certain sens *il y a absoluité de l'identité d'une chose vis-à-vis des différentes prédications dépendantes de l'individualité de cette chose.*

Le débat traditionnel concernant la relativité de l'identité consiste à déterminer si la proposition « *x* est le même F que *y* mais pas le même G que *y* », en sachant que F et G sont des prédicats sortaux et pas des prédicats quelconques [1], est contradictoire ou non : faut-il dire, si dans de nombreuses circonstances un seul et même F peut être différents G, qu'*x* et *y* ne sont jamais les mêmes absolument, mais seulement les mêmes F ou G [2] ? Pour être fidèle à notre hypothèse, nous pourrions prendre parti dans le débat en affirmant qu'une telle phrase n'est pas contradictoire, mais à condition d'être interprétée comme voulant dire seulement : « cet individu est *x* et *y*, et *x* est le même F que *y* mais pas le même G que *y*, sauf que *x* et *y* sont juste des noms pour l'individu, qui ne réfèrent pas à son individualité » ; nous serions alors tentés d'écarter le débat sur la relativité de l'identité en estimant qu'il a peu d'importance autre que logique, parce qu'il

1. Il serait trop facile de dire, avec des prédicats non-sortaux, c'est-à-dire ne désignant pas l'essence de l'individu, que le premier Wittgenstein est le même homme que le second Wittgenstein, mais pas le même Wittgenstein.

2. H. Noonan, « Relative identity », dans B. Hale et C. Wright (eds.), *A Companion to the Philosophy of Language*, Oxford et Malden, Blackwell Publishers, 1999, p. 634-651.

concerne seulement l'usage linguistique que nous faisons de nos concepts et du compte de nos unités, et pas du tout la réalité des individualités concrètes que nous rencontrons dans le monde et pour lesquelles nous n'avons pas de doute sur la nature de leur identité. Et pourtant il serait un peu trop facile d'éliminer si rapidement la controverse; en effet, lorsque nous affirmons que l'identité dépend de l'individualité, nous ne voulons pas pour autant soutenir que l'identité se confond avec l'individualité; nous voulons seulement dire que lorsqu'une entité est dotée d'individualité, cette individualité fait que l'identité de cette entité apparaît absolue, et donc que dans ce cas, la thèse de la relativité de l'identité est fausse; mais lorsque nous disons que la thèse de la relativité de l'identité est fausse, nous ne voulons pas parler de la thèse de la relativité de l'identité en général, comme si l'on ne pouvait jamais dire d'un individu qu'à deux moments différents il a eu deux propriétés différentes, ou bien que deux de ses aspects apparaissent différents; dans notre cas, nous voulons uniquement *réfuter la thèse de la relativité sortale de l'identité*. Mais pour réfuter une telle thèse, ne sommes-nous pas alors forcés d'admettre *la thèse de la dépendance sortale de l'individuation,* et par conséquent de rétablir dans leurs droits les notions d'« espèce », d'« essence », et *in fine* celle de « substance » que nous avons pourtant rejetée précédemment? Pour défendre en effet la thèse de la relativité de l'identité, Geach prend l'exemple d'un prédicat fictif, qui pourrait correspondre en français au prédicat de « préhomme », et que l'on pourrait définir en disant qu'« être le même préhomme que *x* » signifie « être un homme et posséder le même prénom que *x* »[1]; il apparaît alors facile de montrer que « c'est le même préhomme qui a régné en France de 1610 à 1792 », mais que « Louis XIII, Louis XIV, Louis XV et Louis XVI n'étaient pas les mêmes hommes » ; or comment réfuter ici l'argument de Geach, sinon en soutenant que le concept de « préhomme » n'est pas un concept sortal[2]? Mais si nous adoptons cette ligne argumentative, nous devons alors reconnaître qu'il y a des concepts qui sont sortaux, c'est-à-dire qui réfèrent à l'essence spécifique des individus.

1. L'exemple inventé par Geach, à partir de l'anglais « man » et « surname », est le prédicat « surman ». Voir P. T. Geach, « Ontological Relativity and Relative Identity », dans M. K. Munitz (ed.), *Logic and Ontology*, New York, New York University Press, 1973, p. 294 *sq*.

2. H. Noonan, « Relative Identity », art. cit., p. 637.

En effet, s'il ne peut jamais y avoir, pour une réalité donnée et deux concepts adéquats, un seul individu relativement au premier concept et deux individus relativement au second, c'est bien pour la seule raison que l'individualité d'un individu serait rendue rigide par l'essence naturelle de cet individu, qui s'exprime dans ces concepts adéquats ; si bien que l'idée d'une dépendance de l'individuation à l'essence, que nous ne pouvions qu'abandonner en remettant en cause la pensée hylémorphiste de l'individuation, revient au galop. Il apparaît dès lors nécessaire d'éclaircir la thèse de la dépendance sortale de l'individuation. À première vue, cette thèse semble compatible avec celle de la relativité sortale de l'identité, puisque le nombre d'unités divisant une réalité donnée paraît pouvoir varier relativement aux concepts sous lesquels est subsumée cette réalité – on peut aussi bien dire « quatre compagnies » que « cinq cents hommes » –, dans la mesure où le nombre d'unités isolables dans cette réalité dépend du concept qu'on lui applique et de la catégorisation logique impliquée par ce concept ; mais David Wiggins, dans *Sameness and Substance*[1], soutient que l'on doit accepter la thèse de la dépendance sortale de l'individuation tout en refusant celle de la relativité de l'identité, ce qui est compréhensible si la dépendance sortale implique des essences naturelles réelles ; examinons ses arguments.

CONTRE LA « THÈSE DE LA DÉPENDANCE SORTALE DE L'INDIVIDUATION »

Derrière la « relativité de l'identité », D. Wiggins entend la thèse selon laquelle la notion d'identité est « relative aux différentes réponses possibles à la question "*a* est le même quoi que *b*?" »[2] ; il ne développe d'ailleurs pas réellement d'argument contre cette thèse, et semble se contenter, sous l'apparence d'une preuve formelle, d'affirmer sa fidélité au principe leibnizien selon lequel l'identité entre *a* et *b* implique la congruence de l'ensemble des propriétés de *a* et de *b*. Ce principe, qui est une reformulation du principe de l'indiscernabilité des identiques, apparaît pour D. Wiggins aussi fondamental que le principe de non-contradiction : son abandon remettrait pour lui en cause la prédication elle-même, car il faudrait alors pouvoir penser qu'une même chose n'est pas identique à elle-

1. D. Wiggins, *Sameness and Substance Renewed*, Cambridge, Cambridge University Press, 2004.

2. *Ibid.*, p. 23.

même sous un certain prédicat; définir une propriété correspondant à ce prédicat, qu'un même individu posséderait et ne posséderait pas à la fois, s'avérerait incompréhensible. Muni de ce principe, Wiggins se permet dès lors de conclure de la logique à l'ontologie, en postulant, à partir de la reconnaissance d'une unité individuelle, une forme de rigidité du rapport de l'individu à ses propriétés concrètes, semblant confondre au passage identités qualitative et numérique.

Geach, quant à lui, développe en faveur de la relativité de l'identité un argument plus technique, qui ne concerne pas tant les réalités auxquelles nous appliquons nos jugements d'identité, que la signification logique des prédicats que nous utilisons dans nos jugements d'identité, comme « être le même que » ou « être identique à »[1]. Cette manière d'aborder l'identité est d'emblée plus convaincante et riche que celle de D. Wiggins : car elle prend en compte le fait que l'identité n'est pas la relation réelle qu'une chose entretiendrait avec elle-même, mais simplement un outil logique permettant d'identifier des choses, de les différencier les unes des autres et de les classer; des problèmes attendent ceux qui croient que l'expression « est le même que » est la même à chaque occurrence et qu'elle est absolue, renvoyant à une relation réelle univoque. Or Geach rappelle qu'un prédicat à deux places exprimant une relation d'identité est toujours employé dans une doctrine ou selon une « idéologie » particulières[2], il est donc toujours relatif au langage particulier dans lequel il est employé; ce constat ne veut pas dire qu'il n'y a pas de similarité des prédicats d'identité dans les différentes idéologies dans lesquelles ils figurent; mais le problème est que les prédicats d'identité ne font pas partie des prédicats primitifs de ces langages particuliers et donc ne sont pas définissables à l'intérieur de ces théories. L'argument de Geach est alors le suivant : imaginons une proposition qui applique un prédicat d'identité à *a* et à *b* dans une théorie particulière T, c'est-à-dire en fonction des prédicats de cette théorie; par exemple, on trouve deux fois le même mot dans la même page d'un livre[3]; on peut alors concevoir une théorie T_1, plus complète en prédicats que la première, et pour laquelle le même prédicat d'identité que dans la théorie T ne s'applique plus à *a* et à *b* : par exemple, si la théorie différencie les types et les occurrences, elle permet de dire que dans la même page il n'y a pas deux fois le même mot, parce qu'une fois le mot en question est en haut de la page et l'autre fois en bas, donc ce sont deux occurrences différentes

1. P. Geach, « Identity », dans *Logic Matters*, Oxford, Basil Blackwell, 1972, p. 238-249.
2. Geach reprend cette idée à Quine.
3. Cet exemple est longuement développé par Geach, « Identity », art. cit., p. 242 *sq*.

d'un mot similaire; ou une théorie qui prend en compte le sens des mots peut permettre de remarquer qu'il s'agit matériellement du même mot, mais qu'en réalité ce sont deux homonymes. À partir de là, on comprend bien que le prédicat d'identité employé dans la théorie T est seulement relatif aux prédicats de T, et que la définition de ce prédicat est dépendante de l'idéologie générale de T. L'argument implique donc qu'il y a *une variété des relations d'identité*, que l'identité ne se définit pas de la même manière dans toutes les idéologies, et que la définition des prédicats d'identité est plus généralement relative à notre manière de classer ou de compter au moment où nous employons ce prédicat dans une proposition d'identité.

En somme, un rapide examen de la question de la relativité de l'identité nous révèle qu'aucun essai de détermination de l'identité n'engage en quoi que ce soit le réel visé par l'identité; et pourtant, la thèse d'une relativité de l'identité par rapport à un concept sortal est clairement ontologique, puisque l'idée que les individus relèvent de « sortes » tend à déterminer ce qu'il y a; ainsi, nous pourrions soupçonner que le concept d'« identité sortale » est mal formé, et qu'il témoigne d'une compréhension erronée de ce qu'est l'identité; il y a en tout cas une mauvaise interprétation à éviter, qui consisterait à croire que l'appartenance d'un individu à une espèce est la cause de l'identité de cet individu avec lui-même, interprétation qui donnerait une portée ontologique injustifiée à l'identité.

Admettons dès lors la définition de l'identité comme une relation logique d'équivalence qui unit deux termes *a* et *b* sous un concept quelconque, de telle sorte qu'on dise toujours : « *a* est le même *F* que *b* » ; nous nous trouvons néanmoins face à une alternative: ou bien nous devons considérer l'identité sortale comme un cas tout à fait banal d'identité, pour lequel le concept « F » serait dit « sortal », mais sans que les prédicats sortaux aient pour autant une fonction différente des autres prédicats en ce qui concerne l'identité, ou bien nous devons dire que l'identité sortale est un cas tout à fait particulier d'identité, qui permet l'identification d'individus. Nous penchons pour la première branche de l'alternative et D. Wiggins, tout en refusant la théorie de la relativité de l'identité, adopte la deuxième; il affirme en effet que « c'est seulement avec la double exigence d'une absoluité leibnizienne et d'une dépendance sortale de l'identité qu'une théorie de l'individuation peut être fondée ». La conséquence qui découle logiquement de ce point de vue est que « pour obtenir une théorie de l'individuation, nous devons essayer de parvenir à une détermination plus approfondie des espèces par lesquelles nous individuons et nous classons les particuliers »[1]; autrement dit, si la dépendance de l'identité des individus vis-à-vis des concepts sortaux qui leur sont appliqués ne conduit à aucune relativité, si donc *a* et *b* ne peuvent jamais « être le même *F* mais pas le même *G* », c'est qu'il y a quelque chose d'*absolu* qui relie *F* et *G* relativement à *a* et *b*. Or puisqu'il est ici question d'ontologie, c'est-à-dire de propriétés que possèdent les individus et d'espèces qui sont celles des individus, qu'est-ce que cet « absolu » pourrait bien signifier, sinon que l'individuation des entités dépend de leur *essence*? Car comment peut-on comprendre « *F* » dans la phrase « *a* est le même *F* que *b* » ? À supposer que « *F* » réfère bien à une propriété importante pour la définition de l'individu, ou bien on peut le définir comme un terme qui désigne quelque chose de propre à un individu, dénote un processus qui participe à la constitution de cet individu, or nous soutenons qu'en ce sens il est impossible que « *a* soit le même *F* que *b* mais pas le même *G* » parce que « le même » ici a un sens ontologique qui réfère à l'individualité et non à l'identité; ou bien on peut, comme choisit de le faire D. Wiggins[2], définir ce « *F* » comme le nom d'un concept sortal et on doit dire dans ce cas que les concepts « *F* » et « *G* » sous lesquels on subsume un individu produisent toujours la même réponse à la question de l'identité de cet individu[3], pour la raison bien simple qu'on postule alors, en bon aristotélicien, que ces concepts participent à la définition de l'essence de l'individu, en somme que « *F* » et « *G* » sont des parties de la définition qui apparaissent ainsi associées à des critères fixes d'identité[4]. Or cette seconde interprétation suppose que l'individuation est un processus qui a lieu à partir de l'essence et tombe ainsi sous le coup des critiques que nous avons adressées à l'hylémorphisme.

C'est donc la distinction entre des prédicats « sortaux » et « non sortaux » qui s'avère problématique et décisive ici. Cette distinction implique tout d'abord qu'il existe des « genres », des « sortes » ou des « espèces » d'êtres, ce qui n'est pas encore en soi un problème, parce que le statut ontologique de ces « sortes » n'est pas déterminé par la seule distinction, et celle-ci est apparemment compatible aussi bien avec une ontologie qui admettrait des universaux comme éléments du réel qu'avec

1. D. Wiggins, *Sameness and Substance Renewed*, *op. cit.*, p. 54.

2. D. Wiggins utilise plutôt des « f », « g » minuscules pour désigner des « prédicats dénommant des espèces de choses, par exemple "singe", "cheval", "arbre", "mammifère", "animal", "bête de somme" » (*ibid.*, p. 14-15) mais on peut comprendre de la même manière les « *F* » et les « *G* » dont nous nous servons ici.

3. *Ibid.*, p. 24.

4. Voir Aristote, *Métaphysique*, *op. cit.*, Z 11 et 12 et E. J. Lowe, *Kinds of Being. A Study of Individuation, Identity and the Logic of Sortal Terms*, Oxford, Basil Blackwell, 1989, p. 28.

un nominalisme plus strict qui considérerait que les essences ne sont que nominales[1]. Cependant cette distinction engage également, comme le souligne Jonathan Lowe, une différence logique entre deux formes de prédication ou deux sens de l'être, entre le « est » d'attribution figurant dans la phrase « le cheval est rapide » et le « est » d'attribution sortale ou encore d'instanciation figurant dans la phrase « le cheval est un mammifère »[2]. Autrement dit, un prédicat sortal ne se rapporte pas au terme auquel il se prédique de la même manière qu'un prédicat ordinaire, dans la mesure où le « est » d'instanciation ressemble, par son comportement logique, au « est » d'identité. Les phrases « Cicéron est un homme » et « Cicéron est Tullius » seraient donc plus proches dans leur mode de prédication que la phrase attributive « Cicéron est sage » ; on a en effet le sentiment, dans le cas de la phrase « Cicéron est un homme », qu'on ne veut pas dire par là que « l'humanité est une caractéristique de Cicéron » mais plutôt que « Cicéron fait partie des hommes », et donc que le lien de l'humanité à Cicéron est un lien d'individuation ou de différenciation. Le lien du concept sortal au terme singulier qui se subsume sous lui apparaît donc comme un lien de division par différenciation, et de la même manière, les concepts sortaux entre eux se trouvent reliés par un lien de division par différenciation, dans notre exemple d'« animal » à « homme » puis d'« homme » à « Cicéron ». Ainsi s'expliquerait la concordance des concepts sortaux relevée par D. Wiggins, qui empêche la relativité de l'identité : les concepts sortaux se trouvent articulés de telle sorte, du concept le plus général jusqu'au concept le plus particularisé, que chaque concept plus particulier ajoute une différenciation supplémentaire au concept plus général précédent, sans modifier pour autant la division définie de ce concept en individus[3]. Les « concepts sortaux », tels que J. Lowe ou D. Wiggins les comprennent, ne sont ainsi rien d'autre que les prédicaments coordonnés de l'arbre de Porphyre, et la nécessité de l'identité découle directement de cette coordination ; « Cicéron » et « Tullius » ne peuvent pas être à la fois « le même homme » et « un animal différent », pour la bonne raison que les critères d'identité du concept « animal » s'imposent au concept « homme », qui est obtenu par différenciation d'avec lui. Selon cet argument, on peut dès lors conclure qu'un concept est sortal lorsqu'il s'intègre à une série de concepts qui s'articulent les uns les autres par différenciation et sont concordants dans la division de leur référence; un concept est en revanche attributif

1. J. Locke, *Essai sur l'entendement humain*, *op. cit.*, livre III, chap. VI, 6, § 1-6, p. 101-108.
2. E. J. Lowe, *Kinds of Being*, *op. cit.*, p. 33.
3. D. Wiggins, *Sameness and Substance Renewed*, *op. cit.*, p. 66.

lorsqu'il est transversal à plusieurs sortes de divisions possibles; ainsi « homme » est sortal parce qu'il est doté de la divisibilité définie qui lui permet de se subsumer sous « animal », tandis que « sage » est attributif parce qu'une école orientale, une méditation ou des hommes peuvent être « sages ».

Cependant nous pouvons donner contre cette dernière conclusion un argument logique inspiré d'une remarque de Geach à propos de la théorie lockéenne de l'identité personnelle[1] : Geach fait remarquer que nous comptons à peu près de la même manière les « personnes » et les « hommes » ; on pourrait dès lors prétendre que le concept de « personne » est sortal tout autant que celui d'« homme », dans la mesure où il se subsume de la même manière sous le concept d' « animal » et se divise de la même manière; pourtant, remarque Geach, Locke a bien compris que le critère d'identité qui s'applique aux personnes et aux êtres humains n'est pas le même et qu'il n'y a pas de concordance nécessaire entre les concepts de « personne » et d' « homme », puisqu'on rencontre de nombreux cas juridiques où un homme a pu commettre un fait passé sans être pour autant la personne à qui on cherche à imputer ce fait aujourd'hui. Ceci montre dès lors que la similarité de divisibilité entre deux concepts n'indique pas toujours que leur concordance permette d'établir l'essence des individus qui se subsument sous eux. D'ailleurs, est-ce vraiment en ajoutant « rationnel » à « animal » que l'on obtient « homme » par différenciation, plutôt que « bipède sans plumes », « capable de rire », « doté d'un pouce préhensible », ou « possédant quarante-six chromosomes » ? Pourquoi ne pas soutenir plutôt que la division logique des individus ne s'explique pas tant par une nécessité conceptuelle douteuse que par *l'individuation concrète* de ces individus?

Que veut dire en effet, comme le soutient D. Wiggins, que « l'individuation » dépend des concepts que nous employons pour décrire les individus? On pourrait d'abord croire qu'il n'y a là qu'une difficulté de vocabulaire et que D. Wiggins emploie « individuation » pour ce que nous voulons dire lorsque nous parlons d' « individualisation » ou d' « identification » ; cependant, il s'agit encore de distinguer dans le processus même d' « individualisation », ce qui relève de la « délimitation » d'une chose, qu'elle se manifeste d'emblée à nous comme une unité, antéprédicativement, ou que l'isolions et lui donnions des limites par ostension, et ce qui relève de la « détermination » de la nature de cette chose. Il est vrai que la plupart du temps, empiriquement, nous reconnaissons immédiatement

1. P. Geach, « Identity », art. cit., p. 246 *sq*.

les choses autour de nous, et les processus de « délimitation » et de « détermination » semblent à peu près simultanés. Cependant D. Wiggins, à ce qu'il nous semble, ne donne aucun argument justifiant la nécessité d'une telle simultanéité. Surtout, il y a des cas où nous percevons des unités sans savoir de quelles unités il s'agit, si par exemple nous ne connaissons pas le genre de chose qu'on nous présente et voulons savoir « ce qu'est cette chose » ; or le concept de « chose » n'est certainement pas, par sa définition même, un concept de « genre » ou d'« espèce » ; d'un autre côté, il existe des cas où nous savons de quel genre de choses il s'agit, mais où nous sommes incapables d'identifier des unités, par exemple lorsque nous sommes face à certains vivants qui pour nous sont mal individualisés, comme les coraux ou les pelouses. Bref, nous devons en conclure que la thèse de D. Wiggins est fausse, car la perception de l'unité des choses et la détermination de leur nature sont deux processus différents quoiqu'apparemment simultanés la plupart du temps, et deuxièmement, que par nos procédures d'individualisation nous ne constituons de toute manière que des unités abstraites, et n'atteignons pas l'individualité concrète des choses. La thèse serait évidemment encore plus fausse si le terme « individuation » désignait chez D. Wiggins un processus ontologique concret, puisqu'elle voudrait alors dire que la manière dont nous subsumons les individus sous nos catégories conceptuelles est concrètement déterminante pour des processus ontologiques concrets qui sont pourtant indépendants de nous.

Dans tous les cas la « thèse de la dépendance sortale de l'individuation » est invalidée, ce qui implique en premier lieu que l'individualité d'une chose est antérieure aux critères d'identité que nous lui appliquons lorsque nous l'identifions. Nous devons cependant être attentifs, une nouvelle fois, à une remarque que fait Geach en faveur de la relativité de l'identité [1] ; pour Geach, l'idée de soutenir qu'il y aurait de pures individualités, dotées d'une relation d'identité à elles-mêmes et logiquement antérieures à toute attribution de propriétés, semble absurde, car même en refusant de définir un individu comme un faisceau de propriétés, deux individus ne peuvent pas se distinguer s'ils n'ont pas deux caractéristiques qui les distinguent, et l'identité ne voudrait plus rien dire si elle était dépendante d'une unité antérieure à toute distinction. Cette objection paraît justifiée car l'individualité, si on la définissait comme ce qui est antérieur à toute caractérisation, serait effectivement une pure unité abstraite, c'est-à-dire rien d'individuel en réalité ; or si nous prenons l'objection au sérieux, pouvons-

1. P. T. Geach, « Ontological Relativity and Relative Identity », art. cit., p. 289-290.

nous soutenir encore que l'individualité d'une chose est le fondement de son identité ? En réalité, l'objection de Geach ne joue pas en faveur d'une quelconque dépendance sortale de l'identité, car elle n'impose pas du tout de distinguer les caractéristiques sortales des autres caractéristiques d'un même individu ; elle refuse au contraire une séparation arbitraire de la substance et des qualités de la chose, et de manière indirecte, de l'essence et des accidents ; ce que fait seulement remarquer l'objection, c'est que nous n'identifions pas une chose dans l'abstrait, en différenciant de pures unités, mais que nous l'identifions telle qu'elle est concrètement, avec ses qualités telles qu'elles nous apparaissent. À l'inverse, la remarque de Geach nous invite à ne pas chercher à penser le processus d'individuation indépendamment des processus qui le constituent, à ne pas abstraire l'individualité de ce qui lui arrive ; une telle abstraction n'a effectivement aucun sens, puisque l'individualité n'est rien d'autre que le processus concret d'individuation. *Identifier un individu, c'est reconnaître qu'il est* le même *à travers tout ce qui lui arrive, c'est établir la distinction entre les processus qui le constituent et ceux qui sont indépendants de sa constitution tout en participant ou non à la constitution d'autres individus.*

APERÇU DU PROBLÈME DES UNIVERSAUX ET DE LA NATURALITÉ DES ESPÈCES

Si nous rejetons l'idée que l'identité d'une chose dépende d'une quelconque « essence » et si nous éliminons la distinction entre prédicats sortaux et prédicats ordinaires, alors il faut cependant faire face à une difficulté embarrassante majeure, qui n'est autre que le bon vieux problème des universaux ici grimé : même sans aller jusqu'à devoir justifier notre refus que les êtres relèvent réellement d'une espèce ou d'un genre, nous devons au moins expliquer pourquoi certaines caractéristiques d'un être apparaissent plus importantes ou fondamentales que d'autres pour son identification. Car il semble bien, sans rien encore préjuger quoi que ce soit d'ontologique, que c'est parce que des caractéristiques paraissent davantage liées que d'autres à un individu qu'on juge qu'elles sont « essentielles » à cet individu ou encore qu'elles appartiennent à la « nature » de cet individu, et que l'on finit par en conclure que les individus ont réellement une nature et relèvent réellement d'un universel qu'ils exemplifient ; il y a évidemment dans une telle conclusion un saut du constat empirique jusqu'à la théorie métaphysique, dont chacune des étapes a été maintes fois discutée, critiquée ou défendue dans l'histoire de la philosophie ; le constat empirique de l'importance et même de la permanence de certains traits individuels durant l'existence des individus n'en demeure pas moins.

Un premier pas vers l'éclaircissement du problème consiste à différencier « l'essence » d'un individu, c'est-à-dire les caractéristiques qui lui sont attachées le plus intimement, qui sont pour cet individu les plus importantes, sans poser encore la question de savoir si un tel fonds est universel ou individuel, de « la nature » d'un individu, en entendant par « nature » les points communs ou similarités identifiables chez cet individu et qui le rapprochent d'autres individus jugés de « même nature », jusqu'à le faire entrer dans une ou plusieurs « espèces ». Nous avons vu dans le deuxième chapitre que la propriété d'un individu peut être dite « nécessaire » à partir du moment où elle est un aspect de l'individu qui l'accompagne tout au long de son existence, ou sans lequel l'individu ne saurait être conçu; mais contrairement à ce que pense Kripke, nous soutenons que l'idée de nécessité n'implique pas logiquement l'idée d'essence mais seulement celle de perpétuité; introduire des « essences », et donc par conséquent des « substances », c'est conclure de la logique à l'ontologie, alors qu'il n'en est nul besoin pour expliquer que des propriétés soient constamment là avec l'individu et fassent partie de lui; parler de « perpétuité », c'est signifier qu'une propriété apparaît comme faisant partie de l'individu dès qu'il est question de lui, parce qu'elle contribue à le constituer dès le début de son existence, ou du moins ne peut que contribuer à le constituer jusqu'à la fin de son existence dès le moment où elle fait partie de lui. Ainsi, le fait pour ce chien d'être un chien et de posséder soixante-dix-huit chromosomes est nécessaire, parce qu'on ne peut pas concevoir que ce chien, depuis le début, ne soit pas un chien; et le fait pour ce même chien de s'être fait coincer la patte dans une porte il y a deux mois est tout autant nécessaire, parce qu'on ne peut pas concevoir, désormais et pour toujours, que ce chien ne se soit pas fait coincer la patte dans une porte il y a deux mois, comme en témoigne d'ailleurs la légère cicatrice qui le marquera jusqu'à la fin de sa vie. Nous proposons ainsi de substituer à l'idée d'« essence », celle d'« individualité perpétuelle ».

Il convient cependant de faire la différence entre les aspects d'un individu qui semblent partagés par d'autres individus, par exemple « être un chien et posséder soixante-dix-huit chromosomes », et les aspects qui semblent davantage singuliers, par exemple « porter une cicatrice à la patte » ; on pourrait certes objecter qu'il y a peut-être autant de blessés à la patte dans le monde que de chiens, et pourtant nous identifions une espèce naturelle à partir du second aspect et pas à partir du premier; ou plutôt nous proposons des hypothèses universelles à caractère nomologique à partir des aspects du second type, en énonçant entre autres que « les chiens ont soixante-dix-huit chromosomes », et de telles hypothèses sont au fondement d'inductions, tandis que nous nous interdisons ce genre d'énoncés hypothétiques à partir des aspects du premier type[1]. C'est le double problème de l'existence de similarités inscrites dans les individus et de la classification des individus en espèces selon les ressemblances qui les rapprochent. Même une logique « typophobe », qui réduit les universaux à des masses, se voit forcée, lorsque la manifestation de certains traits empiriques indique la présence de portions d'une masse donnée, de recourir à la notion de « similarité », par exemple lorsque certaines caractéristiques, une expression du visage, un désordre non naturel dans un lieu donné, une manière de se comporter envers l'autre, indiquent similairement qu'on est en présence d'humain[2]; refuser qu'au-delà du caractère arbitraire de nos classifications les individus humains aient quelque chose de réel en partage, et que plus généralement les individus d'une même espèce aient quelque chose de réel en partage, serait peu « humaniste » et inquiétant. Il est vrai que pour N. Goodman, la distinction entre « espèces authentiques » et « espèces artificielles » repose simplement sur « l'implantation » du prédicat désignant l'espèce; seuls des prédicats bien implantés nous donnent envie de faire des projections sur des cas contrefactuels, et d'établir des lois et des théories universelles; or la détermination de ce qui fait légitimement l'implantation d'un prédicat est aporétique, d'une part parce que si l'application de nos prédicats d'espèces se fait selon les ressemblances entre les individus, on peut toujours trouver au moins une ressemblance entre deux individus quelconques, si bien que le privilège accordé à une spécification plutôt qu'à une autre peut toujours paraître arbitraire, d'autre part parce que la réalité des similarités entre les individus n'est pas justifiée par nos seules classifications[3]. Pourtant, il faut bien reconnaître, comme l'invite à faire Quine[4], que la notion de « similarité » a quelque chose de naturel, elle appartient peut-être même à notre « patrimoine animal », dans la mesure où il est utile pour tout vivant d'iden-

1. N. Goodman, « La nouvelle énigme de l'induction », dans *Faits, fictions et prédictions*, Paris, Éditions de Minuit, 1984, p. 76-95.

2. Nous reprenons nos analyses du deuxième chapitre à propos de l'article de S. Chauvier, « Traits et touts », art. cit., p. 301-330.

3. Toute cette analyse réfère à N. Goodman, « Vers une théorie de la projection », dans *Faits, fictions et prédictions*, p. 96-127, et renvoie aussi à notre lecture de la *Structure de l'apparence* du second chapitre.

4. W. V. O. Quine, « Espèces naturelles » dans *Relativité de l'ontologie et autres essais*, Paris, Aubier-Montaigne, 1977, p. 131-156.

tifier des ressemblances, et pour les hommes plus particulièrement de procéder à des inductions et de constituer des espèces; il n'y a peut-être pas de concept métaphysique, « fondamental et absolu », de similarité, mais seulement des similarités multiples et relatives, adaptées aux besoins de chaque discipline scientifique, évolutives, si bien que les espèces s'en trouvent relativisées, à tel point même que pour un véritable discours scientifique l'entreprise taxinomique apparaîtra peut-être superflue[1]; il n'empêche que notre pensée ordinaire doit bien nous donner les moyens de reconnaître des espèces, et d'identifier un autre homme comme notre égal, quel que soit le statut ontologique de l'universel « humanité ».

Une difficulté supplémentaire vient de ce que les différents aspects d'un individu ne paraissent pas avoir la même « importance » pour son existence : il est bien sûr plus important pour un chien d'être un chien que d'avoir une cicatrice à la patte, et il est donc plus important pour lui de posséder soixante-dix-huit chromosomes que de s'être fait coincer la patte dans une porte il y a deux mois. Or si nous rejetons la notion d'essence, nous semblons par là-même devoir renoncer à établir des hiérarchies d'importance parmi les processus constituant l'individu et parmi les aspects qui en résultent. La cicatrice que porte ce chien, et qui peut d'ailleurs permettre de l'identifier, est en effet le résultat figé de l'événement qui lui est arrivé, ce trait prolonge en quelque sorte le processus qu'est la porte se rabattant sur sa patte; mais comment pouvons-nous dire, alors que c'est l'évidence même, que cette première caractéristique est moins individuante qu'une autre caractéristique plus importante, à savoir les soixante-dix-huit chromosomes que l'on retrouve dans chaque cellule de cet animal, puisque cette autre marque distinctive est tout autant le résultat figé d'un processus, celui qui a été entamé par l'accouplement de deux autres individus canins et qui se prolonge dans la vie de ce chien? D'un côté donc, tous les aspects d'un individu, du plus infime pour nous au plus manifeste, témoignent de processus qui contribuent à l'individuation de cet être; d'un autre côté, certains aspects, ceux que nous rattachons ordinairement à « l'essence », nous semblent constituer davantage l'individualité, et d'autres aspects orientent particulièrement l'existence de l'individu; dans tous les cas, chaque processus entrant dans la constitution d'un individu est irrévocablement constitutif de cette individuation. On est ainsi face à un décalage théorique entre trois modes d'approche de l'individu : *d'un point de vue ontologique*, tous les processus qui participent à une individuation sont également nécessaires à la constitution de l'individu;

1. *Ibid.* Telle est la conclusion de l'article de Quine.

d'un point de vue existentiel, des processus participent davantage que d'autres à l'orientation d'existence d'un individu, ceux par exemple que cet individu particulier qu'est la personne inclut dans son récit de vie et revendique comme étant le cœur de son identité; *d'un point de vue pratique*, certains processus s'avèrent plus importants que d'autres pour l'individualisation d'un être, particulièrement ceux qui manifestent des aspects similaires entre les êtres et permettent de rattacher l'individu identifié à un type ou une espèce.

Peut-être pourrions-nous repenser l'individualité en nous inspirant du modèle fameux par lequel Wittgenstein repense les ressemblances en termes d'« airs de famille »[1]. De même qu'il y a des ressemblances plus grandes entre deux personnes qui permettent de penser que ces personnes sont de la même famille, sans pour autant que ce soit nécessairement le cas et que ces ressemblances soient rigides ou uniformes, car les gens d'une même famille se ressemblent au cas par cas, à chaque fois selon certains traits plutôt que d'autres, de même il y a, dans l'identification d'individus, certaines caractéristiques qui nous sautent aux yeux, nous permettent spontanément de classer ces individus dans telle ou telle catégorie d'êtres, ou qui paraissent témoigner de l'orientation d'existence de ces individus. Mais cette prédisposition que nous avons à identifier les choses par des traits qui s'avèrent concrètement plus importants que d'autres n'est en rien indicatrice d'une dépendance de l'individualité par rapport à une quelconque « essence »; au contraire, c'est le genre d'une chose, tout comme les critères d'identité que nous lui attribuons, qui sont dépendants de nos processus d'identification, et nos manières d'identifier sont elles-mêmes dépendantes, plus ou moins directement, de l'individualité concrète des êtres. Il est vrai que ce ne sont pas forcément les traits qui font de la manière la plus éclatante la singularité d'existence d'un individu que nous repérons prioritairement pour le classer et le soumettre à nos inductions, il faut donc différencier l'importance épistémologique et l'importance existentielle des différents traits individuels; mais de toute façon tous ces traits dépendent de l'individuation. Pour les personnes comme pour les individus en général, « l'existence ne précède pas l'essence » mais plutôt « l'existence *constitue* l'essence ».

1. L. Wittgenstein, *Recherches philosophiques*, *op. cit.*, § 66 et 67.

SUR L'IDENTITÉ D'UN TOUT INDIVIDUEL AVEC LA COMPOSITION DE SES PARTIES

Il demeure encore un présupposé à éclaircir avant d'admettre définitivement que l'identité d'un individu est dépendante de son individualité. L'individualité a en effet été confondue avec l'individuation, ou plutôt elle apparaît comme le résultat instantané, saisi à chaque moment, d'un processus d'individuation en cours de constitution; mais un processus d'individuation se constitue à partir d'autres processus constituants, et il y a là un lien de «participation» à éclaircir. En quoi les processus constituants *participent*-ils à la constitution de l'individu? En quoi l'individu est-il constitué *à partir de* ce qui lui arrive? Nous avons vu que dans une méréologie phénoménaliste telle que celle de Goodman, dans laquelle la relation primitive est celle de «chevauchement», «les morceaux adhérent au tout»[1], ce qui signifie qu'un individu n'est que la somme de ses parties; dans cette hypothèse, l'unité, ainsi définie comme une totalité chevauchant ses parties, ne peut être structurelle ni concrète, contrairement à ce que nous cherchons à définir; mais nous avons vu aussi, en évoquant la méréologie des processus de Whitehead, qu'il était possible de comprendre le lien entre une unité de structure et la pluralité de ses parties en définissant cette unité comme un processus unifié d'actualisation à partir d'une pluralité de parties processuelles s'unifiant; c'est une définition semblable que nous devons retenir.

L'unité du processus totalisant d'individuation est-elle ou non *identique* à la pluralité des processus qui y entrent pour en constituer les parties? À première vue, il y a bien quelque chose *de plus* dans l'unité de structure que dans l'unité de totalisation; la première est concrète tandis que la seconde est ontologiquement arbitraire, et cette structure qui s'ajoute à la sommation des parties pourrait même correspondre à l'individualité en tant que telle; c'est parce qu'un élément s'ajoute à la pluralité des parties indépendantes qu'une unité survient. Une telle hypothèse paraît d'autant plus crédible si nous définissons l'individuation comme un processus concret, qui en quelque sorte intègre progressivement ses parties, tout en conservant son orientation propre; la preuve logique que l'unité du tout excèderait la somme des parties serait alors que l'individualité est une propriété du tout alors qu'elle n'est pas une propriété des parties constituantes. Cependant, David Lewis fait sur ce point l'objection

1. Rappelons que la formule est de J. Vuillemin, *La logique et le monde sensible*, *op. cit.*, p. 286.

qu'« une fusion n'est rien d'autre que ses parties »[1], ce qui le conduit à soutenir également que « la fusion des *xs* *est* seulement les *xs* » et réciproquement que « les *xs* *sont* seulement la fusion des *xs* ». Prises dans leur contexte, ces formulations ont d'abord une utilité technique et cherchent à garantir l'innocence ontologique de la méréologie en proclamant que la composition est seulement une relation d'identité, ce qui permet de ne pas différencier ontologiquement les degrés d'un système logique quelconque. On peut néanmoins aller plus loin et développer deux interprétations différentes de la thèse selon laquelle « la composition est un genre d'identité » : premièrement, on peut comprendre qu'il n'y a rien d'autre à dire sur les touts à part que ce sont des sommes de parties, si bien qu'en introduisant des totalités dans un système logique, on n'introduit aucun élément qui n'y soit déjà sous la forme de la pluralité des parties; mais deuxièmement, on peut comprendre que la *fusion* des parties *constitue* l'identité du résultat fusionné; dans ce cas, la formule de Lewis est interprétée ontologiquement et non logiquement, et elle revêt alors un grand intérêt, car elle ne signifie plus que « la composition est seulement identité et rien d'autre », mais que « l'identité est impliquée par la composition ».

P. Van Inwagen avoue qu'il ne saisit pas la signification des deux formules « la fusion des *xs* *est* seulement les *xs* » et « les *xs* *sont* seulement la fusion des *xs* »[2] : pour lui, on a du mal à imaginer un exemple de chose auquel pourrait référer ici « *xs* », de telles phrases sont vagues et peuvent revêtir de nombreux sens, elles sont en outre syntaxiquement erronées, du moins si elles sont censées être des propositions d'identité. Le « est » ou le « sont » d'identité impliquent en effet que l'on puisse compter de la même manière les termes logiques mis en relation, ce qui interdit qu'un terme soit pluriel et l'autre singulier; or Lewis affirme que « le "sont" de composition est, pour ainsi dire, la forme plurielle du "est" d'identité », une phrase que ne comprend pas P. Van Inwagen, pour qui il existe un « sont » d'identité. Mais ne peut-on accorder une autre signification à une telle affirmation, en admettant que l'individualité d'une chose provient d'un processus de composition, et qu'un jugement d'identité sur cette chose dépend de son individualité, et donc de sa composition ? Dans ce cas, il peut paraître exact de dire que « la fusion des *xs* *est* seulement les *xs* », à condition de comprendre que chaque *x* est *déjà constituant*, et n'est pas une partie neutre et définissable indépendamment de sa fusion. Si donc nous estimons que la

1. D. K. Lewis, *Parts of Classes*, Oxford, Basil Blackwell, 1991, p. 80 *sq*.

2. P. Van Inwagen, *Ontology, Identity and Modality, Essays in Metaphysics*, Cambridge, Cambridge University Press, 2001, p. 99-103.

relation avec notre environnement, social, biologique ou physique, qui est pratique avant d'être théorique, une relation qu'on pourrait juger en ce sens artificielle, car elle dépend d'abord de notre action d'être humain. Bergson souligne que

> la perception, la pensée, le langage, toutes les activités individuelles ou sociales de l'esprit conspirent à nous mettre en présence d'objets que nous pouvons tenir pour invariables et immobiles pendant que nous les considérons, comme aussi en présence de personnes, y compris la nôtre, qui deviendront à nos yeux des objets et, par là-même, des substances invariables [1].

Quelle que soit la structure ontologique du monde qui nous entoure, nous lui appliquons des schèmes conceptuels individualisants pour agir sur lui. Mais l'idée que l'individualisation des choses et des personnes a quelque chose d'artificiel ne doit pas pour autant nous conduire à penser que nous ne rencontrons pas dans notre expérience des individualités réelles et qu'en conséquence il y aurait une relativité totale de l'individualisation. Nous avons ainsi vu qu'il est impossible de décrire adéquatement le monde tel qu'il nous apparaît en admettant seulement un sens logique du mot « individualité » fondé sur le principe d'identité, et que nous devons au-delà nous référer à des unités structurelles dont nous ne pouvons parler qu'en donnant une valeur d'être à l'« individualité ». Nous devons ainsi faire l'hypothèse que la *projectibilité* de la notion d'individu à ce qui n'est pas concrètement individuel ne se fait pas au hasard, mais obéit à ce que la structure du monde nous donne à comprendre des individualités réelles. En un sens, nous pourrions dire que *l'individualisation des choses*, qui repose plus précisément sur leur identification, c'est-à-dire sur un principe d'identité dont sont logiquement dotées les choses individualisées, *se justifie par l'effectivité de l'individuation* : parce que nous sommes des individus et parce que nous rencontrons dans le monde des individus, nous appliquons *de manière dérivée*, et pour les besoins de notre action, notre catégorie d'« individu » à des réalités non-individuelles.

1. H. Bergson, *La pensée et le mouvant*, Paris, Félix Alcan, 1934, p. 87.

constitution d'une chose est déjà dans les parties de la chose en constitution, car ces parties sont constituantes, alors les formules de Lewis, telles qu'on peut les comprendre indépendamment de leur contexte, paraissent justes. *Chaque partie concrète d'un individu* est constituante de l'individu, *a concrètement la qualité d'être constituante*, est orientée vers la constitution dans laquelle elle vient s'intégrer, et c'est la concevoir trop abstraitement que l'envisager comme une partie détachée et indépendante de l'individu qu'elle contribue à constituer.

Mais comment déterminer ce qu'est une «partie *concrète* d'un individu» ? À première vue nous pouvons nommer «partie» n'importe quel élément d'un tout: une jambe est une partie du corps d'un homme, tout comme une tête, tout comme les deux genoux. Or il faut d'emblée préciser, puisqu'il s'agit ici de totalités concrètes, que les parties sont concrètement non détachées; ce n'est que par abstraction qu'on peut considérer les genoux, la jambe ou la tête comme détachés du corps, sauf après amputation ou décapitation. Une telle définition intuitive de la notion de «partie» relève de ce que P. Van Inwagen nomme la «doctrine des parties arbitraires non-détachées»[1], doctrine fausse et qui implique davantage qu'elle ne semble dire; ce qu'elle dit en réalité, c'est que «pour tout objet matériel M, si R est une région d'espace occupée par M au temps *t*, et si sous-R est *une quelconque* sous-région de R, alors il existe un objet matériel qui occupe la région sous-R à *t*» ; la reformulation souligne bien que ladite doctrine contient un jugement d'existence quant aux parties arbitraires d'un tout matériel, qui sont ainsi considérées comme des objets réels, alors même qu'elles n'ont pas de contours définis; n'importe quelle entité matérielle apparaît alors divisible d'une infinité de manières, et chaque division produit une nouvelle entité qui existe tout autant que la totalité. En outre, P. Van Inwagen remarque que selon cette doctrine il n'y a pas de possibilité de changement des touts: il suffit qu'une partie soit détachée d'un tout pour qu'un tel tout n'existe plus, puisque ce qui continue à exister est la partie arbitraire du tout aboli, partie qui consistait en ce tout moins la partie détachée. La compréhension du terme «partie» en «partie arbitraire non détachée» conduit donc à nier tout devenir des individus matériels, puisqu'il suffit du renouvellement d'une cellule pour qu'un être vivant pluricellulaire, aussi complexe soit-il, meure et qu'apparaisse un nouvel être à la place. Pour P. Van Inwagen, il est nécessaire de remettre en cause l'idée que les parties d'un individu matériel puissent être identifiées à n'importe quel niveau et selon n'importe quelle division;

1. *Ibid.*, p. 75.

il faut également remettre en cause la conséquence ontologique de cette idée, qui relève de ce que Roderick M. Chisholm nomme « l'essentialisme méréologique »[1], et dont le principe est que « pour un tout *x*, si *x* compte *y* comme une de ses parties, alors *y* est une partie de *x* dans n'importe quel monde possible dans lequel *x* existe » ; selon ce principe en effet, ce qui compte comme l'essence d'une entité, et ce qui la définit, c'est la totalité des parties de cette entité.

Or encore une fois, un individu n'est pas seulement une unité de totalité, mais une unité de structure ; s'il s'avère par ailleurs qu'un individu est une constitution de parties concrètes, il faut modifier ici la compréhension du terme « partie ». Une première erreur serait de comprendre le terme « partie concrète » comme signifiant « partie corporelle » ; dans ce cas nous pourrions seulement expliquer la constitution des individus corporels, mais pas comprendre ce que peuvent être par exemple les parties d'une personne[2]. Une deuxième erreur serait de suivre le déplacement subreptice opéré par la « doctrine des parties arbitraires non détachées », en interprétant les parties « concrètes » comme des parties « spatiales et temporelles » et en postulant que l'existence concrète d'une chose peut correspondre à l'abstraction de l'espace et du temps occupés par cette chose, alors qu'au contraire l'espace et la durée d'une chose nous sont apparus comme des qualités de la chose[3]. Penser que les parties d'un individu peuvent être arbitrairement découpées serait en effet concevoir la matière sur le modèle d'un espace abstrait indifféremment et indéfiniment divisible, alors que la matière, comme l'ensemble du réel, est ontologiquement une interaction de processus bien définis ; on peut logiquement diviser un individu tout à fait comme on le souhaite, mais ce n'est pas pour autant conforme à la réalité de l'individuel. Si au contraire les parties concrètes d'un individu sont processuelles, elles ne sont définissables ni comme « parties temporelles » ni comme « parties spatiales », parce que leurs qualités spatiales ou temporelles sont secondaires pour les caractériser. Ainsi, une partie concrète de René Descartes ne peut être ni sa jambe gauche telle qu'elle a occupé un espace qui a varié en fonction du temps de sa vie[4], ni l'année de vie que Descartes a passée en Hollande pour

1. R. M. Chisholm, *Person and Object. A Metaphysical Study*, Londres, George Allen and Unwin, 1976, p. 145-158.

2. P. Van Inwagen, *Ontology, Identity and Modality, op. cit.*, p. 84, envisage le problème.

3. C'est le résultat de notre deuxième chapitre.

4. P. Van Inwagen parle beaucoup de la jambe gauche de Descartes dans *Ontology, Identity and Modality, op. cit.*, p. 80 *sq.*

apprendre le métier des armes ; apparaît en revanche comme une véritable partie cartésienne l'événement qu'est la réclusion dans son poêle et qui lui a permis de découvrir sa méthode, ainsi que les conséquences que cette réclusion a eues pour lui, car un tel événement et ses conséquences forment un processus constituant pour l'individualité de Descartes ; or on voit bien qu'un tel processus n'est pas de nature temporelle ou spatiale, il est simplement concret et constituant, même s'il a eu lieu dans une certaine durée et dans un certain endroit ; il est même nécessaire à la constitution de l'individualité telle qu'elle est, car ce serait modifier l'individualité que d'envisager qu'il n'ait pas eu lieu, ce qui donne raison, en un sens très particulier, à « l'essentialisme méréologique ». En somme, la partie d'un individu est « un processus impliqué dans l'individuation », et non « une unité spatio-temporelle impliquée dans l'individuation », constat qui ouvre la voie à une révision majeure du concept de « matière ».

LA « LOI D'INDIVIDUALITÉ » ET LES TYPES D'INDIVIDUALITÉ

L'identité, c'est-à-dire l'outil logique dont nous nous servons pour individualiser des entités, apparaît donc dépendante de l'individualité concrète des individus identifiés ; l'individualité concrète consistant en une composition de parties elles-mêmes concrètes, l'identité est également dépendante de la composition réelle des individus. Nous reconnaissons les individus concrets tels qu'ils sont, et lorsque nous cherchons à considérer leurs individualités, nous avons directement ces individualités en face de nous. Il faut reconnaître en ce sens un *réalisme de l'individuel* : notre appareillage logique de division de la référence, qui nous permet d'identifier les individus, est soumis aux contraintes de la reconnaissance des individualités telles qu'elles sont. D'un autre côté, nous identifions souvent des individus là où dans le réel il n'y a pas d'individualité concrète, car nous avons une tendance logique à vouloir diviser puis unifier ce à quoi nous pensons, et donc à produire des objets de pensée. À ce titre, n'importe quel pan du réel peut apparaître comme un individu pour la pensée, tout est individuel, même ce qui est universel[1]. Cependant, même si nos objets de pensée sont unifiés, ils ne sont pas pour autant toujours individualisés, puisque parfois nous nous référons à certaines réalités en termes de masse, c'est-à-dire sans individualisation ; mais nous pouvons parfois aussi diviser les masses en unités, lorsque nous distinguons un litre d'eau ou le

1. On retrouve cette idée chez Guillaume d'Occam.

contenu d'une bouteille de vin. Ce serait pourtant aborder la description de nos procédures d'individualisation par un cas extrême que de se limiter aux réalités que nous traitons ordinairement en termes de masses mais que nous pouvons parfois, dans certaines circonstances, individualiser ; il est des cas bien plus nombreux où nous parlons de « cette montagne », de « cette vallée », de « ce caillou », de « ce fleuve », ou alors de « cette chaise », de « cette institution », de « cette assemblée », et dans toutes ces individualisations l'individualité s'avère problématique.

Maintenant, s'il y a dépendance de nos procédures d'individualisation à l'égard de l'individualité concrète des choses, comment projetons-nous notre concept d'« individu », au-delà des individualités concrètes, à d'autres sortes de réalités ? À la limite, l'idée d'une dépendance de l'individualisation à l'égard de l'individuation semble suggérer qu'il ne peut y avoir individualisation d'éléments du réel si ces éléments du réel ne sont pas d'une certaine manière dotés d'individualité. Mais l'exemple des réalités massiques, que nous individualisons parfois en connaissance de cause, nous invite au contraire à penser que nous étendons nos procédures d'individualisation, sans pour cela que nous nous trompions, bien au-delà du domaine de l'individuel : parfois il y a individualisation sans perception d'individuation, et parfois aussi l'individualisation repose sur un trait en apparence individuel des réalités individualisées, sans pour autant que leur individualité soit confirmée. C'est le cas pour des objets tels que les particules élémentaires de la matière, ou encore les champignons ou certaines colonies vivantes : il est ainsi erroné de traiter les particules élémentaires comme des corpuscules, c'est-à-dire comme de véritables individus, à la manière des atomistes antiques, et cette individualisation abusive entraîne une mauvaise compréhension de tels objets. Nous pourrions penser pour ces exemples qu'il s'agit d'objets auxquels nous nous référons de loin et que leur individualité ne s'impose pas à nous avec la même évidence que les réalités proches, ce qui expliquerait l'erreur consistant à vouloir les individualiser ; l'erreur une fois dissipée, nous ferions face à leur réalité non individuelle ; pourtant, nous ne pouvons nous empêcher de leur prêter des traits individuels et de chercher à les soumettre aux lois de l'identité.

Une telle divergence entre l'identité et l'individualité nous suggère finalement *une règle de méthode profitable pour l'établissement d'une ontologie des genres d'individualité*. En considérant les différents domaines de la réalité dans lesquels nous identifions des individus, nous pouvons distinguer les domaines pour lesquels l'individualité des individus que nous identifions s'impose à nous *avec évidence*, preuve d'une réalité de cette individualité, et les domaines pour lesquels l'individualité des individus identifiés apparaît douteuse, car soumise à des débats sur les critères d'identité à appliquer. Ainsi, un trop grand arbitraire dans les critères d'identité à appliquer à certains genres d'individus est ontologiquement révélateur du fait que de tels individus ne sont pas dotés d'individualité concrète, ou du moins ne sont individuels qu'en un sens dérivé. Il nous reste à appliquer cette règle de méthode aux grandes catégories d'individus que nous reconnaissons communément.

LOI D'INDIVIDUALITÉ ET PARADIGME DE L'INDIVIDU : LES ÊTRES VIVANTS

En privilégiant les personnes comme paradigme de détermination des individus, nous avons modifié la définition classique de l'individualité telle qu'elle résulte de l'hylémorphisme, et nous nous trouvons dès lors face à la difficulté de devoir définir l'individualité des êtres vivants. Une fois critiquée l'idée d'une individuation à partir de l'essence, c'est en effet l'usage de la notion de substance qui se trouve contesté, et par conséquent la pertinence de la catégorie biologique d'espèce; la conception processuelle de l'individualité que nous privilégions permet en outre de concevoir les individus comme des êtres en relation mais pose, dans le cas des vivants, le problème de la séparation de l'individu avec son milieu. Pourtant, les êtres vivants apparaissent, pour la pensée commune, comme des cas exemplaires d'individualités, même s'ils sont un peu moins exemplaires que les humains auxquels l'appellation « individu » tend à se restreindre en français, et notre conception philosophique la plus courante de l'individualité prend pour modèle le vivant, comme le montre au premier chef la pensée aristotélicienne[1]. Comment une telle exemplarité peut-elle se justifier? Un argument de sens commun plaide en sa faveur : lorsqu'on perçoit le mouvement d'un animal, on constate que c'est une réalité unifiée qui est en déplacement, qu'il y a cohésion d'un ensemble de phénomènes qui traversent le champ de l'expérience, on a le sentiment que cette cohésion résulte d'une organisation, et on en conclut que le vivant est individuel. Cependant cette impression du sens commun reste insuffisante en soi parce qu'elle peut encore provenir d'une tendance abusive à individualiser là où il n'y aurait pas d'individualités : là où l'on percevrait une forme de cohérence, on aurait tendance à inférer qu'une telle cohérence est

1. T. Pradeu, *Les limites du soi. Immunologie et identité biologique*, Montréal/Paris, Presses de l'Université de Montréal/Vrin, 2009, p. 11.

causée par un organisme, et les philosophes concluraient ensuite, par fidélité à cette inférence commune mais sans preuve, que les êtres vivants sont des unités de structure immédiatement perceptibles dans l'expérience ordinaire. Or ce qui vaut peut-être pour les mammifères, dont l'individualité nous ressemble, vaut-il également pour les coraux, les champignons ou encore certains organismes microscopiques ? Si nous croyons avoir l'intuition immédiate de l'individualité des organismes vivants, est-ce parce que ceux-ci nous apparaissent individuels avec l'évidence dont nous avons fait le critère décisif pour accorder l'individualité réelle à un pan de ce qui nous entoure, ou bien est-ce par une forme d'illusion métaphysique qui nous conduit à envisager tous les vivants par des systèmes d'analogies plus ou moins éloignées se rapportant à nous, alors même que notre individualité n'est pas tant biologique que personnelle ?

La métaphysique peut-elle même déterminer avec autant d'assurance une catégorie d'entités, alors que la science qui prend localement ces entités pour objets hésite sur ses propres déterminations ? En l'occurrence, peut-on affirmer, d'un point de vue ontologique, que l'individualité des êtres vivants est du domaine de l'évidence, là où, d'un point de vue biologique, beaucoup de débats subsistent pour déterminer ce qui fait l'individualité d'un organisme[1] ? Une solution superficielle consisterait à distinguer les concepts biologique et ontologique d'« individu », de la même manière que nous avons pu distinguer, à propos des personnes, la « personnalité » et l'« individualité » ; dans ce cas, nous pourrions maintenir que les êtres vivants sont ontologiquement des individus tout en suspendant la question de leur individualité biologique. Mais une telle distinction devient franchement sophistique pour le cas d'être vivants qui ne se soumettent pas aux critères ordinaires d'attribution de l'individualité, ni d'un point de vue biologique ni d'un point de vue ontologique, par exemple lorsqu'au-delà de la structure l'unité fait problème ; on sait qu'Aristote est sensible à la difficulté théorique posée par certaines plantes ou certains insectes, qui continuent à vivre alors qu'on les a coupés[2] ; de manière générale le dédoublement d'un vivant en deux, comme dans le cas des procaryotes, pose un authentique problème d'individuation, sauf à soutenir que les êtres qui se reproduisent par scission en deux parties ne sont pas dotés d'individualité, même s'ils possèdent une structure unifiée. Simondon précise sur ce point que « c'est le caractère thanatologique qui marque

1. T. Pradeu, *Les limites du soi*, *op. cit.*, p. 256-260.

2. Voir Aristote, *De l'Âme*, Paris, Vrin, 1995, 413b18-20.

On trouve cependant, parmi les théories biologiques, une réponse à la question de l'individualité qui est à la fois argumentée et davantage proche du sens commun, c'est celle qui se fonde sur le critère immunologique[1]. En appliquant ce critère, il est possible de maintenir le concept d'« organisme » tel qu'il est hérité de l'analyse de Kant dans la *Critique de la faculté de juger*[2], et qui suggère une définition fonctionnelle de l'individualité biologique; mais dans le même temps, les apports de la recherche immunologique permettent de préciser ce concept en montrant que les organismes vivants sont à la fois individuels et hétérogènes : l'organisme admet la présence en lui de nombreuses entités telles que des bactéries, qui jouent un rôle fonctionnel chez leur hôte, comme si elles constituaient pour lui un organe, et qui font donc partie, immunologiquement parlant, de l'individu, alors même qu'elles ne partagent pas son génotype et ne sont pas issues du même œuf que les autres cellules de l'individu. Un tel critère explique que deux vivants soient différents entre eux même s'ils sont génétiquement identiques, dans la mesure où le système immunitaire se construit tout au long de leur vie. En ce sens, le système immunitaire semble directement lié à la constitution de l'individualité telle que nous la concevons; et un critère d'individuation fondé sur la diachronie des interactions immunitaires, qui contribuent progressivement, grâce à la « mémoire immunitaire »[3], à constituer l'individualité biologique, se rapproche donc également, par ses résultats, du critère d'individuation du sens commun[4] : le premier critère est certes théoriquement complexe par rapport au second, et présente des aspects contre-intuitifs, par exemple lorsqu'il admet que certains parasites ou bactéries sont des parties de l'individu; mais les organismes individualisés à l'aune de ce critère sont à peu près similaires, même si la définition du terme « organisme » est modifiée et complétée par l'immunologie, aux organismes que nous distinguons phénoménalement et dotons ordinairement d'individualité.

Le concept d'« individu » tel que nous le comprenons est métaphysique et non biologique : son usage ne résulte donc pas, même lorsqu'il est question du domaine du vivant, de l'application d'un critère biologique, d'autant plus que la science biologique contemporaine semble offrir une rivalité de critères d'individuation. Cependant, puisque ce concept permet de faire référence aux entités qui sont concrètement dotées d'individualité,

1. T. Pradeu, *Les limites du soi, op. cit.*, p. 272-274.
2. E. Kant, *Critique de la faculté de juger*, Paris, Vrin, 1996, voir § 64 et 65.
3. T. Pradeu, *Les limites du soi, op. cit.*, p. 253.
4. Sur ce tout dernier point, nous divergeons avec T. Pradeu.

il serait absurde que sa définition métaphysique soit en contradiction avec sa définition biologique; ou alors cela témoignerait du fait qu'il n'y a pas d'individualités dans le vivant, ce qui n'est manifestement pas le cas puisqu'il peut y avoir largement concordance entre l'identification d'individualités selon des normes ontologiques et l'application des critères biologiques d'individualité. Nous pouvons en conclure que les organismes que nous rencontrons, du microscopique au macroscopique, se manifestent « *avec évidence* » comme des individus; et une telle évidence n'a en soi rien de conceptuel ou d'historique, n'est pas liée à une dépendance des concepts biologiques à l'égard de catégories d'origine aristotélicienne dont la science biologique ne parviendrait pas à se libérer; elle apparaît au contraire relever des faits mêmes, de la réalité des êtres vivants.

On voit alors combien les organismes, sans être érigés en paradigmes pour la compréhension de l'individualité, faute de quoi subsisterait la tentation d'un nouvel hylémorphisme, sont cependant des individualités *à titre privilégié*. En effet, les êtres vivants organisés apparaissent comme des individus avec une évidence empirique beaucoup plus grande que celle qui accompagne la manifestation des autres types d'individualités, même des personnes, dont nous avons pourtant reconnu l'individualité fondamentale, mais dont la nature symbolique ne se donne pas immédiatement dans l'expérience. L'évidence de l'individualité des vivants semble liée à la structuration manifeste des organismes que nous percevons, même si nous ne pouvons réduire l'individualité à la structuration telle qu'elle se donne, mais devons être au contraire conscients que *chaque vie est dotée de son historicité propre*, si bien qu'un organisme apparaît, au moment présent, comme le résultat actuel de son histoire, qui justifie qu'il possède telle ou telle caractéristique et surtout qu'il soit doté d'une unité de structure. Nous pourrions en somme penser que c'est parce que la vie d'un organisme est un processus de constitution qui tend toujours vers un achèvement inéluctable, parce que ce processus est doté d'une unité nécessaire prédéfinie, que les organismes sont individuels au premier chef.

En ce sens, la mort d'un organisme apparaît comme un modèle pour comprendre ce qu'est en général l'achèvement d'une individuation: lorsque l'unité individuelle s'avère entièrement constituée, lorsque le processus individuel est à tel point individué qu'il n'admet plus aucune participation à un événement nouveau, aucune implication dans quelque processus constitutif supplémentaire, lorsque donc toutes les parties de l'individu sont données, alors l'individualité est achevée mais elle est par là-même terminée, abolie. Méthodologiquement, le cas des êtres vivants peut ainsi valoir comme un paradigme partiel, moins complet que celui des personnes, mais qui permet cependant de comprendre l'état de fait qu'est *l'achèvement de l'individu.*

INDIVIDUALITÉS FONCTIONNELLES ET INDIVIDUALITÉS DÉRIVÉES : LES ARTEFACTS ET LES INDIVIDUS COLLECTIFS

Outre l'individuation naturelle, nous avons identifié des régimes symboliques d'individuation, qui produisent pourtant des individualités concrètes, comme les personnes. L'individualité des personnes se trouve à la confluence d'une individuation symbolique déjà achevée, puisque c'est à elle que sont imputés tel ou tel acte, et d'une individuation toujours en cours, par laquelle l'individualité poursuit sa constitution; cette individualité dépend des normes humaines. Or puisque nous avons affirmé que les personnes étaient concrètement dotées d'individualité, pourquoi ne reconnaîtrions-nous pas que d'autres entités *qui dépendent pour leur constitution des individus que sont les êtres humains*, telles que les artefacts ou les institutions collectives, sont également dotées d'individualité? En effet, puisque toutes ces entités semblent de la même manière posséder à la fois une part matérielle – les personnes sont avant tout des êtres humains, les artefacts sont composés de matériaux fondamentalement non créés par l'homme, les institutions collectives se décomposent de manière complexe en parties qui viennent se rattacher à des corps – et une part humaine – les personnes et les institutions collectives sont des entités symboliques, les artefacts sont modifiés et formés par l'homme –, pourquoi introduirions-nous une différence ontologique déterminante entre elles? *Et pourtant nous affirmons que dans le cas des personnes, l'individualisation symbolique devient concrète, alors que dans le cas des artefacts, cette individualisation demeure abstraite*, les artefacts étant même un exemple privilégié de fausse individualité.

Contre l'idée que les artefacts sont dotés d'une individualité concrète, il est en effet facile de montrer, selon notre principe méthodologique, qu'il n'y a pas de critère d'identité adéquat qui s'applique aux objets artificiels, preuve qu'il n'y a ici aucune individualité pour servir de critère d'identité. Chaque objet artificiel peut poser le même problème d'identité que celui rencontré dans le Paradoxe du Bateau de Thésée, dans la mesure où aucun artefact n'est doté d'une unité concrète suffisante pour permettre de l'identifier avec évidence. Hobbes, qui reprend le paradoxe à Plutarque, note que le débat consistant à soutenir que le Bateau de Thésée est le même ou n'est pas le même, après les nombreuses réparations qu'il a subies, est en réalité une discussion de sophistes[1]; il est franchement inacceptable et sophistique de prétendre que le bateau est resté le même numériquement quand toutes ses planches ont été changées, puisque, selon une telle position, « si un homme avait gardé les vieilles planches qui ont été enlevées et les avait ensuite assemblées dans le même ordre pour en faire un bateau, celui-ci, sans doute, serait le même bateau numérique que celui de départ », « de sorte qu'il y aurait deux bateaux numériquement le même, ce qui est absurde »[2]. Mais la position antagoniste paraît d'emblée également inacceptable et sophistique, puisqu'elle consisterait à soutenir qu'à la première réparation, la plus minime, un bateau perdrait son unité d'objet, ce qui semble aussi étrange que d'affirmer que la seule modification d'une cellule parmi les multiples cellules d'un corps humain met fin à l'unité d'un homme; or Hobbes semble adopter une position inacceptable semblable, même si son argument se réfère à la situation extrême où une somme de réparations fait que le bateau modifié n'a plus aucune partie matérielle commune avec le bateau d'origine. Si la position soutenue par Hobbes est inacceptable, c'est qu'elle suppose que l'important pour définir un bateau, ou n'importe quel objet artificiel, n'est pas la forme, mais uniquement la somme des parties matérielles; pourtant un bateau disloqué ne peut pas naviguer, ce n'est donc pas la somme de ses planches, mais sa forme particulière, qui lui permet de voguer.

Autrement dit, un artefact n'est pas seulement une totalité de parties de matière, mais également un objet unifié par une unité structurelle correspondant à sa fonction d'objet. Il paraît en effet évident d'associer la forme d'un objet artificiel avec sa fonction. Une montre n'est pas un assemblage arbitraire de parties puisqu'il faut bien, pour qu'elle soit une montre, qu'elle soit en état de marche, qu'elle donne l'heure, et qu'elle possède par conséquent une structure fonctionnelle, même si cette structure diffère de celle d'un organisme[3]. Mais que veut dire précisément ici la notion de « structure fonctionnelle » et pourquoi n'a-t-on pas d'emblée le droit de soutenir que la présupposition d'unités de structure indique qu'il est bien ici question d'individus? Imaginons un instant que nous puissions montrer que les artefacts sont véritablement des individus : dans ce cas,

1. T. Hobbes, *De Corpore. Elementorum Philosophiae Sectio prima*, Paris, Vrin, 1999, p. 107.

2. La traduction du texte de Hobbes est reprise à S. Ferret, *Le bateau de Thésée. Le problème de l'identité à travers le temps*, Paris, Éditions de Minuit, 1996, p. 108.

3. Cette dissemblance est clairement analysée à travers l'exemple de la montre que Kant développe au § 65 de la *Critique de la faculté de juger*, *op. cit.*

la solution au paradoxe du Bateau de Thésée consisterait à dire que cet objet possède une individualité à travers le temps, que ses parties constituantes ne sont pas les planches qui constituent sa coque et son pont mais les différents voyages qu'il a faits, les événements qui lui sont arrivés, bref les différents processus dans lesquels il a été impliqué.

Sauf qu'aucun des critères d'identité que nous pouvons appliquer aux objets artificiels ne semble compatible avec une telle solution, à laquelle il faut dès lors renoncer. Premièrement en effet, l'objet peut être « le même maintenant qu'avant » parce qu'il y a eu continuité spatio-temporelle depuis l'objet d'origine jusqu'à l'objet de maintenant[1]. Mais ce premier critère ne s'applique justement pas aux artefacts, puisqu'on a l'habitude de concevoir qu'une montre soit complètement démontée pour être nettoyée, ou une voiture mise en pièces pour être réparée. Deuxième critère, un artefact peut rester le même à travers le temps s'il conserve les mêmes composants essentiels à sa fonction à travers le temps[2]. Mais ce critère paraît peu pertinent parce qu'il dépend de la définition de ce qu'est un « composant essentiel » et parce qu'on doit décider arbitrairement du moment à partir duquel l'objet, après toute une série de remplacements, n'est définitivement plus le même; par ailleurs, ce critère paraît inapplicable au cas des objets qui sont détournés de leur fonction et changent d'usage, comme les *Ready-made* de Duchamp. Troisième critère enfin, un objet artificiel peut rester le même s'il continue à servir pour le même usage. C'est donc, dans ce dernier cas, la forme de l'objet qui compte principalement pour établir son identité; le problème est qu'on ne sait pas s'il est question ici de forme typique ou de forme singulière de l'objet. Par exemple, une voiture passée à la casse peut être entièrement reconstituée, ses pièces réassemblées, il s'agit encore d'une voiture du même modèle, produite peut-être même sur la chaîne de production qui l'avait montée la première fois; mais peut-on dire en toute certitude que la nouvelle voiture est numériquement la même que l'ancienne, alors qu'entretemps des centaines de voitures ont été produites à l'identique sur la même chaîne? Or la possibilité d'une reproductibilité à l'identique est justement la caractéristique de bon nombre d'objets techniques, si bien que l'applicabilité d'un tel critère d'identité semble rester sans réponse, sauf à faire des choix arbitraires dans la réidentification.

1. S. Ferret, *Le bateau de Thésée*, *op. cit.*, p. 86 *sq*.

2. *Ibid.*, p. 100 *sq*.

Dans ces indéterminations mêmes semble toutefois se révéler ce qui sépare « l'unité structurelle fonctionnelle » des objets artificiels de « l'unité structurelle individuelle » des individualités concrètes. C'est une erreur d'interprétation qui semble être à la source du problème de l'identité des objets artificiels, et qui provient d'une confusion entre les deux types précédents d'unité, d'une tendance à concevoir l'unité d'un objet tel qu'un bateau sur le modèle de l'unité d'un organisme, alors même que le lien entre les parties et le tout unifié n'est absolument pas le même dans les deux cas. Parce qu'un objet artificiel n'est pas la cause de ses propres changements dans le temps, il ne possède pas d'unité de structure dans le temps, et n'est par là-même pas doté d'individualité; le fait qu'il y ait des difficultés, voire des questions sans réponses, à propos de l'identité des objets artificiels paraissait déjà le révéler. Or les véritables paradoxes qui apparaissent à ce sujet semblent effectivement trouver leur source dans la tendance « sophistique » de certains théoriciens, évoquée par Hobbes, à interpréter en termes de problèmes ontologiques d'identité ce qui initialement n'est qu'une question psychologique d'identification. Que cherchent en effet les non-théoriciens qui essaient de déterminer pour les artefacts une unité numérique au-delà de l'unité fonctionnelle? En général cela montre qu'ils négligent la valeur d'usage de l'objet, la neutralisent en pensée, et sont davantage intéressés par l'authenticité de l'objet; un antiquaire tente ainsi de déterminer si les pièces d'un objet ancien sont bien d'origine, sans forcément se demander si cet objet est toujours en état de marche. Pourquoi donner raison à celui qui privilégie la fonction de l'objet pour déterminer son identité plutôt qu'à celui qui privilégie sa matérialité, alors même que leur dispute paraît sans fin [1]? Et cependant, de cette aporie qui semble finalement de peu d'intérêt philosophique, nous pouvons tirer une conséquence ontologique: si les objets artificiels ne sont pas dotés d'individualité, c'est parce que les « parties » de ces objets ne sont pas des processus constitutifs pour ces objets; les artefacts ne sont pas des individus en constitution, mais sont composés, par un processus de fabrication, à partir d'éléments matériels; il n'y a en ce sens pas d'erreur ontologique à dire que les parties d'un objet artificiel sont spatio-temporelles; l'absence de lien de constitution des touts aux parties dans une unité composée est justement ce qui différencie une « unité fonctionnelle » d'une « unité structurelle », un artefact d'un individu.

1. Ce refus d'une solution autre que psychologique au problème de l'identité des artefacts est celui de D. Wiggins, *Sameness and Substance Renewed*, *op. cit.*, p. 93-94.

Les objets artificiels ne sont donc pas des individus, et cependant ils sont *dérivés d'autres individus*. Par conséquent, les unités fonctionnelles sont des unités concrètes, mais qui sont secondaires et dépendantes, car déterminées par la pensée des hommes qui prévoient la fabrication des objets auxquels elles sont conférées, et par l'action que les hommes exercent sur la matière, plus ou moins directement, selon les nécessités techniques de mise en œuvre. D'un côté, les objets artificiels sont individualisés par la pensée des hommes, et cette individualisation a des conséquences concrètes lors du processus de fabrication, puisque ces objets se trouvent réellement dotés d'une unité en fonction de leur usage ; il s'agit d'une unité que nous avons qualifiée de « fonctionnelle ». D'un autre côté, cette unité caractéristique des objets artificiels n'est pas encore individuelle parce qu'elle n'engage pas de processus de constitution dans la matière à laquelle les processus techniques l'imposent ; il faudrait plutôt dire que l'unité fonctionnelle contraint de l'extérieur les parties de la matière qu'elle compose à s'unifier. En ce sens, l'unité de fonction découle d'un processus qui *contrarie* les processus matériels. Les objets artificiels apparaissent finalement comme des dualités ontologiques, issues de deux mouvements contraires de constitution.

La solution apportée au problème de l'identité des artefacts, qui consiste à considérer que leur individualité est secondaire car dérivée, peut-elle être appliquée une deuxième fois, pour éclaircir la définition également problématique des institutions collectives ? La question est là encore de savoir si les collectivités humaines, telles que les groupes, les États, les sociétés, les associations ou les foules, ou du moins certaines d'entre elles, sont ou non dotées d'individualité. On aurait à première vue tendance à répondre que les entités collectives ne peuvent être par définition individuelles, puisqu'elles sont des collectivités d'individus, donc des rassemblements pluriels d'unités individuelles ; on peut certes individualiser des sociétés, des États ou des établissements, comme on individualise n'importe quel objet abstrait ou universel, et on parlera ainsi de « l'esprit d'une entreprise », « la mentalité d'un peuple », « l'identité d'une région », mais de tels cas d'individualisation n'impliquent en aucune manière l'existence d'individualités concrètes. D'un autre côté pourtant, nous avons reconnu que les personnes étaient des individus concrets, et il faut bien avouer que dans la plupart des systèmes juridiques, les institutions collectives ont la personnalité morale, et sont donc des personnes ; il y a ici contradiction. Certes, on pourrait refuser de reconnaître cette contradiction en disant que la « personnalité » telle qu'elle est attribuée aux entités collectives est seulement une fiction juridique, et qu'une recherche métaphysique n'a pas à s'en préoccuper; ce n'est pas parce que les personnes morales et les personnes physiques sont juridiquement qualifiées sous le même concept qu'elles partagent ontologiquement la même nature, et il y aurait ainsi peut-être une « personnalité » abstraite des personnes morales tout comme il y a une « personnalité » concrète des personnes physiques.

Néanmoins nous avons reconnu que l'attribution d'une personnalité, au sein d'une diversité d'imputations, entraîne la constitution concrète d'une personne; or la « personnalité morale » est bien attribuée à un groupe d'individus pour lui permettre d'agir en tant que personne unique, c'est-à-dire pour que ce groupe devienne sujet d'imputation. Mais dès lors on ne voit pas pourquoi un groupe, une fois doté de personnalité, ne se constituerait pas, comme toute personne concrète, en individualité réelle. Strawson souligne que dans certains cas d'actions de groupe, comme dans une bataille par exemple, nous n'avons pas besoin de faire référence à des personnes particulières tellement les individus qui participent à l'action se sentent agir dans la cohésion du groupe[1]. L'exemple des deux camps engagés dans une bataille est d'autant plus frappant qu'il ne s'agit pas encore là de personnalités juridiques collectives, mais seulement d'unités concrètes qui se forment pour une action bien précise et à qui nous attribuons pourtant aisément une personnalité. Dans ce cas, « les membres de chaque groupe se réfèrent aux groupes eux-mêmes, et leur appliquent des prédicats analogues à ceux attribuant une activité intentionnelle, que nous appliquons normalement aux personnes individuelles ». Mais alors, pourquoi l'attribution d'actions à des entités collectives n'impliquerait-elle pas la constitution d'individualités concrètes? Strawson n'écarte pas du tout cette possibilité, et elle lui semble même correspondre à notre manière ordinaire de voir, puisque « nous opérons nous-mêmes, pour une partie de notre vie sociale – une partie qui heureusement n'est pas très grande –, avec un ensemble d'idées d'où l'idée de personne humaine est exclue, et où sa place est prise par celle de groupe ». Il émet cependant une réserve curieuse en suggérant que même si nous pensons et agissons parfois en groupe, « une condition pour que l'on ait le concept de personne individuelle est que cela n'arrive que de temps en temps ». Autrement dit, l'existence pérenne de véritables individualités collectives à côté ou au-dessus des individualités humaines apparaît contradictoire : ou bien les hommes pensent et agissent primordialement en groupe, et les personnalités individuelles ne peuvent s'affirmer, mais heureusement pour nous,

1. P. F. Strawson, *Les individus*, *op. cit.*, p. 127.

juge Strawson en bon libéral, nos sociétés sont individualistes; ou bien les personnes concrètes sont d'abord les individus humains, même si des personnalités dérivées peuvent épisodiquement se constituer, dans le cadre d'actions précises.

L'analyse de Strawson est ambiguë car elle semble d'un côté supposer qu'il y a des processus concrets d'individuation regroupant des individus, mais d'un autre côté elle postule que ces individuations sont inachevées, car incomplètes, parcellaires, si bien que le véritable niveau d'individualité, du moins dans nos sociétés, reste celui des personnes humaines. Nous avons certes vu que les personnes ne sont pas des monades closes sur elles-mêmes, qu'elles sont au contraire des êtres sociaux en relation les uns avec les autres, mais cela ne change rien au problème présent; si l'individuation a primordialement lieu au niveau des personnes humaines, comment un mouvement concret d'individuation pourrait-il s'ajouter, à un niveau collectif, aux individualités existantes? Pour ceux qui croient que les parties d'un individu sont matérielles, l'individuation collective s'avère tout bonnement impossible, puisqu'on ne voit pas qu'on puisse obtenir des individualités en faisant la somme d'autres individualités, par exemple qu'on puisse obtenir un corps civique organisé en rassemblant et en collant des corps de citoyens eux-mêmes organisés; à la limite peut-on concevoir une somme concrète de corps, mais en tout cas pas une structure corporelle. Si nous considérons cependant que les parties d'un individu sont des processus constitutifs, pourquoi théoriquement ne pourrait-il pas y avoir d'individus collectifs? Il suffirait alors de concevoir que certaines collectivités peuvent avoir une unité structurelle concrète dans l'action. Pour Strawson, l'absorption totale dans le groupe est une « fantaisie », non seulement parce que les corps sont éparpillés, mais aussi parce que l'idée d'un « esprit collectif » est au fond une fiction inquiétante. Mais on peut éviter la référence à un tel dualisme psychophysique pour désigner les personnes et parler seulement selon des catégories ontologiques : dans ce cas, et conformément à nos définitions, une pluralité de personnes physiques peut acquérir une unité de structure si elle acquiert aussi une unité d'action, c'est-à-dire si elle devient véritablement sujet d'actions; ceci implique toutefois qu'une pluralité d'esprits puisse s'associer et s'unifier d'une certaine manière, par exemple par une forme de partage ou de contagion entre les pensées, par l'émergence d'un état d'esprit ou d'un esprit de groupe, au sein de cette action.

Prenons le cas le plus simple d'association collective, celui des foules; nous disons que ce cas est le plus simple car, contrairement aux clubs, aux entreprises ou aux États, les composantes de l'entité collective y sont seulement des hommes, sans qu'il faille y ajouter des biens matériels ou d'autres composantes institutionnelles. Gustave Le Bon rend compte de ce cas grâce à sa célèbre « loi psychologique d'unité mentale des foules »[1]; il n'évoque certes pas une fusion des corps en un organisme unique mais étudie néanmoins l'unité inconsciente qui se produit réellement par la contagion mentale qui saisit les membres d'une foule; alors, « l'individu sacrifie très facilement son intérêt personnel à l'intérêt collectif », devient sensible à une « suggestibilité » qui le fait renoncer à son caractère ordinaire, perd la conscience de ses actes[2]. Un tel renoncement des individus pris dans une masse à leur personnalité propre, au profit d'une personnalité nouvelle de la masse, s'explique selon Le Bon par le prestige d'un meneur, concret ou idéal, qui rend possible un processus d'unification concrète de la foule autour de lui[3]; Freud pour sa part donne raison à Le Bon en étendant son analyse au cas de deux institutions artificielles, l'Église et l'Armée, et en montrant que de telles masses apparemment très abstraites « sont dominées par deux sortes de liaisons de sentiment, dont l'une, la liaison au meneur, semble – pour elles du moins – être plus déterminante que l'autre, celle des individus de la masse les uns aux autres »[4]. En ce sens, et si les hypothèses de Le Bon ou de Freud se vérifient, les entités collectives pourraient être conçues sur le modèle des organismes, en ajoutant toutefois que l'organisation de telles masses, depuis le petit groupe unifié spontanément et momentanément sur un coin de place publique jusqu'à l'État le plus puissant et le plus centralisé, est plus ou moins concrète ou structurée; en outre, plusieurs éléments du réel social jouent un rôle constituant, non seulement l'unité des pensées qui permet le processus collectif, mais encore le rapprochement des corps en vue de l'action, et surtout les structures institutionnelles qui contribuent à l'unification.

Admettons que certains processus sociaux permettent la constitution de véritables individualités collectives, et que dans certaines circonstances les individualités humaines ordinaires se réunissent en une individualité supérieure et disparaissent par elles-mêmes. Il s'avère cependant nécessaire de dissiper trois risques de confusions. Premièrement, il faut préciser que ces individuations de rang supérieur, si elles existent vraiment, ne sont pas abstraites mais concrètes, et peuvent s'expliquer par le fait particulier que

1. G. Le Bon, *Psychologie des foules*, Paris, P.U.F., 1963, p. 11.

2. *Ibid.*, p. 13 *sq.*

3. *Ibid.*, p. 69-82

4. S. Freud, *Psychologie des masses et analyse du moi*, dans *Œuvres complètes, Psychanalyse*, vol. XVI, Paris, P.U.F., 1991, p. 38.

l'être humain est un animal social; l'unification d'une pluralité d'hommes ne produit pas des universaux abstraits, mais des sociétés unifiées concrètes; lorsque nous parlons d'individualités collectives, nous désignons toujours des groupes humains limités, unis dans des actions communes par des valeurs partagées. Deuxièmement, il faut reconnaître que ces individuations de rang supérieur ne sont pas de nature biologique, même si l'on juge que la sociabilité des hommes est naturelle; au contraire elles semblent contrarier l'individualité biologique, puisqu'elles se trouvent au-delà de l'individualité des organismes, de la même manière que l'unité des objets artificiels vient contrarier la matière en se situant au-delà; les entités collectives sont donc des individualités purement sociales, et c'est ce qui rend leur statut ontologique problématique, puisque deux catégories d'individuations semblent ici se constituer l'une contre l'autre. Troisièmement, les personnes collectives, si elles sont des individus, sont donc unifiées et concrètes, mais il nous faut cependant donner raison à Strawson en affirmant qu'il s'agit seulement d'individualités secondaires; secondaires, parce qu'au cours de leurs vies, les hommes agissent la plupart du temps, et primordialement, pour la constitution de leurs individualités propres; et pourtant ils contribuent aussi, au cours de leur existence, à constituer des individualités collectives. À condition d'accepter ce double aspect de l'individuation sociale, il n'y a plus de rivalité entre l'individuation première des personnes physiques et l'individuation secondaire des personnes collectives. Peut-être simplement faut-il reconnaître qu'une individuation ne produit pas toujours l'*unité nette et précise* des personnes ou des organismes, mais parfois, lorsqu'il s'agit des individualités collectives que les personnes viennent constituer, *du davantage qu'un*, tout comme elle peut produire, lorsqu'il s'agit de la matière prête à s'individuer mais encore préindividuelle, *du moins qu'unité*.

SUPRA-INDIVIDUALITÉS ET SUPER-INDIVIDUALITÉ : LES INDIVIDUS MATÉRIELS ET LE MONDE

La matière inerte apparaît finalement comme le seul domaine d'être dans lequel nous ne rencontrons pas d'individualités, même si nous faisons l'expérience d'unités de matière, telles qu'un cristal ou un rocher. Il est vrai que pour Simondon, il y a, « à l'échelon supra-moléculaire », des mouvements d'individuation aussi bien vitaux que physiques[1] ; cependant, nous ne rencontrons pas d'individualités physiques qui ne soient pas en outre des personnes ou des êtres vivants, ou d'autres individualités dépendantes et dérivées des personnes et des êtres vivants. Nous pouvons certes toujours abstraire par la pensée un caillou d'un pan de roche, une falaise d'un paysage, un paysage d'une région géographique, une région géographique d'un continent, un continent de notre planète; toutes ces abstractions ne nous présentent manifestement pas d'unités concrètes constituées, et nous en sommes conscients, si bien que nous les identifions sans les individualiser vraiment. Il y a là un argument purement intuitif contre l'idée d'entités individuelles seulement matérielles. Mieux, l'individualité ne peut être présente à tous les degrés de la matière : la consistance de la matière au niveau microphysique, c'est-à-dire son double aspect à la fois ondulatoire et singularisé, semble interdire d'accorder l'individualité aux particules élémentaires, dans la mesure où elles apparaissent comme des êtres qui ne sont pas encore individués, l'individualité étant peut-être seulement la propriété d'un de leurs aspects[2] ; si bien que les individus physiques, c'est-à-dire « ces entités dans la matière qui sont dotées de la propriété d'individualité », existent sans doute *à un degré privilégié de la matière*, là où elle produit de la vie et des formes structurées, à l'inverse de ce que laisse entendre la logique des touts et des parties qui traite les éléments de base du système logique comme ses individus fondamentaux ; ici apparaît clairement la divergence qui sépare la logique des individus et l'ontophysique des individualités.

Toutefois, l'hypothèse qu'il y aurait un degré privilégié de l'individuation dans la matière s'avère extrêmement problématique : d'une part, elle semble suggérer que toute individuation est un processus physique,

1. G. Simondon, *L'individuation à la lumière des notions de forme et d'information*, *op. cit.*, p. 152.

2. Pour Simondon, qui développe une lecture inspirée de L. de Broglie, la particule consisterait en la relation entre une singularité centrale, l'individu en tant que tel, et l'onde qui appartient à cette singularité (*ibid.*, p. 142-143).

alors même que nous avons rencontré des individualités ailleurs que dans la matière; d'autre part, elle s'appuie sur le constat que nous percevons au sein de notre expérience d'êtres humains des unités structurées, que nous nommons « individus » ces unités, mais que nous refusons en revanche d'appliquer le terme « individu » à des réalités qui se situent au-delà de notre expérience ordinaire, tels que les éléments trop petits pour être perceptibles[1]. Mais en quoi pourrions-nous juger que le degré de la matière qui apparaît comme le plus propre à l'individuel est « privilégié », sinon en ce qu'il serait le degré le plus accessible et ordinaire *pour nous*? Ce qui voudrait dire que l'individualité se définirait relativement à nous, et que l'identification d'« individus » dépendrait de la relation que nous entretenons avec notre milieu, et donc *in fine* de nos procédures d'individualisation. Surtout, l'idée d'un degré privilégié d'individuation semble achopper sur le problème de la définition de la relation entre les différents degrés de la matière. Comment s'articulent les faits microphysiques et les faits macrophysiques? Le degré microphysique *compose*-t-il le degré matériel perceptif, ou bien le *constitue*-t-il? Nous avons suggéré qu'un individu quelconque ne tire pas son individualité de la sommation des parties qui sont en lui, mais de leur constitution en une unité supérieure structurée; car si nous comprenions l'ensemble de la matière en termes méréologiques, en considérant que les unités individuelles concrètes perceptibles en sont les éléments les plus totalisants, nous ne parviendrions pas à expliquer les différences extrêmes de nature entre les différents degrés de la matérialité, et le lien d'un degré à l'autre; si nous jugeons à l'inverse que la matière, aux différents degrés où nous pouvons la concevoir, est réellement hétérogène, nous risquons de croire illusoirement que subsistent des mondes parallèles, comme si d'autres univers nous attendaient, avec leurs propres règles, derrière celui que nous fréquentons tous les jours. À moins de saisir les liens de constitution qui traversent constamment la matière d'un degré à l'autre.

Toutes ces remarques nous invitent en réalité à réviser largement la définition ordinaire du concept de « matière ». Car si nous concevons, selon le matérialisme courant, la matière comme une réalité globale et caractérisée *stricto sensu* par son obéissance aux lois mises au jour par la science physique, avec tous les progrès et soubresauts que peut connaître cette science, une telle idée de la matière s'avère non seulement relative à l'état

1. Les limites de la perception apparaissent, chez Locke par exemple, comme un élément décisif pour notre détermination de la matière (voir l'*Essai sur l'entendement humain*, livre II, chap. VIII, § 9).

de notre savoir mais surtout fondamentalement restrictive par rapport à la variété des manifestations que nous observons dans le réel : des éléments matériels peuvent constituer, sous certaines structurations, des cellules vivantes, des éléments cérébraux peuvent contribuer à constituer des pensées, une hypothétique et immense expansion originelle a pu constituer notre univers. Or la métaphysique ne peut se contenter d'adopter la définition de la matière commune en physique quantique, définition adaptée à une science qui a renoncé à faire de l'ontologie[1], mais qui forcerait toute entreprise métaphysique à considérer la matière comme un continent éternellement inconnu, à n'y reconnaître aucun élément structurant, à n'en retenir qu'un homogène abstrait, certes soumis à des lois organisatrices liées à la masse des corps naturels, mais surtout indéfiniment divisible en théorie, dans la mesure où aucun degré n'y apparaît davantage structurant qu'un autre. La divisibilité indéfinie est ainsi la propriété de toute matière pensée abstraitement par la métaphysique, car aucun degré ne peut dans ce cas manifester l'indice de son élémentarité; dépourvue d'atomes, une telle matière ne se détermine qu'arbitrairement, puisque chaque détermination dépend de nos capacités d'observation; ses parties, toujours abstraites, n'ont aucun pouvoir constituant, puisqu'un échelonnement vertigineux fait que les propriétés se contredisent à chaque degré du réel physique; enfin, aucune individualité ne s'y explique. Le problème du corps et de l'esprit est alors rendu tout bonnement insoluble, surtout lorsqu'un matérialiste croit éclairer le concept confus de « pensée » en le reconduisant au concept encore plus inclarifiable de « matière » ainsi défini. Notre conclusion sera donc lapidaire : *nous devons élargir le concept de « matière »* pour que des manifestations comme les événements biologiques, mentaux, sociaux, et les individualités qu'ils entraînent, soient imputables à des structurations matérielles, or un tel élargissement n'est concevable que si nous renonçons à une conception abstraite de la matière comme une masse inerte et homogène, et si nous identifions au contraire la « matière » à tout ce qui est « concret »[2].

Reconnaître la matière comme concrète, c'est faire apparaître tout ce que la matière porte de structurant, de constituant, de réalisant, bref, tout ce qui en elle se trouve processuel et individuant. Dans un texte sur l'individuation microphysique, Simondon affirme que « la réalité physique comporte des échelons de grandeur imbriqués les uns dans les autres,

1. On date traditionnellement ce renoncement du Congrès Solvay de 1927.

2. Duns Scot, dans son traité sur le « principe d'individuation » propose également une identification de cet ordre.

topologiquement, et ayant pourtant chacun leur devenir propre, leur chronologie particulière »[1] : il y aurait ainsi des individuations à tous les niveaux de la matière. La thèse générale de Simondon est que l'individuation a toujours lieu à un degré intermédiaire entre deux domaines d'être de niveau différent, elle se structure en les mettant en relation; mais si tous les degrés de la matière étaient porteurs d'individualité, ils devraient logiquement être intermédiaires; or si l'on suppose que la matière est concrète, elle doit comporter deux degrés extrêmes, d'un côté le « degré élémentaire », de l'autre le « degré cosmique » ; le « degré élémentaire » serait composé d'éléments non encore individuels mais peut-être prêts à participer à la constitution d'individus, d'un « prédonné » pour des individuations de degré supérieur; le « degré cosmique » au contraire ne contiendrait plus rien de préindividuel, serait au mieux de nature « surindividuelle », et porterait le caractère de l'achèvement. Au milieu des deux extrêmes et relié à eux se tiendrait le degré privilégié où ont lieu les individuations.

L'idée que la matière est traversée par des ruptures entre les différentes échelles de la réalité matérielle semble donc impliquer que les processus d'individuation se situent *prioritairement à un degré intermédiaire du réel*, là où se révèlent de véritables individualités, le degré de notre perception ordinaire du concret[2]. Certes, ce constat peut paraître arbitraire : d'un point de vue physique, un tel privilège de ce que nous nommons « degré ordinaire » ne semble pas se justifier; ce privilège ne peut se concevoir qu'à condition de définir le monde matériel en fonction de notre action d'individus pratiques. Car à partir du moment où nous envisageons le monde matériel en relation avec nous, nous pouvons comme Bergson constater que

> le monde où nous vivons, avec les actions et réactions de ses parties les unes sur les autres, est ce qu'il est en vertu d'un certain choix dans l'échelle des grandeurs, choix déterminé lui-même par notre puissance d'agir. Rien n'empêcherait d'autres mondes, correspondant à un autre choix, d'exister avec lui, dans le même lieu et le même temps [3].

1. G. Simondon, *L'individuation à la lumière des notions de forme et d'information*, *op. cit.*, p. 148.

2. Simondon soutient également que le degré ordinaire où nous avons accès à l'individualité est un degré privilégié d'individualité ; il y a pour lui une réalité de l'individualité à ce degré ; il lui semble cependant que le privilège accordé à ce degré est subjectif (*ibid.*, p. 60).

3. H. Bergson, *La pensée et le mouvant*, *op. cit.*, p. 74.

Mais que signifierait cet autre « choix » et que veut dire ici « le monde » ? Nous isolons certes des unités dans l'inerte, et ces individualisations sont utiles à notre action ; lorsqu'il s'agit de la matière autour de nous, nous pouvons d'autre part individualiser à n'importe quel degré en théorie, et c'est en cela qu'il y a des « choix » possibles d'individualisation et que le choix de privilégier le degré le plus ordinaire de l'expérience pour nos individualisations paraît arbitraire. Mais cela n'indique pas pour autant que plusieurs mondes sont possibles ; ce sont en effet les individus concrets qui identifient d'autres individus pour pouvoir agir, et ils ne le font pas à n'importe quel degré d'individualité. Il y a un degré premier d'individualité dans l'être et c'est à ce degré qu'également nous individualisons prioritairement, parce que les individus se reconnaissent les uns les autres, interagissent et conçoivent l'individualité à leur échelle. *L'individualisation apparaît encore une fois ici dépendante des individuations concrètes qui ont lieu dans le monde*. Si nous identifions des individualités au degré le plus ordinaire de notre perception, c'est non seulement parce que nous sommes des individus, et que nous existons primordialement à ce degré, mais encore parce que les individualisations auxquelles nous procédons, en vue de notre action, sont plus utiles à ce degré qu'à tout autre degré ; en outre, elles sont davantage en cohérence avec la réalité de l'individualité à cette échelle qu'à toute autre.

Concluons de cet élargissement du concept de « matière », révélateur de toutes les tendances à l'individuation qui se logent dans le concret. Pour penser la matière, il faut y reconnaître les dénivellations, les discontinuités qui existent à chaque degré de la matérialité ; ces ruptures expliquent que se constituent des individus, à partir de parties processuelles hétérogènes et relevant de divers degrés du réel, que ces parties soient préindividuelles ou qu'elles proviennent d'individualités antérieures. Où est cependant l'individualité fondamentale ? Les hétérogénéités dans le concret sont-elles trop fortes pour que le concret ne puisse se constituer en totalité qui regroupe toutes les autres totalités ? Et si le monde possède l'unité d'un individu, ne serait-il pas l'individu premier ? Nous ferons l'hypothèse qu'en épuisant la totalité du concret accessible, le monde acquiert l'unité d'un individu ; la totalité, dans le cas du monde, engage l'unité. Sans préjuger de la possibilité inconcevable d'une pluralité des mondes au-delà des limites de notre univers, l'unité du monde dont nous faisons partie est individualité, elle constitue par elle-même une structure ; dès lors, l'histoire du monde peut se définir ontologiquement comme une individuation. Devrions-nous en déduire que toutes les individualités dans le monde sont secondaires et dépendantes de l'individualité mondaine ? Et que voudrait dire cette dépendance? Peut-être simplement qu'il y a quelque chose d'admirable dans le monde, qui tient à l'existence même de multiples individualités concrètes : chaque individu, tout en possédant la même propriété d'individualité, est à chaque fois différent, et la variété que cause l'individualité dans les choses assure la richesse de notre univers; le monde apparaît comme ce « surindividu » qui permet la manifestation de toutes les individualités, et s'en nourrit.

REMARQUES CONCLUSIVES

Il existe une tendance assez irrésistible, surtout depuis la philosophie moderne, pour celui qui pense, à se retrouver lui-même au cœur de sa pensée et de sa représentation du monde; mais, selon les cas, il s'y retrouve selon différentes déterminations. Descartes fait de la certitude de sa propre pensée, et donc de sa propre existence, « le premier principe » de la connaissance qu'il cherche à fonder[1]; c'est donc comme sujet pensant qu'il se définit à l'origine de sa philosophie. Kant, pour sa part, ne se dévoile lui-même qu'à la fin de son entreprise critique, lorsqu'il trouve dans les limitations mêmes que la critique a imposées aux prétentions de l'entendement et de la raison de vouloir connaître au-delà de leurs domaines respectifs, la nature et la liberté, une bonne raison de joindre leurs législations, pourtant incompatibles, en un système unique; c'est en effet par la modestie du penseur critique, qui a l'idée d'un entendement supérieur archétypique, pouvant connaître le suprasensible et unir les explications mécanique et finale, contrairement à notre entendement humain limité, que la possibilité d'une unité du monde est posée[2]. Quant à Hegel, il se situe historiquement et logiquement au terme d'une évolution, qu'il est le premier à comprendre, et qui rend enfin possible avec lui le « Savoir absolu » ; il est donc la conscience révélatrice d'une nouvelle situation historique, celle de l'achèvement de l'ensemble du processus réel universel[3]. Le penseur, à l'origine de sa pensée, se considère dans ces trois exemples, respectivement comme auteur, censeur, ou interprète ; et conformément à cette reconnaissance, sa pensée porte sur la subjectivité, la limite de la connaissance, ou encore l'universel dans son accomplissement. Pourquoi dès lors nous être référés dans ce travail à une autre réalité, celle

1. Voir R. Descartes, *Discours de la méthode*, Paris, Vrin, 1984, quatrième partie.

2. Voir E. Kant, *Critique de la faculté de juger*, *op. cit.*, § 77 et 78.

3. Nous nous appuyons sur la lecture d'A. Kojève dans *Introduction à la lecture de Hegel*, Paris, Gallimard, 1947, p. 180-181 et 189-191.

de l'individu, pour concevoir l'origine de la pensée comme une individualité, et diriger l'exercice de la pensée vers les individus et la propriété qu'ils ont d'être des unités structurées et différentes les unes des autres? Pourquoi d'une part affirmer que le fondement de la pensée est une individualité, plutôt qu'une subjectivité ou une universalité? Il y a en effet le risque, dans une telle affirmation, de dépersonnaliser le sujet de la pensée, d'en faire une abstraction vide, tout autant que de rendre la pensée captive de son point de vue particulier, voire de son caprice. Pourquoi d'autre part faire porter la pensée sur les individus, et sur la propriété d'individualité qui les caractérise? Car la recherche d'une propriété commune à des êtres dont est niée par définition la communauté semble d'emblée contradictoire et vouée à l'échec.

Or notre tâche s'est trouvée compliquée par la scission historique du concept d'« individu » en deux acceptions, qui renvoient à des réalités d'ordre différent : l'acception métaphysique traditionnelle fait référence aux êtres à la fois particuliers et singuliers qui peuplent notre monde, quel que soit le genre de ces êtres, tandis que l'acception sociologique contemporaine désigne les hommes de nos sociétés qui revendiquent leur autonomie contre l'unité pesante des structures sociales. À première vue, pas de lien logique entre les deux ; la tâche de reconstituer l'évolution qui a fait succéder la seconde acception à la première semble revenir à l'histoire des idées, et la philosophie, qui s'attache à l'articulation logique entre concepts, ne peut rien déduire d'une seule évolution chronologique. Davantage, le problème primordial que la réalité individuelle pose à notre époque à la pensée s'est présenté à nous comme le problème de l'individualisme, c'est-à-dire avant tout comme un problème sociologique et politique. D'où la tentation de congédier la philosophie, ou au moins de fortement douter de sa capacité à se prononcer sur ce problème actuel, elle dont l'enquête porte d'abord sur la nature des choses, selon la mission que lui assigne par exemple Leo Strauss[1], et qui dès lors semble éclipsée par la nouvelle situation de la question de l'individu, par nos nouveaux besoins de pensée. Si l'individualisme est, pour les sociétés modernes, à la fois un « risque d'éparpillement ou de dissolution » mais aussi, contradictoirement, « ce par quoi les sociétés modernes se construisent », alors il faut confier le problème crucial qu'il pose à une science particulière traitant en propre de la socialisation de l'individu, c'est-à-dire évidemment à la sociologie, et non à la métaphysique, qui peut seulement concevoir, à cause

1. C'est ainsi que L. Strauss, en défenseur de la philosophie politique classique, rend hommage à Socrate pour avoir le premier posé la question de la nature des choses politiques.

l'individualité»[1], et cette précision est compatible avec notre caractérisation métaphysique de l'individualité, car si l'individualité est un processus de constitution unifié, un tel processus ne peut pas être infini et doit donc s'achever; à l'inverse, rien ne présuppose l'achèvement d'une série de divisions cellulaires, dans laquelle se transmet indéfiniment la même information génétique.

Dans la mesure où tout le vivant n'est donc pas individué, y a-t-il, en biologie, une manière de répondre à la question de « ce qui compte comme un individu dans le monde du vivant »[2]? La question se pose d'ailleurs à des niveaux très différents: ne faut-il pas reconnaître, pour certains animaux sociaux, comme les fourmis d'une fourmilière, que l'individualité biologique se trouve davantage dans la colonie que dans les animaux qui la constituent[3]? Ne faut-il pas reconnaître que l'individu se trouve constamment en interaction avec son milieu, et que la différenciation entre ce qui est interne et ce qui est externe à l'individu est parfois impossible à établir? Ne faut-il pas reconnaître que la vie est partout et toujours en évolution, et que la détermination d'essences dont les individus seraient l'incarnation est parfaitement illusoire? Pratiquement, les biologistes proposent une variété de réponses et de critères pour déterminer l'individualité biologique, autrement dit, ils procèdent à des individualisations différentes de leurs objets, non pas au sens où ils ne seraient pas d'accord, empiriquement, pour identifier les mêmes unités, cellules, organismes, espèces, mais simplement parce qu'ils ne reconnaissent pas les mêmes unités comme des individus, parce qu'ils divergent sur leur ontologie, c'est-à-dire sur la projectibilité de la catégorie d'« individu » au vivant. Par exemple, un biologiste qui adopte une conception évolutionnaire de l'individualité considère qu'est un individu toute entité sur laquelle la sélection naturelle agit, depuis une portion de génome jusqu'à une espèce, en passant par les individus que nous identifions habituellement; il projette ainsi le prédicat « individuel » bien au-delà de ce qui est ordinairement considéré comme un organisme[4].

1. G. Simondon, *L'individuation à la lumière des notions de forme et d'information*, *op. cit.*, p. 168.

2. T. Pradeu, *Les limites du soi*, *op. cit.*, p. 256.

3. W. M. Wheeler, « The ant-colony as an organism », *Journal of Morphology*, 22/2, 1911, p. 307-325.

4. C'est le cas de David Hull (T. Pradeu, *Les limites du soi*, *op. cit.*, p. 257-258).

de son cheminement propre, l'individu dans sa singularité et son isolement[1].

Nous avons vu les choses tout autrement. Nous avons cherché à montrer qu'il y avait compatibilité entre les acceptions sociologique et métaphysique du concept d'« individu », dans la mesure où la détermination de la personne, c'est-à-dire l'individu tel que nous l'entendons sociologiquement, peut servir de paradigme à la compréhension de l'individualité en général ; dans cette perspective, la philosophie peut parvenir à une compréhension concrète et complète de l'individuel, qui tienne compte de la constitution de l'individu et de ses relations. Nous avons voulu indiquer que la métaphysique est capable de penser l'individu non point comme un sujet clos sur lui-même, mais comme une unité de relations ; à la double conception historique de l'individu, nous avons ainsi fait succéder la compréhension d'une double individualité : *individualité abstraite*, lorsqu'il s'agit depuis l'extérieur de figer en unités des processus de constitution et de négliger leur devenir, *individualité concrète* lorsqu'il s'agit de reconstituer les êtres, plus particulièrement humains, dans leur constitution même, avec les actions et relations qui les forgent. C'est dans cette perspective que l'enquête métaphysique peut être réactivée pour le travail des sciences humaines : la métaphysique ouvre en effet un sens de compréhension de l'individuel dans lequel la pensée sociale et politique peut se déployer pour assurer une nouvelle compréhension donnant toute sa réalité à l'homme en société. La métaphysique se trouve ici *dotée d'une valeur prescriptive* : parce qu'elle mène à une compréhension concrète, et non seulement abstraite, de l'individualité, elle montre *ce que devrait être l'individualisme*.

Ainsi, l'enquête métaphysique nous a enseigné que les individus concrets constituent leur existence au sein des mondes dans lesquels ils s'insèrent, en relation avec d'autres individus et d'autres processus de ces mondes, et que, par ailleurs, chaque individu concret contribue à la constitution du monde lui-même, participe activement à l'individuation toujours renouvelée du monde pris comme individu, en est une partie déterminante. Sociologiquement, la valorisation authentique des individus tels qu'ils se constituent ne saurait viser des personnes atomisées et repliées sur elles-mêmes, ce qui est abstraire l'individu de ses éléments constitutifs et de ses relations, pas davantage que des hommes découvrant dans la pureté de leur

1. B. Karsenti, *D'une philosophie à l'autre. Les sciences sociales et la politique des modernes*, Paris, Gallimard, 2013, p. 22.

cœur, par on ne sait quel miracle, l'universel humain, ce qui est abstraire l'individu de tout ce qu'il a de singulier et des liens qui le rattachent à une communauté donnée; une pensée individualiste conséquente, présupposant ce que sont concrètement les individus humains, doit valoriser *l'individu en relation, avec les autres, avec le monde, dans tout ce à quoi il s'intègre et vient participer*.

BIBLIOGRAPHIE SÉLECTIVE

ANSCOMBE G. E. M., « The First Person », dans *Collected Philosophical Papers*, vol. II, University of Minnesota Press, Minneapolis, 1981, p. 21-36.

– *L'intention*, trad. fr. M. Maurice et C. Michon, Paris, Gallimard, 2002.

– « Substance », dans *Collected Philosophical Papers*, vol. II, University of Minnesota Press, Minneapolis, 1981, p. 37-43.

ARISTOTE, *Catégories*, trad. fr. R. Bodeüs, Paris, Les Belles Lettres, 2001.

– *De la Génération des animaux*, trad. fr. P. Louis, Paris, Les Belles Lettres, 1961.

– *Métaphysique*, trad. fr. J. Tricot, Paris, Vrin, 1991, deux tomes.

– *Physique*, trad. fr. A. Stevens, Paris, Vrin, 2012.

BERGSON H., *Les deux sources de la morale et de la religion*, Paris, P.U.F., 1932.

– *Essai sur les données immédiates de la conscience*, Paris, P.U.F., 2003.

BÉRUBÉ C., *La connaissance de l'individuel au Moyen Âge*, Montréal, Presses de l'Université de Montréal, 1964.

DE BROGLIE L., *Ondes, corpuscules, mécanique ondulatoire*, Paris, Albin Michel, 1945.

CANGUILHEM G., *Le normal et le pathologique*, Paris, P.U.F., 1999.

CASATI R. et VARZI A., *Parts and Places. The Structures of Spatial Representation*, Cambridge et Londres, The MIT Press, 1999.

CASTILLO M., « Les embarras de l'individualisme post-moderne », Göteborg, 1995, en ligne.

CHAUVIER S., « Traits et touts », dans les *Cahiers de philosophie de l'université de Caen*, n° 38-39, *Le Réalisme des universaux*, Caen, Presses universitaires de Caen, 2003, p. 301-330.

– « L'unique en son genre », *Philosophie*, n° 106, Paris, Éditions de Minuit, 2010, p. 3-22.

CHISHOLM R. M., *Person and Object. A Metaphysical Study*, Londres, George Allen and Unwin, 1976.

DAVIDSON D., *Actions et événements*, trad. fr. P. Engel, Paris, P.U.F., 1993.

DEBAISE D., *Un empirisme spéculatif. Lecture de* Procès et réalité *de Whitehead*, Paris, Vrin, 2003.

DESCOMBES V., *Le complément de sujet. Enquête sur le fait d'agir de soi-même*, Paris, Gallimard, 2004.

– *Les embarras de l'identité*, Paris, Gallimard, 2013.

– *Les institutions du sens*, Paris, Éditions de Minuit, 1996.

– « La question de l'individualité humaine », *Philosophie*, n°106, Paris, Éditions de minuit, 2010, p. 38-56.

– « Réflexions pascaliennes sur l'identité personnelle », *Cahiers parisiens*, Centre de l'Université de Chicago à Paris, 2007/3, p. 276-289.

DUMONT L., *Essais sur l'individualisme. Une perspective anthropologique sur l'idéologie moderne*, Paris, Seuil, 1983.

– *Homo hierarchicus. Essai sur le système des castes*, Paris, Gallimard, 1966.

ELIAS N., *La société des individus*, trad. fr. J. Étoré, Paris, Fayard, 1991.

FERRET S., *Le bateau de Thésée. Le problème de l'identité à travers le temps*, Paris, Les Éditions de Minuit, 1996.

– *Le philosophe et son scalpel. Le problème de l'identité personnelle*, Paris, Éditions de Minuit, 1993.

FOREST A., *La structure métaphysique du concret chez saint Thomas d'Aquin*, Paris, Vrin, 1931.

FOUCAULT M., *Les anormaux : cours au Collège de France de 1975*, Paris, Gallimard/Seuil, 1999.

– *Surveiller et punir. Naissance de la prison*, Paris, Gallimard, 1975.

FRANKFURT H., « La liberté de la volonté et la notion de personne », dans M. Neuberg, *Théorie de l'action*, Liège, Mardaga éditeur, 1991, p. 253-269.

– « Le problème de l'action », dans M. Neuberg, *Théorie de l'action*, Liège, Mardaga éditeur, 1991, p. 241-251.

FREGE G., *Les fondements de l'arithmétique. Recherche logico-mathématique sur le concept de nombre*, trad. fr. C. Imbert, Paris, Seuil, 1969.

FREUD S., *Psychologie des masses et analyse du moi*, dans *Œuvres complètes, Psychanalyse*, vol. XVI, Paris, P.U.F., 1991.

GEACH P. T., *Logic Matters*, Oxford, Basil Blackwell, 1972.

– « Ontological Relativity and Relative Identity », dans M. K. Munitz, *Logic and Ontology*, New York, New York University Press, 1973, p. 287-302.

GNASSOUNOU B. (dir.), *Textes clefs de philosophie de l'action. Action, raison et délibération*, Paris, Vrin, 2007.

GOODMAN N., *Faits, fictions et prédictions*, trad. fr. M. Abran, Paris, Éditions de Minuit, 1984.

– *Problems and Projects*, The Bobbs-Merrill Company, Indianapolis et New York, 1972.

– *La structure de l'apparence*, trad. fr. coordonnée par J.-B. Rauzy, Paris, Vrin, 2004.

GRACIA J. J. E., *Individuality. An Essay on the Foundations of Metaphysics*, Albany, State University of New York Press, 1988.

GUILLAUME D'OCCAM, *Somme de Logique. Première partie*, trad. fr. J. Biard, Mauvezin, T.E.R., 1988.

HART H. L. A., « The Ascription of Responsibility and Rights », dans A. Flew, *Logic and Language (First Series)*, Oxford, Basil Blackwell, 1952, p. 145-166.

HEGEL G.W.F., *Phénoménologie de l'esprit*, trad. fr. B. Bourgeois, Paris, Vrin, 2006.

– *Principes de la philosophie du droit*, trad. fr. R. Dérathé, Paris, Vrin, 1975.

HEIDEGGER M., *Être et temps*, trad. fr. E. Martineau, Paris, Authentica, 1985.

HOUSSET E., *La Vocation de la personne. L'histoire du concept de personne de sa découverte augustinienne à sa renaissance phénoménologique*, Paris, P.U.F., 2007.

JAURÈS J., *Textes choisis*, Paris, Bruno Leprince, 2003.

JEAN DUNS SCOT, *Le Principe d'individuation*, trad. fr. G. Sondag, éd. bilingue, Paris, Vrin, 2005.

KANT E., *Critique de la faculté de juger*, trad. fr. A. Philonenko, Paris, Vrin, 1993.

KELSEN H., *Théorie pure du droit*, trad. fr. C. Eisenmann, Dalloz, Paris, 1962.

KENNY A., *Action, Emotion and Will*, Londres, Routledge & Kegan Paul, 1963.

KIERKEGAARD S., *Le concept d'angoisse*, trad. fr. P.-H. Tisseau, Paris, Félix Alcan, 1935.

KRIPKE S., *La logique des noms propres* (*Naming and Necessity*), trad. fr. P. Jacob et F. Recanati, Paris, Éditions de Minuit, 1982.

LE BON G., *Psychologie des foules*, Paris, P.U.F., 1963.

LEIBNIZ G. W., *Discours de métaphysique et correspondance avec Arnauld*, nouvelle éd. Ch. Leduc, Paris, Vrin, 2016.

– *Monadologie*, Paris, Gallimard, 2004.

LEONARD H. S. et GOODMAN N., « The Calculus of Individuals and its Uses », *Journal of Symbolic Logic*, 5, 1940, p. 45-55.

LEŚNIEWSKI S., *Sur les fondements de la mathématique : fragments* (*Discussions préalables, méréologie, ontologie*), trad. fr. G. Kalinowski, Paris, Hermès, 1989.

LOCKE J., *Essai sur l'entendement humain*, trad. fr. J.-M. Vienne, Paris, Vrin, 2001-2006, deux tomes.

LOWE E. J., *Kinds of Being. A Study of Individuation, Identity and the Logic of Sortal Terms*, Aristotelian Society Series, vol. 10, Oxford, Basil Blackwell, 1989.

MAUSS M., *Sociologie et anthropologie*, Paris, P.U.F., 2003.

NEUBERG M., *Théorie de l'action. Textes majeurs de la philosophie analytique de l'action*, Liège, Mardaga, 1991.

PARFIT D., *Reasons and Persons*, Oxford, Clarendon Press, 1984.

PARIENTE J.-C., *Le langage et l'individuel*, Paris, Armand Colin, 1973.

PASCAL B., *Pensées*, texte établi par L. Brunschvicg, Paris, Garnier-Flammarion, 1998.

PRADEU T., *Les limites du soi. Immunologie et identité biologique*, Montréal/Paris, Presses de l'Université de Montréal/Vrin, 2009.

QUINE W. V. O., *Le mot et la chose*, trad. fr. P. Gochet, Paris, Flammarion, 1977.

– *Du point de vue logique*, trad. fr. sous la direction de S. Laugier, Paris, Vrin, 2003.

– *Relativité de l'ontologie et autres essais*, trad. fr. J. Largeault, Paris, Aubier-Montaigne, 1977.

RAMSEY F. P., « Les universaux », dans *Logique, philosophie et probabilités*, trad. fr. P. Engel et M. Marion (dir.), Paris, Vrin, 2003, p. 45-64.

RENAUT A., *L'ère de l'individu. Contribution à une histoire de la subjectivité*, Paris, Gallimard, 1989.

RICŒUR P., *Soi-même comme un autre*, Paris, Seuil, 1990.

– *Temps et récit. 3. Le temps raconté*, Paris, Seuil, 1985.

SALEILLES R., *L'individualisation de la peine. Étude de criminalité sociale*, Paris, Félix Alcan éditeur, 1898.

SIMONDON G., *L'individuation à la lumière des notions de forme et d'information*, Grenoble, Jérôme Millon, 2005.

SIMONS P., *Parts. A Study in ontology*, Oxford, Clarendon Press, 1987.

STRAWSON P. F., *Analyse et métaphysique*, Paris, Vrin, 1985.

– *Études de logique et de linguistique*, trad. fr. J. Milner, Paris, Seuil, 1977.

– *Les individus. Essai de métaphysique descriptive*, trad. fr. A. Shalom et P. Drong, Paris, Seuil, 1973.

– *Subject and Predicate in Logic and Grammar*, Aldershot et Burlington, Ashgate Publishing, 2004.

TARDE G., *Les lois de l'imitation. Étude sociologique*, Paris, Félix Alcan, 1895.

– *Monadologie et sociologie*, Le Plessis-Robinson, Institut Synthélabo pour le progrès de la connaissance, 1999.

– *La philosophie pénale*, Lyon, A. Storck, et Paris, G. Masson, 1890.

TESNIÈRE L., *Éléments de syntaxe structurale*, Paris, Klincksieck, 1959.

THOMAS D'AQUIN, *Contre Averroès*, trad. fr. A. de Libera, Paris, Garnier-Flammarion, 1994.

– *Somme théologique*, Paris, Cerf, 1986, quatre volumes.

DE TOCQUEVILLE A., *De la démocratie en Amérique,* t. II, E. Nolla éd., Paris, Vrin, 1990.

VAN INWAGEN P., *Ontology, Identity and Modality. Essays in Metaphysics*, Cambridge, Cambridge University Press, 2001.

VILLEY M., *La formation de la pensée juridique moderne*, Paris, P.U.F., 2003.

VUILLEMIN J., *La logique et le monde sensible. Étude sur les théories contemporaines de l'abstraction*, Paris, Flammarion, 1971.

WHITEHEAD A. N., *Le concept de nature*, trad. fr. J. Douchement, Paris, Vrin, 2006.

– *Procès et réalité. Essai de cosmologie*, trad. fr. D. Charles *et alii*, Paris, Gallimard, 1995.

WIGGINS D., *Sameness and Substance Renewed*, Cambridge, Cambridge University Press, 2004.

WINNICOTT D. W., *Jeu et réalité. L'espace potentiel*, trad. fr. C. Monod et J.-B. Pontalis, Paris, Gallimard, 1975.

WITTGENSTEIN L., *Recherches philosophiques*, trad. fr. F. Dastur *et alii*, Paris, Gallimard, 2004.

WORMS F., « Les relations entre individus comme fait primitif : de l'ontologie à l'éthique », *Philosophie*, n°106, Paris, Éditions de minuit, 2010, p. 74-85.

INDEX DES NOMS

TABLE DES MATIÈRES

Achevé d'imprimer par Corlet Numérique - 14110 Condé-sur-Noireau
N° d'Imprimeur : 137522 - Dépôt légal : avril 2017 - *Imprimé en France*